구 도 자 정약용 평전

- **일러두기**

· 인용된 글들은 다산 연보와 자찬묘지명을 기초로 관련 서적을 참고
  하여 작성하였으며 사건에 대한 해설, 이해가 어려운 부분은 필요에
  의해 수정 보완하였다.
· 직접 인용한 인용문 출처는 밝혔으나, 본문 스토리 인용 출처는
  문맥 흐름상 생략하였다.

구 도 자 정약용 평전

오늘 대한민국 사람이라면 정약용에 대해 알지만 제대로 아는 사람도 많지 않다는 말을 들었다. 사실 나도 역시 그랬다. 어느 날, 27권의 책을 쓰고난 후에 정약용이라는 한 인물에게 진리가 어떻게 적용되는지에 대해 연구를 하고 싶어졌다. 나의 영성과 사상이 정약용이라는 한 선비의 인생을 어떤 눈으로 볼 수 있는지를 알고 싶었고, 그가 일구어 내고자 했던 삶의 과제가 오늘날 무엇을 의미하는 지도 알고 싶었다. 또한 고난속에서 무엇에 대한 열정이 그를 사로잡았는지 그 이유를 알고 싶었다.

시간이 지나면서 내 속에 들려지는 음성은 그가 내게 인생은 곧 이렇게 살다가 죽는 거라고 말해주는 듯했다.

정약용은 비록 조선의 재상 자리에 앉아서 세상을 경영하지 않았지만 그의 삶과 사상은 오늘날 후손들에게 당시 재상보다 더 큰 빛과 영향력을 주었다. 그가 이 시대뿐만 아니라 오는 세대에도 정신적 재상이라고 여겨지는 것은 그의 고통스런 삶 가운데 보여준 나라와 백성들을 위한 열정 때문이다.

또한 그는 고난의 생애와 더불어 고난에만 엎드려 있지 않고 자기 수양과 함께 백성들의 삶을 위해 진리의 싹을 틔웠다는 점에서 배울 점이 있었다. 그는 고난의 현장을 학문의 산실로 바꾸었고 하늘의 뜻을 찾고자 하였다.

나는 정약용의 굴곡진 삶만 보고 감동을 받는 것이 아니다. 그가 굴곡진 삶에서도 진리를 위해 전력투구했으며 하늘의 뜻과 순응하는 자세를 가졌다는 점이 놀랍다.

나는 이 책을 통해 그분의 개인적인 스토리보다 더 중요하게 보는 점은 그분의 정신 세계가 어떤 과정으로 만들어져 가는가를 보고 싶었다. 정약용은 말하기를, 북풍은 자신을 강진에 떨구었고 형님은 더 거세게 불어서 흑산도에 유배를 보내었다고 말했다.

나는 이를 다시 해석한다. 민들레 홀씨가 바람에 날리듯이, 진리의 씨앗이 북풍에 날리어 강진 땅에 심겨져서 큰 나무로 성장하여 결국 새들이 와서 노래하고 비를 피하고 또한 집을 짓고 새끼를 부화하는 장소를 제공했다. 나도 그 나무에 깃들여 이 글을 쓰고 있는 중이다.

정약용의 생애는 본질적인 경학 연구에 모든 것을 다 바친 생애였다. 본질을 찾으려면 기본적으로 순수한 마음없이는 불가능하다. 순수하지 않은 사람은 절대 이런 환경에서 이런 작업에 손대지 않는다. 그는 그런 마음으로 500여권의 책을 쓰면서 바친 열정은 누구도 따라가지 못하고 다만 혀를 내두를 뿐이다. 하늘은 그가 이렇게 할 수 있도록 자리를 마련하였고 그를 이끌었다. 그에게는 미안한 말이지만, 조금 일찍 유배에서 풀렸다면 이런 일은 불가능했을 것이다. 이렇게 생각한다면 그를 미워해서 귀양보내는 데 일조하거나 귀양에 풀려나오지 못하도록 막았던 악인들은 오히려 그를 돕는 결과를 낳았다.

성경에 모든 것이 합력하여 선을 이룬다는 말이 있는데 바로 이런 경우를 두고 하는 말이다.

하지만 개인적으로 그의 삶은 만만치 않았다. 우선 천주교에 관여했다는 죄명으로 늘 비난과 상소가 빗발쳤다. 정조는 한번 그를 좀 사용해서 나라를 잘 다스려보고자 했는데, 너무 심하니까 "왜들 그러는 지 모르겠다" 면서 '금정역' 으로 좌천시키기도 하였다. 하지만 정약용은 그곳에서 15세에 성호 선생의 유저를 통해 받았던 열정의 불을 댕긴다. 가슴속에 뜨거운 사명감의 불덩어리가 타오르는 계기를 만든다. 바로 이점이 내가 정약용을 좋아하는 이유이다.

또 그는 처음 장기에 도착해서 하는 말이 이제야 비로소 시간을 얻을 수 있어서 흔연히 기뻐했다고 하였다. 어디에 집어 던져 놔도 그 속에서 오히려 더 잘되었다고 할만큼 새로움을 창출하고 있다. 배다리 설계나 화성 설계, 목민관으로 가는 것도 마찬가지이다. 어디에 놔둬도 창의적으로 새로운 것을 만든다. 진흙속에서 연꽃이 피어오르듯이 모든 것이 잘되도록 만든다. 오늘 이 시대 청년들은 바로 그 점을 본받아야 한다.

나는 그를 조선의 임마누엘 칸트라고 하였다. 우선 칸트와는 동시대 사람이다. 칸트는 그의 저서 '순수이성비판' 에서 오염되지 않은 선험적 지식 즉, 순수 이성이 필요하고 사이비 지식에 자신을 내맡기지 말아야 함을 말했다.

이에 비해 약용은 공자, 맹자의 사상을 고증을 가지고 순수한 말씀을 찾아서 해석을 시도한다. 칸트가 순수로 이성을 재단하듯이, 정약용은 순수로 사서육경을 재단한다.

이런 본질을 찾고자 하는 시도는 깊은 내면 세계와 연결되어, 인격을 수양하고 하늘의 뜻에 순응하는 자세를 갖게 한다.

더 나아가 인의 본질을 사람과 사람의 관계라고 정의하면서, 이웃 사랑을 실천해야 비로소 인이라고 보았다.

그의 이런 사상은 칸트의 사상과 많은 부분 공통 분모가 있다. 오히려 칸트보다 나은 것은 그는 애민 정신을 가지고 가난하고 굶주리는 백성들의 삶의 발전을 위해 제도적인 개선과 기술 발전까지 시도했다는 점이다. 그러니까 순수로 이성을 재조정하는 정도를 넘어서서, 실용적인 제도의 변화까지 나아갔다. 칸트와는 비교도 할 수 없을 만큼 위대한 사상가이다.

정약용의 삶에는 형제 우애를 빼놓을 수 없다. 셋째 형 정약종은 순교를 하였고, 둘째 형 정약전과는 유배의 쓴 고통을 함께 했는데, 유배지에서도 서로 서신을 주고 받으면서 학문의 지기로 교제하였다. 약용은 형님이 죽고난 이후에 자기의 책을 읽어줄 지기가 없음을 가장 아쉬워 했다.

둘은 유배길에 나주 근방에 율정점의 두 갈래 길에서 헤어져야 했는데, 새벽 아침에 일어나 서로 얼굴을 마주보면서 눈만 말똥말똥 뜨고있다는 글귀는 가슴이 벅차고 울컥 치밀어오르도록 만든다. 정약용은 두갈래 길이 난 이유 때문에 율정점을 미워한다고 말했다.

나는 강진 다산이 학문 연구하기에 가장 적절한 장소였다고 생각된다. 강진에는 도서관이 있었고 혜장과 같은 진심어린 친구가 있었고, 성실한 제자들이 성심을 다해서 도와주었고, 백련사의 중은 식사 대접을 도와주느라 불공을 잃어버릴 정도였으며, 집에서 떨어져서 가정 일에 덜 신경을 써도 되었으며, 한양과 떨어져서 어설픈 학자들의 간섭을 덜 받을 수 있었다.

그러니까 다산초당 아니면 그런 작품이 나올 수 없기 때문에 하늘은 그를 그곳으로 인도했다.

그는 언제나 사상은 행위와 일치되어야만 한다고 주장했다. 사상과 행동을 하나로 보았다. 바로 이 점은 학자들과 나아가 종교인들까지 새겨 들어야 할 부분이다.

또한 제도의 틀까지 바꾸어야 할 것을 말했다. 조선이라는 나라는 이미 모든 것이 부패되어 하나도 바꾸지 않을 부분이 없으며 이대로 가다가는 망한다고 하였는데, 그가 말한대로 결국 조선은 일본에 의해 패망하였다.

우리는 정약용이라는 진리의 산물이 이 시대에 과연 무엇을 경고하는 지 바로 그 점에 귀를 기울여야 한다. 요즘 이게 나라냐? 라는 말이 있는데, 만일 다산 정약용이라면 오늘날 백성들에게 뭐라고 말했을까를 생각해야 한다. 나는 그가 "먼저 순수하라"고 경고의 목소리를 들려주었을 것이라고 생각된다.

나는 정약용과 가슴 깊은 곳에 함께 하는 것을 느꼈다. 특히 그가 형과 함께 유배를 떠나면서 헤어졌던 율정점의 두 갈래 길에서 헤어져야 했던 장면을 생각하노라면 가슴 벅차게 눈물이 나왔다. 또한 그가 친구들과 교제하며 시를 지을 때는 마치 내가 그러고 있는 것같은 느낌을 받았다. 이를 두고 이심전심 혹은 공감이라고 하는데, 그만큼 나는 정약용의 세계에 가슴 깊숙이 함께 하였다.

이 책은 서구 문물을 받아들여야할 시점에 정치 세력에 의해 문을 닫아버린 조선이 겪어야할 퇴보의 충격 속에서, 백성을 위해 살고자 했던 깨어있던 선비의 고난과 진리 추구의 삶을 기록한 책이다. 아! 아깝고 분통이 터진다. 이 파장은 아주 오랫동안 조선을 가난과 절망의 나락으로 떨어뜨리는 계기를 만들었다. 그 충격의 한파 속에 서 있던 선비 정약용에 대한 기록이다.

나는 이 책에서 정약용의 삶을 부분마다 평해서 내 생각을 기록하였다. 내 눈으로 본 정약용이기에 다른 분들의 생각과 다를 수도 있다. 하지만 인생 갑자를 한바퀴 돌은 나이이기에 그렇게 할 수도 있다는 마음이 들었다. 나는 제목을 '구도자 정약용 평전' 이라고 했는데, 내가 보기에 그의 삶이 구도자의 성격이 강하였기 때문이다. 인간은 한 평생 구도자로 살다가 가는 것 아닌가? 나는 남양주시 조안면 능내리에 있는 다산 정약용 생가에 매주 토요일에 자율 학습을 위해 찾아오는 학생들에게 이 책을 주면서 인생이 무엇을 위해 살아야 하는가? 를 말해주고 싶었다. 이 책을 쓰게 된 동기이다.

2019년 가을, 김홍찬(Ph.D)

서문

목차

1. 황폐한 조선, 구원의 희망이 있는가?

2. 태양이 떠오르다

씨가 심겨지다

3. 고난이 시작되다

나무가 성장하다

열매 맺다

1
황폐한 조선,
구원의 희망이 있는가?

九疑登峰瑶林

之氣象萬千似鐘

荡久踢盡造通

玉樓三万里雲

雲樹目之出天

年乙卯迴書
丁美瑞

시대적인 배경

 유교적 사상을 기반으로 백성을 위하는 위민을 표방하며 개국
한 조선은 지도 이념인 주자학이 자리를 잡지 못하고 오히려 사
색 당파를 양산하는 결과를 가져왔다. 임진왜란과 병자호란을
거치고 국가는 과감한 개혁과 더불어 새롭게 재정비를 했어야
만 했다. 하지만 모든 질서와 이념이 무너졌음에도 불구하고,
끝까지 당론에만 매달려 갑론을박 하고 있었다. 그런데 이 시
대에 정조라는 탁월한 임금과 함께 갑자기 천재적인 인물들이
등장하면서 개혁의 요구가 점점 높아지기 시작하였다. 이때가
18세기 후반에서 19세기 초반의 영조, 정조, 순조가 재위하였
던 시기이다.
 당시의 유교적 가치관은 퇴색되어 가시덤불이 무성한 관념의
쓰레기를 가지고 도그마(독단적 교리)에 빠져 국가 재건의 기회
를 찾지 못하고 있었다. 그리하여 당시 권력을 독점하던 노론의
세력은 오랫동안 젖어온 도그마를 가지고 권력을 유지하고자

임금 주위에 모여들어 권력 투쟁에만 몰두하고 있었다.

그래서 반대파의 허점과 문제가 보이면 빌미를 잡아 무슨 큰 일이라도 벌어질 것처럼 확대시켜 누군가를 시켜 임금께 상소장을 쓰게 하고는 사형을 받게 하거나 귀양 보내는 게 하나의 정치적 수완이 되었다. 또한 누군가 세력이 있다 싶으면 벌떼같이 그 주변에 모여들어 패거리 정치에 아첨하고 있었다.

이런 와중에 일반 백성들은 과도한 세금으로 허리가 휘어 농사를 지어도 굶주려야만 했다. 양반들은 모든 부역과 세금을 면제받았지만 일반 백성들은 착취에 이미 길들여져서 체념하고 있었다. 특히 지방 수령과 아전들의 횡포가 심했는데, 정약용은 아전들의 횡포를 이렇게 적었다.

"아전들 마을에 들이닥쳐 소를 찾아내 관리에게 넘겨주네, 소를 몰고 멀리 사라지는 꼴을 집집마다 대문밖에서 보고만 있네"

조선의 국가경영으로 채택된 유교는 조선 건국된지 370여 년이 지나서 백성들의 삶을 풍요롭게 하기보다는 '강박적 과민 반응'을 보여 백성들에게 무거운 짐만 안겨주고 있었다.

당시에는 관에서는 백성들에게 3가지 세금이 부과되었는데 첫째 전정(田政)으로 토지에 대해 과도한 세금이 부과되었고, 둘째는 군정(軍政)으로 갓난아이와 죽은 자에게까지 군역 세금이 부과되었고, 셋째 환곡(還穀)으로 곡식을 빌려주는 제도인데 고리대금 업으로 빈민을 착취하였다.

이 시대 상황을 그림으로 표현한다면 바지 저고리를 입은 병약하고 남루한 노인이 등에 무거운 짐을 지고서 가파른 고갯길을 올라가면서 배고파서 죽어가는 처지와 같다고 할 수 있다.

세상은 이미 임진왜란 7년 전쟁과 병자호란과 같은 무지막지한 난리를 겪은 뒤이기에 민심은 땅에 떨어졌고, 사람들은 다만 목숨을 부지하기 위해 살아가는 형편이었다. 이미 모든 체제가 한꺼번에 무너져 내린 상황이었다.

그래서 조선 땅에 사는 모든 백성들은 먹고 사는 일에 급급하였으며, 관리는 백성을 수탈함으로 그 이익을 가지고 고을을 다스리고 있었다. 그래서 관리들은 고기와 술이 가득했고 백성들은 굶주림과 질병에 시달려야만 했다. 조선이라는 나라는 양반들의 나라이지 결코 일반 백성들의 나라가 아니었다. 관리들은 기강을 세운다는 명분을 앞세우고 죄 없는 백성들의 고혈을 짜는데 익숙해졌다.

세상은 새로운 제도와 변화를 갈구하고 있었다. 병자호란으로 청나라에 볼모로 잡혀갔던 소현세자는 '아담 샬'이라는 서양 신부와 친하게 지내면서 천주학과 서양의 발전된 문물을 들여왔다. 자명종, 천리경, 세계지도 등 서양의 진기한 물건을 들여왔고 심지어 천주교 신자들로 구성된 중국 환관들과 궁녀들을 대동하고 조선으로 돌아왔다.

그러나 청나라에 원한이 맺혀있던 아버지 인조는 소현세자를 독살로 죽게끔 만든다. 국가 개혁의 필요를 절실하게 느낀 자들은 변화를 시도했지만 이미 타성에 젖은 자들은 그것을 받아들일 준비가 전혀 되어 있지 않았다. 권력을 독차지하고 있는 관료는 변화를 두려워 하여, 외국 문물을 거부하고 오히려 세상을 어지럽게 만든다고 반항하였다.

우선 백성들의 삶은 생필품 자체가 없었고 더러운 물과 열악한 위생 환경으로 장티푸스와 같은 전염병이 창궐하였다. 그래서 마마는 일종의 손님으로 여겼고 그것을 이겨낸 아이는 살고 이겨내지 못하면 죽고 말았다.

하지만 바야흐로 당시 세계는 변화의 물결이 출렁이고 있었다. 1789년 프랑스 혁명이 일어났고, 영국은 1689년에 인간 권리 헌장인 권리장전을 선포하였고, 미국은 1790년에 독립하였으며, 독일은 임마누엘 칸트가 나와서 철학을 집대성하였다.

조선에도 그 흐름의 대세가 이어졌다. 몇몇 뜻있는 학자들은 청나라에서 새로운 학문과 문물을 가져와 소개하면서 변해야 할 것을 주장하고 나섰다.

연암 박지원은 청나라에 다녀온 후 '연암일기'를 통해 다른 나라의 부흥된 문화와 문물을 소개하면서, 조선의 선비들은 남의 나라 글을 빌려 쓰면서도 중국인의 글을 우습게보고 그들을 깔보고 있다고 하면서 조선의 선비들은 겸손해야 한다고 말했다.

박지원은 오랑캐라고 불리는 만주족이 지배하는 청나라가 얼마나 과학 문명이 발달하였는지를 전해주었다. 북경의 도로는 잘 정비되어 있으며 큰 수레가 움직이고 길가에 진귀한 물건을 판매하는 가게들이 정돈되어 있고 상공업이 발달하였으며 또한 튼튼하고 견고한 벽돌로 집을 짓고 사는 모습을 소개하였다.

그러나 조선의 관료들은 이 마저도 금서로 지정하여 읽지 못하도록 제지하였다.

청나라를 통하여 서학과 실학 책이 들어왔다.

'지봉유설(芝峰類說)'을 쓴 이수광, '반계수록(磻溪隨錄)'을 저술한 유형원, 탈주자학적 경학 해석에 물꼬를 텃던 서계 박세당(朴世堂) 등이 실용 학문에 대한 관심을 발생시켰다.

또 사회에 문제 의식을 가지고 있던 학자들은 성호 이익을 중심으로 권철신, 이가환, 안정복 등이 주축이 되어 제도 개혁론을 주장하였다. 또 서양의 선진 과학 기술을 적극 받아들이자는 담헌 홍대용, 연암 박지원, 초정 박제가 등이 있었다.

정약용은 성호학파를 받아들여서 서학을 수용하고 청나라의 고증학적 지식을 통해서 육경과 사서에 대해 본질적 의미를 찾고자 하였다. 약용은 백성을 다스리는 목민관의 역할과 책임을 규정하고, 경세학으로 병폐 해결을 시도하였다.

또한 인간과 세상을 이해하는 성리학의 핵심 개념인 리(理), 기(氣), 음양(陰陽), 오행(五行) 등에 대해 재 해석을 함으로 좀 더 합리적이고 과학적인 사상 체계를 확립하고자 하였다.

정약용은 성리학이 세상에 도움과 유익을 주는 학문으로 키워지기를 바랬다. 그래서 과학적 사고 방식과 합리성을 도입하였다. 하지만 불안한 사회 현실에서 그런 열정은 누군가의 후원 없이는 절대 불가능하였다. 다행스럽게 정조의 후원이 있었으나 이는 얼마 가지 못했다.

 조선 사회에는 천주교가 전래하여 교리 연구가 진행되었는데, 정약용과 친분이 있는 서울 근처에 사는 남인을 중심으로 천주교가 확산되었다. 천주교는 중인과 서민들 속에 깊이 뿌리를 내리기 시작하였다. 그러나 조선 천주교회는 조상 제사 거부의 교리로 성리학의 기존 정통주의와 부딪히게 된다.

 이런 와중에 이가환, 정약용, 권철신, 이승훈과 같은 차세대 개혁 세력은 정조와 채제공의 비호아래 커나가고 있었다.

 하지만 어느 정도 개혁정책을 주도했던 채제공이 죽음을 맞이하게 되면서 이어서 정조도 죽음을 맞이했다. 채제공과 정조의 죽음으로 인해 역사는 앞으로 더 진보하지 못하고 노론 벽파에 의해 삽시간에 역사의 후퇴를 가져왔다.

 이들은 우선 금교령을 내려 천주교를 탄압하였다. 그 다음에 눈에 가시와 같았던 정조의 호위 조직인 장용영(정조의 군사조직)을 해체했다. 그리고 차세대 주자의 대표인 이가환을 위시한 정약용 등 수많은 인재는 죽임 또는 유배로 내쫓아 버린다. 이를 기점으로 역사는 후퇴와 후퇴를 거듭하여 세도 정치에 이르게 되었고, 결국 나라는 시대에 부응하지 못한 채 망국의 길로 접어들게 된다. 이 책은 개혁의 열정을 가진 구도자가 역사를 되돌리려는 세력에 의해 땅에 짓밟혔지만, 그것이 어떻게 싹이 나고 열매를 맺는 지에 대한 과정을 그린 책이다. 한 인간의 사상과 열정에 대한 책이다.

애절양

18세기 후반, 당시 조선 백성들의 피폐한 현실을 다음의 한 슬픈 사연으로 대신 말할 수 있다.

갈밭에 사는 한 백성이 아이를 낳은 지 사흘 만에 16세부터 60세의 남자들에게 해당되는 군적에 등록되었다. 그리고 군대에 가지 않는 대신, 군포 세금을 물어야 했다. 그는 관청에 가서 사또를 만나 억울한 사정을 호소한다. 하지만 관청 문 앞에서 쫓겨나 사또 얼굴도 보지 못한 채 집으로 되돌아와야만 했다.

세금 낼 돈이 없던 가난한 농부는 결국 자식같이 아끼는 남아 있던 소마저 빼앗기게 된다. 그나마 있는 소 한마리를 끌고가는 아전을 바라보고, 상심한 백성은 더 이상 먹고 살길이 없어서 절망감에 사로잡히게 된다. 그리하여 이 사람은 모든 원인이 아이를 낳게 만든 자신의 생식기 탓이라고 여겨 부엌에 들어가서 부엌 칼로 자신의 생식기를 잘랐다.

당시에 있었던 사실을 기반으로 그 실정을 묘사했다.

믿어지지 않는 사실이다. 부패한 관리와 아전의 농간은 죽어 백골만 남은 사람과 갓 태어난 젖먹이까지 삼대에 걸쳐서 군포 세금을 내라고 강요하였다. 살 길이 막막한 무지한 백성은 홧김에 책임을 생식기에 돌렸다. 이런 처절한 이야기를 들은 정약용은 생식기를 잘랐다는 제목의 '애절양'의 이름을 지어 다음과 같은 시를 적었다.

갈밭의 젊은 아낙네 울음소리 그치지 않아
관청문 향해 울부짖다 하늘보고 통곡하네.
군인 남편 못 돌아온 거야 있을 법도 하다지만
옛부터 남절양(男絕陽)은 들어보지 못했어라
시아버지 장례 치르고 갓난아기 젖 먹는데
삼대의 이름이 군적(軍籍)에 올랐다네.
달려가 호소해도 범 같은 문지기 막아서서
아전은 호통 치며 남은 소마저 끌고 갔네.
아이 낳은 죄라고 남편이 한탄하더니
칼 갈고 들어간 뒤, 피가 흥건하구나.

말만 들어도 오싹하고 처절하여 듣기에도 민망하다.

살 희망이 없어 이렇게라도 하지 않으면 속 터져 죽을 것 같아 홧김에 이런 행동을 저질렀던 무지한 한 백성의 처절한 퍼포먼스이다. 가슴 떨리는 비극적 스토리이다.

아아! 백성들이여

 청나라에 볼모로 잡혀가 무진 고생을 하고 돌아와서 서양의 발전된 신문물을 가지고 와서 아버지께 선물로 드리고 싶었던 소현세자, 조선도 부강하게 될 수 있다는 희망을 드리고 싶었던 세자는 결국 아버지의 용인 아래 독살을 당했다.

 아! 소현세자의 억울한 죽음을 무엇으로 갚을 것인가? 그런데 아들을 죽이는 전통은 계속되었다. 영조는 직접 지휘하여 아들을 뒤주에 가둬서 죽여 버렸다. 그는 조선을 52년을 통치했다. 다시 말해서 아들의 임금 자리를 빼앗아 아들이 통치해야할 기간까지 아버지가 해먹은 셈이다.

 이 사건의 후유증은 수십년 동안 조선을 당파 싸움의 회오리로 몰아넣는다.

 사도 세자는 죽여도 마땅하다는 벽파(僻派)와 사도 세자를 동정하는 시파(時派)의 편가름이 시작되었다. 노론은 주로 벽파에 속하였고 남인은 시파에 속했다. 정약용은 '남인시파'에 속하였

23

고, 서울 근처에 살았기 때문에 '기호남인'이라고 불렀다.

 정약용은 이러한 배경속에서 벼슬을 하게 되었다. 조선의 조정은 건수만 있으면 당파가 나뉘어지고 반대파를 죽이지 않으면 자신과 일가족이 죽어나가는 극단적 싸움이 끝이 나지 않았다.

 당파는 포악한 독재를 막는 기능을 하지만 조선의 당파는 이미 통제력을 잃어버려 비난을 위한 비난의 싸움으로 치달았다.

 이렇게 상대방을 비난하는 정쟁 싸움은 반대파가 천주교를 받아들였다는 이유로 죄명을 씌워 죽이거나 유배를 보내는데 열을 올렸다. 그들은 천주교를 부모도 몰라보고 임금도 없는 무부무군(無父無君)의 사악한 집단으로 규정하여 집단적인 악행을 저지르게 된다. 이 일은 조선이 망하게 되기까지 계속되었다.

 조선 건국 이념인 성리학은 그 기능을 잃어버렸고, 성리학적 지식은 반대파를 몰아내기 위한 문자적 도구로 사용되었다. 그야말로 네가 죽지 않으면 내가 죽는다는 살벌한 기운이 감도는 세상이었다. 이른바 살얼음 판을 걷는 정국이 되어 버렸다.

 이로인해 백성들은 도탄에 빠졌다. 한양에는 도로가 없었으며, 골목마다 쓰레기와 오물이 넘쳐 흘렀고 초가집이 다닥다닥 붙어 있어서 도시는 하나의 거대한 무덤을 연상시켰고, 다 무너진 흙집에서 사는 것이 신기할 정도였다. 물건을 사려고 해도 가게가 없다. 남자들은 대부분 길거리에 쪼그려 앉아서 담배를 피우거나 술에 쩔어 있었으며, 모든 일은 여자들이 도맡아 했다. 집안은 대낮에도 칠흙같은 어둠뿐이고 모든 생활은 밖에 나와서 해야만 했으며, 비가 새면 땔감이 없는 자는 축축한 바닥에 거적데기위에서 잠을 청할 뿐이었다.

그저 조선의 백성은 어마어마한 그릇에 보리밥을 잔뜩 쌓아서 고추 하나와 함께 먹어대는 것이 전부였다. 먹기위해 사는 사람들 같았다. 추운 겨울에 굶주림에 지쳐 동정하는 거지들이 가득하고, 흉년을 거치면서 세금을 내지 못해 머리에 이부자리를 이고, 등에 아이를 업고서 유랑하는 백성들이 많았다. 조선은 생필품이라는 것 자체가 없었다. 도탄에 빠진 굶주린 백성에 대해 정약용은 이렇게 기록한다.

"줄줄이 고을 문 걸어 들어가서 입 쳐들고 죽 가마 앞으로 모여 들더니 개 돼지도 버리고 마다할 것을 사람으로 엿처럼 달게 먹누나."

땅에 떨어진 민생을 더 이상 구제할 길이 없었다. 이렇게 가뭄과 기근이 극심한 판국에 수령과 아전들은 끊임없이 기강이 해이해졌다고 소리치면서, 세금 타령을 해대고 농사짓는 밭에 와서 곡식을 만지작거리면서 집적거린다.

그들의 얼굴을 보는 순간 백성들의 가슴은 덜컹거리기 시작한다. 이제 더 이상 내놓을 곡식조차 없다.

관청에는 걷어 들인 곡식이 산같이 쌓여있으나 백성들은 심한 흉년으로 끼니조차 해결하지 못하고 있다. 아! 이제 어찌 살아야 하는가! 다음의 시는 약용이 암행어사 교지를 받고 경기도 지방을 순찰하면서 적성의 한 가옥에서 지은 시이다.

시냇가 찌그러진 집, 뚝배기와 흡사한데
북풍에 이엉 걷혀 서까래만 앙상하다
묵은 재에 눈 덮인 부엌은 차디차고
채 눈처럼 뚫린 벽에 별빛만 비쳐든다
집안에 있는 물건 쓸쓸하기 짝이 없어
모조리 다 팔아도 칠팔 푼이 안 된다.
개 꼬리 같은 조 이삭 세 줄기 걸려있고
닭 창자 같은 마른 고추 한 꿰미 놓여 있다
깨진 항아리 뚫린 곳 헝겊으로 발랐고
찌그러진 시렁 대는 새끼줄로 얽어맸다
놋수저는 지난 날 이정에게 빼앗기고
쇠 냄비는 엊그제 옆집 부자 앗아갔다
닳아 해진 무명이불 오직 한 채 뿐이라서
부부유별 그 말은 가당치도 않구나.
어린 것들 입힌 적삼 어깨 팔뚝 나왔거니
태어나서 바지 버선 한번 걸쳐 보았겠나.
큰 아이 다섯 살에 기병으로 등록되고
작은 애도 세 살에 군적에 올라 있다.
두 아들 세공으로 오백 푼을 물고 나니
어서죽길 원할 판에 옷이 다 뭣이랴.

(적성의 시골집에서/금장태.다산 정약용에서 재인용)

그러나 조선의 관리들은 권력을 가지고 제 몫을 챙기기 바쁘
다. 입술에 붉은 피를 묻히고 있는 이리 떼같은 탐관오리들은
술과 고기를 먹으면서 이름있는 기생을 맞이하여 풍악을 울리
면서 자신들의 몫만 챙긴다.
약용은 분명하게 말한다.

"목민관은 백성을 위해서 존재한다."

약용의 눈은 현실을 정확하게 분별하며, 귀는 순수한 양심의 소리에 민감하며, 손은 가난한 자와 약한 자를 섬기며 발은 부지런하다. 성격은 아주 솔직하고 담백하며 거짓을 모른다.

이것 때문에 미움을 받기도 하지만 또한 이것 때문에 그는 살아 남아서 학문을 연구할 수 있었다.

약용은 나라의 안위가 경제에 달려 있으며 백성이 도탄에 허덕이며 이 문제를 해결하는 길은 관료들 밖에 없음을 안다.

그래서 자신이 발벗고 나서서 부패한 세상에서 목민관이 되어 개혁을 시도한다.

문제는 나라 전체가 썩어있다는 것이다. 썩어있는 것을 도려내면 썩은 것 때문에 먹고 살았던 이들의 반발이 온다. 이런 자들은 개혁의 시동에 대해 반발한다.

이들은 자기들이 손해나는 것을 몹시 못견뎌한다.

이들은 개혁자들을 잔꾀와 권모술수로 모함하여 멀리 내좇고 이대로 현상 유지를 하여 벼슬을 유지하고자 한다.

약용의 개혁과 학문은 이런 가난과 부패한 현실에서부터 시작한다. 약용은 세상은 썩고 병들지 않은 분야가 없었다고 탄식하였다.

"조선은 털끝 하나인들 병들지 않은 분야가 없다(一毛一髮無非病耳). 지금 당장 개혁하지 않으면 나라는 반드시 망하고 만다"

몸의 지체 하나가 썩으면 온 몸이 아플 수 밖에 없다.

2
태양이 떠오르다
(1762−1800)

약용이 태어나다

　정약용은 1762년 6월 16일(음력), 현재 경기도 남양주시 조안면 능내리(당시 광주군 초부면 마현리)에서 아버지 나주 정씨 재원과 해남 윤씨 사이에서 넷째 아들로 태어났다. 약용의 아명은 귀농(歸農), 자는 미용(美庸) 또는 송보(頌甫)이고 호는 사암(俟菴), 열수(洌水), 자하도인(紫霞道人), 문암일인(門巖逸人)이며 당호는 여유당(與猶堂)이다.

　흔히 정약용을 다산이라고 부르는 이유는 강진 다산에서 오랫동안 살았기 때문에 지역 이름을 따서 부른 것이다.

　약용은 18세기 후반 영조가 다스리던 시대에 태어났다. 당시는 당파 싸움이 최정점에 달했던 시대였다. 영조는 당파 싸움의 구제책으로 탕평책을 펼쳐서 골고루 인재를 등용하여 당파 싸움을 제지하고자 했지만 그 정책은 별로 효과를 거두지 못했다.

　약용이 태어나던 해는 사도 세자가 뒤주에 갇혀 8일 만에 운명했던 바로 그 해였다.

사도 세자는 영조의 둘째 아들로 세자에 책봉되었으며 임금되기 위한 수업인 수렴청정까지 했고, 임금에 오르기로 예정되어 있었다. 그러나 몇몇 신하는 영조의 분노와 과도한 욕망을 부추겨 사도 세자를 죽게 만든다. 그는 당파 싸움의 희생물로 불행하게 죽음을 맞이했다. 사도세자의 아들은 아버지가 고통스럽게 죽임을 당하는 현장을 지켜 보았다. 그가 정조이고 그때 나이 11세였다.

 정조는 자기 아버지가 고통스럽게 죽어가는 모습을 보았으며 두고두고 그때 일을 기억하였다. 정조는 아버지의 원한과 억울함을 보상하고자 하여, 화성을 건축하여 사도세자의 능을 옮기는 일을 추진하였다. 하지만 그는 매우 똑똑하고 지적인 왕이었음에도 불구하고 고집스런 신하들의 벽을 넘지 못했다.

 조선의 왕들 가운데 비록 자신은 현명하지 못해도 어진 신하를 잘 등용해서 정치를 잘한 임금이 있는가 하면, 정작 자신은 현명한데 주변에 변변한 신하가 없어 국가 경영을 제대로 하지 못한 왕도 있었다. 정조는 후자에 해당하는 왕이라고 볼 수 있다.

 어쨌든 사도 세자가 뒤주에 갇혀 죽은 사건은 조선 사회에 큰 반향을 일으켰다. 이 일은 조정 신하들로 하여금 시파와 벽파로 나뉘어 치열한 정쟁으로 이어진다. 시파, 벽파의 다툼은 빙산의 일각처럼 관리들의 썩을 대로 썩어 있는 분열된 정치 현실을 그대로 드러낸 것에 불과하였다.

 이처럼 당시 조선 지식층은 도그마(독단적 교리)에 빠져있는 경직된 논리를 붙들고 있었다. 하지만 이런 조선에 작은 불씨 하나가 태어난다. 장차 조선 땅에 개혁의 희망을 가져다 줄 수 있는 인물이 태어난다. 마치 400여년 동안 이집트의 식민지로 있던 유대 나라에 모세가 태어나는 것과 같다. 약용의 출생은 숨 쉴 수도 없이 꽉 막힌 고리타분한 나라에 개혁의 불씨가 생겼음을 예시한다.

– 집안의 분위기

 약용의 집안은 조선 왕조가 개국한 이래, 황해도 백천에 살았다. 13대조 정윤종이 벼슬에 나아간 이후 5대조 정시윤에 이르기까지 8대가 옥당(홍문관)에 올라 대대로 학자가 배출되었다.
 8대에 걸쳐 벼슬을 한 집안이다. 하지만 정약용의 고조부와 증조부와 조부는 벼슬에 나가지 못했고, 부친 대에 와서야 벼슬에 나갔다.
 약용의 5대조 정시윤은 당쟁을 피해 소내의 풍광이 좋아서 이곳에 정착하였다. 몰락한 남인이기에 바르게 살지 않으면 타인으로부터 흠 잡힐 수 있었기 때문에 조용히 살고 있었다.
 약용이 태어나던 해, 아버지 정재원은 생원시에 합격하였고 후에 영조를 모신 강화도 만녕전 참봉에 임명되었다가 태조의 어진을 모신 전주 경기전 참봉 벼슬에 나가게 되었으며, 약용이 4살 무렵에는 내직으로 옮겨 호조에 근무하기도 하였다.
 그 후 연천현감, 화순현감, 예천군수 등 고을 수령을 지냈고 조정에 와서는 호조좌랑, 한성서윤을 지내기도 하였는데, 진주목사로 재임 도중에 임지에서 세상을 떠났다.

약용의 아버지는 의령 남씨와 결혼하여 정약현을 낳고 죽었고 그후 해남 윤씨와 재혼하여 3남 1녀 즉, 약전, 약종, 약용을 낳았다. 약용의 어머니는 약용의 나이 9살 때 죽었다.

그래서 아버지는 셋째 부인으로 황씨를 맞아들였지만 곧 요절하고, 넷째 부인으로 한양에서 20살 된 처녀 김씨를 맞아 들여 약황과 3명의 딸을 낳았다.

약용이 아주 어려서는 약현의 부인되는 큰 형수가 약용을 돌보아주었다. 큰 형수는 무인 집안의 딸로 아버지는 병마 절도사를 지냈으며 약용과는 뗄 수 없는 친구인 이벽의 누이이기도 하다. 약용은 이벽과 아주 절친했다. 이벽은 학문적으로 뛰어난 학자인데, 후에 그는 천주교에 심취하였으며 약용에게 천주교를 소개하기도 하였다.

큰 형수는 15세에 시집와서 대식구에 가난한 살림을 꾸려가느라 시집올 때 가져온 비녀와 같은 패물을 팔아서 살림에 보태가면서 가난한 살림을 이끌었다. 그녀는 성격이 호방하였으며, 추운 겨울에는 솜도 넣지 않은 엷은 속바지로 한 겨울을 지내기도 하였지만 전혀 내색을 하지 않았다고 한다. 어머니 없이 자란 약용에게 큰 형수는 어머니 같은 존재였다.

약용이 12세 정도 되어서 20세에 시집온 서모가 약용을 친자식처럼 돌봐주었다. 서모는 동지중추부사를 지낸 김의택의 딸로 동생 약황을 비롯해서 1남3녀를 낳았다.

약용은 '서모김씨묘지명'에서 서모에 대해 말하기를 "처음 서모가 우리 집에 올 때는 내 나이 12세였다. 나는 머리에 서캐와 이가 많았고 부스럼도 잘 났다. 서모는 내 머리를 손수 빗질해 주었고 또 고름과 피를 씻어 주었다. 그리고 바지, 적삼, 버선을 꿰매며 바느질하는 수고를 하였는데, 내가 장가를 든 다음에야 그만 두었다. 서모는 내 형제 자매 중에서 특히 나와 정이 두터웠다."고 말했다.

약용의 누이는 조선 최초의 영세 교인 이승훈에게 시집 갔다.

이승훈은 학문이 깊고 명필이었으며, 정조 임금이 매우 총애하였으며 충주 목사까지 하였는데, 천주교 서적을 전파하였다는 이유로 해남터에서 죽임을 당한다.

약용의 외가는 조선 후기 예학의 대표 인물인 고산 윤선도의 집안이다. 그는 당파 싸움을 피해 대가족을 이끌고 보길도에 들어가서 섬을 개척했다. 그가 지은 '어부사시사'는 널리 알려져 있다. 그는 학문이 높은 대학자이며 가사 문학의 선두 주자이기도 하다. 윤선도의 증손자 공재 윤두서는 조선의 삼재 중의 하나이다.

조선에는 공재(恭齋) 윤두서, 겸재(謙齋) 정선, 현재(玄齋) 심사정을 두고 삼재(三齋)라고 부른다. 약용의 어머니는 윤두서의 셋째 아들 윤덕렬의 딸이다. 평소 약용은 외가 댁의 윤선도와 윤두서에 깊은 존경심을 가졌다.

약용의 예술적이고 창의적인 정신은 아마도 외가의 예술적 기질을 타고났기 때문이라고 보여진다.

그러니까 약용의 친가는 학문 전통이 있는 학자 가문이고 외가는 서화의 예술적 정취가 묻어있는 집안이었다. 고로 약용의 입장에서 보면 친가로부터 이성적 능력을 받았으며 동시에 외가로부터는 예술적 감성을 전수받았다고 할 수 있다.

– 학문의 시작, 사리분별을 배우다.

약용이 태어날 당시에는 아버지가 벼슬이 없었기 때문에, 집에서 부친을 통해서 4살 때부터 천자문을 배웠다. 약용은 서당에 다닌 적이 없었다. 7살에는 다음과 같은 시를 지었다.

"작은 산이 큰 산을 가리우니 멀고 가까움이 다르네."

아버지는 일곱 살 된 아이가 작은 산과 큰 산의 원근거리 감각을 안다는 사실에 이 아이가 수리계산 능력이 있음을 알았다.

그래서 아버지는 약용의 시를 보고는, "이 아이가 분수에 밝으니 역법과 산수에 통달할 것이라"고 하였다.

약용은 어려서부터 사물을 예리하게 보는 눈이 있었다. 시각이 발달한 사람이어서 현실을 정확하고 섬세하게 보았다.

어느 가정이든 집안의 분위기를 통해 성향과 선한 성품이 길러진다. 고로 어려서 배운 영향력은 마음속 보물 창고에 깊이 간직해서 그의 일생에 뿌리깊게 영향을 준다.

후에 재상이었던 번암 채재공은 약용의 아버지 정재원에 대해 말하기를 "아들을 훌륭하게 키워낼 인품과 능력을 갖추었다"고 말했다.

채제공이 이런 말을 하는 배경에는 약용의 여동생과 채제공의 서자와 혼인했는데, 그 여동생이 시집에 가서 성실하게 시부모와 남편에게 잘했기 때문이다. 딸의 헌신이 친정 아버지의 체면을 세워주었다. 약용도 아버지에 대해 인품과 덕행이 대단했다고 하였다.

　약용은 성격이 사교적이었기 때문에 형제들과 우애가 좋았다. 형들이 약용을 귀엽게 여겼고, 형들 또한 온순했기 때문에 동생의 질문에 잘 대답해주고 잘 이끌어주었다. 약용은 특히 둘째 형 약전과 아주 가깝게 지냈다. 약전과는 함께 공부하고 약용이 질문을 하면 친절하게 가르쳐 주었다. 약용은 어려서 여러 형들이 공부할 때 그 사이에서 곁눈질로 형들의 의견을 모아서 배운 것이 상당히 많았다.

　약용은 사물을 대할 때 한 면만 보지 않고 위 아래, 앞과 뒤를 보는 전체적 시야를 가졌다. 원근감을 가지고 입체적으로 보았다. 이런 시야는 후에 조선의 현실을 통합적으로 살펴보는 통찰력으로 발전한다. 그래서 문인과 선비들이 이 아이가 장래 어떤 인물이 될른 지 기대가 컸고 반드시 대성할 것을 알았다고 한다. 약용이 진사 시험에 합격할 때 아버지는 여기저기 소문을 내서 잔치를 벌리기까지 하였다.

　약용 아버지가 연천 현감으로 근무할 때 일이다. 약용보다 8살이 많은 이서구(1754~1825)가 한양에 오갈 때, 어린 약용이 많은 책을 지고 북한산을 오가는 모습을 보고 기특하게 여겨 말을 걸었다고 한다. 이때 어린 약용이 주자가 지은 '자치통감강목' 59권을 쉬지않고 줄줄 외우는 모습을 보고는 깜짝 놀랐다고 한다. 자신도 21세에 과거에 합격할 정도로 뛰어난 학자였지만 어린 약용의 암기력 앞에서는 놀랄 수밖에 없었다. 이서구는 후에 큰 벼슬을 하였는데, 이 이야기를 황현이 듣고 '매천야록' 에 기록했다.

약용이 10세에 일년 동안 경전과 역사서를 배껴서 쓴 글이 약용의 키보다 컸다. 이때 지은 글을 '삼미집' 으로 묶었는데, 그만큼 작문에 열중하였고 인내력과 끈기가 있었다.

약용은 타고난 부지런함이 있었다. 이는 성실한 아버지의 영향력이다. 아들에게 아버지는 자신의 미래상을 보여주는 모델과 같다. 약용의 아버지가 매우 부지런했기 때문에 약용은 잠시라도 가만있는 성격이 되지 못하였다. 사암선생연보에 자신에 대해 스스로 말하기를 자신이 덕이 있고 경학이 정미했던 이유는 가정에서 아버지의 교육을 제대로 받았기 때문이라고 말하고 있다.

인간은 어려서부터 다양한 경험과 지식을 배워서 자기 것으로 만든다. 인간이 태어날 때는 오히려 짐승보다 발육이 늦지만 만물의 영장이 될 수 있는 것은 배우는 능력이 탁월하기 때문이다. 고로 무엇을 배우느냐는 그의 일생에 큰 영향을 미친다.

약용이 살던 고향을 보면, 농사짓기에는 좁은 땅에 십리 길을 걸어서 나무를 해올 정도로 척박한 환경이었다. 하지만 수려한 주변 경관을 보고 자랐고 멀리 산이 겹겹이 쌓여있는 모습을 보면서 꿈을 키웠다. 또한 인품좋은 아버지의 가르침을 받아 인정많은 형수와 우애좋은 형제 사이에서 자랐다.

비록 어머니의 사랑은 받지 못했지만 걸걸한 형수와 친절한 서모가 있었다. 약용은 대가족에서 합리적 객관성을 배웠다.

약용이 현실을 인식하고 전체를 아우르는 지혜는 대가족에서 배운 것이다.

약용은 어려서는 형들의 손에 이끌리어 형들과 다니는 것이 큰 즐거움이었다. 형들은 약용을 데리고 십리 길을 걸어서 땔감을 구하러 다녔다. 십리 길을 땔감을 지고 다닌다는 것은 매우 힘든 노동이다. 하지만 약용에게는 형들과 함께 오다 가다 쉬기도 하면서 함께 하는 것이 즐겁기만 하였다.

형들은 약용을 '미용'이라고 불렀는데, 마마를 순조롭게 앓아 흔적은 없었지만, 오직 오른쪽 눈썹 위에 마마 흉터가 있었기 때문에 눈썹이 세개라고 하여 '삼미' 라고 부르기도 하였다.

약용의 집은 남한강 상류지역 강가이다. 고로 겨울에는 다른 지역보다 매우 추운 지역이다. 겨울이면 얼음이 두껍게 얼어 얼음을 깨서 고기를 잡아 회를 쳐서 먹기도 하였다.

여름에는 낚시를 하거나 고기를 잡을 수도 있었다. 마을에는 뒷산이 있는데, 산에 오르는 것이 습관이 되어서 후에 산에 오르는 것을 즐겨했던 이유도 바로 어려서 형들과 등산을 자주했기 때문이었다.

형들의 성격은 대체로 착하고 순진했다. 책임감이 강하고 소심한 장남 약현, 가슴이 넓고 따뜻하고 이상주의자였던 둘째 형 약전, 고집스럽지만 생각이 깊은 셋째 형 약종과 더불어 약용은 그들 사이에서 살아남을 수 있는 합리적 지혜를 배웠다. 그것이 약용의 어린 시절이다.

– 수종사에 오르다

어린 시절에는 놀이, 운동과 취미 등의 여러 요건이 필요하지만 발달 과정 중에서 최고의 클라이막스는 진리에 대한 사색력이다. 사색 훈련은 인생에 대한 깊은 이해력인데, 부모의 가르침이나 경험을 통해서 만들어진다.

약용은 가끔 책을 읽기 위해 수종사 절에 올랐다. 수종사는 해발 600미터 정도되는 높은 곳에 자리해 있으며 두물머리 한강이 훤히 내려다 보인다.

수종사에 오르는 산길에는 산에서 내려오는 시냇물이 흐르고 새들과 곤충들의 소리가 들리고 또한 싱그러운 풀 냄새가 진동한다. 한참 동안 숨을 헐떡이며 수종사에 도달해서 보면, 두물머리가 내려다 보이는 탁트인 경치가 매우 아름답다. 약용은 이곳에 올 때마다 이런 광경으로 인해 마치 오랫동안 풀리지 않은 숙제가 풀리는 듯하는 시원함을 느꼈다.

약용은 시각적 안목이 뛰어나기 때문에 그는 풍광에 대해 잘 묘사를 한다. 그의 시각적 능력은 탁월하였다.

약용은 어린 시절에 수종사에서 사색을 통해서 막힌 문제를 터득하는 비결을 얻었다. 약용이 약전에게 보낸 편지에서 문제가 풀리지 않으면 풀릴 때까지 명상을 한다는 내용을 적었다.

약용에게 수종사 절은 어려서부터 익숙하게 오르내리던 사색의 장소이며 마음을 가라앉히는 곳이다. 그는 평생 수종사의 풍경과 경험을 잊지 않았다.

약용이 14세에 수종사 입구 작은 돌샘 곁에서 지은 시를 보면, 마치 자신의 삶을 예고하고 있다.

> 담쟁이 넝쿨 험한 비탈에 우거져 있고
> 수종사로 찾아오는 계곡 길 보이지 않는다.
> 그늘진 응달에 눈 쌓여 있고
> 아침 안개 차가운 물가에 닿아 흩어진다.
> 샘물은 돌구멍 깊은 곳에서 올라오고
> 종소리 숲속에 울려 퍼진다.
> 유람 길은 여기서 시작되지만
> 돌아온다는 기약이야 어찌 잊을 수 있겠는가.
>
> (차벽, 벌거벗은 인간 다산에서 재인용)

약용은 수종사 대문 앞, 돌 틈에서 솟아나오는 샘물이 강을 이루고 또 종소리가 저 멀리 숲사이로 퍼지듯이 자신도 그렇게 넓은 세상으로 나가지만 다시 고향으로 되돌아오게 된다는 시를 지었다. 자연은 강 어귀에서 자란 은어가 태평양 넓은 바다에 나갔다가 다시 고향에 돌아오게 한다. 비록 어려서 쓴 시이지만 자신의 인생을 상징적으로 말해주고 있다.

약용이 수종사 절에 드나들며 무엇을 배웠을까? 당시 세상은 불교를 천시하는 풍조가 있었고 중은 천민 취급받던 시절이었다. 약용은 수종사 중들이 머리를 삭발하고 새벽부터 일어나 기도를 하는 모습을 보면서 근본을 찾는 일이 얼마나 소중한 지를 배웠다. 그들은 불교 계율에 따라 정해진 시간에 일어나 불경을 읽거나 참선의 훈련을 한다.

이 모습을 보면서 약용은 진리를 대하는 자세를 배운다. 종교는 인간 자체의 근본됨과 목적을 밝히도록 이끈다. 약용이 수종사에 있는 운길산 자락에서 두물머리를 내려다보면서, 세상을 넓게 보는 눈과 독서와 사색의 즐거움을 배웠다. 수종사는 약용에게 인생에 대해 깊이 사색하는 요람지였다.

– 아름다운 산천, 순수함을 배우다

약용의 고향 초천은 남한강이 흐르는 강가 마을이다. 초천 마을에는 뒷산이 있다. 산이라고 해봐야 민둥산에 불과하다. 약용은 자갈 길과 억새가 밭을 이룬 초천(소내, 우천, 마재, 마현, 두릉으로 불림) 나루터에서 자랐다.

그래서 늘 물을 가까이 하고 살았다. 물에는 상징적 의미가 담겨있어서 종교적으로 신성시한다. 힌두교에서는 갠지스 강을 어머니의 품으로 여겼고 갠지스 강에 뼈를 뿌리면 윤회의 고통에서 벗어난다고 믿었다. 기독교에서 물은 죄씻음을 상징하며 세례 의식을 행할 때 물을 뿌리는 예식을 행한다. 물이 많은 강가에서 자라는 것은 정서적으로 풍요로움을 가져다 준다.

맹자는 인을 표현할 때 물에 비유했다.

42

약용은 사시사철 물이 마르지 않은 나루터에서 자란 것만으로도 시적 감각이 발전할 수 있었다.

한양에 가려면 나룻배를 타고 가거나 걸어서 가려면 큰 강을 끼고서 구불구불한 산길을 오르내려야만 했다. 산 길을 돌아서 파말마가 있는 양수역을 지나서 비가 오면 넘실대는 강물을 보면서 걸어야만 했다. 약용은 고향에 대해 이렇게 말했다.

"나의 집은 초천 시골 마을인데, 물은 활 몇번 쏘는 거리 정도만 가면 길어올 수 있지만, 땔감은 10리 밖에서 해왔다. 오곡은 많이 심지 않고 풍속은 이익만을 숭상하고 있으니 대체로 낙원이라고 할 수 없다. 취할 점은 오직 강산의 뛰어난 경치뿐이다."

아마도 논이 별로 없어서 먹을 것이 넉넉하지 못한 연유로 각박하게 살았던 것 같다. 하지만 주변 경관은 뛰어나서 강 건너 높은 산을 보고 상상의 나래를 펴면서 자랐다. 약용이 평생에 2,700편 이상의 시를 쓴 것은 아름다운 자연 경치 덕분이다.

어린 시절 아이는 순수함 그 자체이다. 형들을 따르고 또 부모의 말씀에 귀를 기울이고 친구들과 쉽게 친해지고 잘 어울린다.

아이는 천진난만하기 때문에 기본적으로 누구나 친해지고 가깝게 지낼 수 있는 마음이 있다. 어제 싸웠던 친구도 오늘 아침이면 아무 일 없었던 것처럼 아주 친숙하게 지낸다. 이들은 오로지 순수할 뿐이다. 약용의 특징을 한마디로 말하라고 한다면 '순수함을 유지하고자 애쓴 선비'이다.

우리가 알아야 할 사실은 옳음을 추구하는 마음은 순수한 마음의 바탕에서 나온다는 사실이다. 순수하지 않으면 옳음을 찾지 않고 올바른 사상이라도 자신의 탐욕을 위한 수단으로 이용할 뿐이다.

아버지 정재원은 약용의 교육에 힘을 기울였으며 꼼꼼하고 정밀하게 교육했다. 약용은 부모의 성숙한 인품 아래, 부모의 가르침을 순수하게 받아들였다.

약용은 아버지로부터 '천자문'을 배웠으며 어려서 영특했고 부지런했으며 학문을 배워 실천하는 데 목표를 두었다.

이는 부모의 영향과 선천적 순수함의 결합이다. 약용은 가난한 자를 보면 어떻게 하든 도와주고 싶어 못견뎌 했다. 약용의 이런 성품은 목민관으로서 훌륭한 자질이 된다.

약용은 표현 능력이 뛰어났다. 형들과 대화하면서 자기 생각을 표현하는 방법을 배웠다. 커가면서는 글이나 시로 표현하기 시작했다.

이런 약용을 보면서 아버지는 집안을 일으킬 수 있는 인재로 여기기도 했지만 한편 당파 정쟁이 극심한 조정의 어지러운 세상에서 그의 장래가 매우 걱정되기도 하였다.

그런 와중에서 기대가 되는 것은 새 왕이 즉위하여 세상은 변하고 있다는 것이다.

- 평 -

사람은 몸과 마음으로 구성되어 있다. 몸은 땅에서 나는 동식물로 양식을 삼아 육체를 유지하고 마음은 보이지 않는 지식을 먹고 생명을 유지한다. 두 세계는 서로를 도와주면서 몸과 마음이 균형을 유지하며 살아간다.

예컨대, 무엇을 먹을까 하고 생각하면 몸은 먹을 것을 찾아서 섭취함으로 마음과 몸이 건강을 유지한다.

중요한 것은 마음이 육체의 주인이라는 사실이다. 마음이 불안한데 몸이 무엇을 제대로 할 수 있겠는가? 속이 비어있으면 깡통 소리밖에 들리지 않는다.

조선은 이미 사상적으로 부패되었다. 청나라에서 불어오는 새 바람을 맞으려고 하지 않았다. 세상이 변하고 있음을 인식하지 못한 꽉 막힌 선비들은 권력의 자리를 유지하는데만 급급했다. 그들은 권력에 탑승하는 법을 배워서 권력 유지에만 관심이 있을 뿐, 백성을 위한 정치에는 관심이 없었다.

어두워진 정신 세계와 더불어 세상은 갈팡질팡하였다. 우선 자기만 배부르면 된다는 욕심이 들끓었다. 결국 세상은 어두움에 덮여 전혀 앞을 볼 수 없는 지경이 되었다.

관료들의 마음속에도 어두움이 깔려 있는 것은 매 한가지였다. 분명한 것은 어두움은 빛이 와야만 물러간다는 사실이다. 어둠이 무지의 세계이고 빛은 지혜의 세계이다. 기둥 뿌리가 썩어버린 집이 제대로 서 있을 수가 없다. 개혁되어야할 시점이 넘었는데도 개혁되지 못하면 모두 다 절망하고 지쳐 쓰러지고 만다.

희망 없는 당시의 분위기는 첫째, 자신이 최고라는 생각 둘째, 벼슬을 얻어 권력을 사용하겠다는 이기심 셋째, 타인을 지배하고자 하는 지배욕이 온 세상을 뒤덮었다.

하나는 자기 만족이요 다른 하나는 세속에 대한 관심이요 마지막으로는 타인을 지배하고자 하는 명예욕이다.

긴 겨울에서 벗어나려면 따뜻한 햇빛이 필요한 것처럼 어두운 세상에서는 빛이 있어야만 한다. 약한 촛불이라도 필요하다.

빛으로 어둠이 물러날 때만이 세상을 보는 눈이 뜨여진다. 변질된 사상으로 모두가 소경이 되어버린 지금에는 진리의 빛만이 새로운 시작이 열리도록 만든다.

고로 모든 학문은 반드시 진리를 목표해야 한다. 지식은 진리를 위한 도구가 되어야 한다. 그렇게 되기 위해서 진리를 사모해야 하고 진리를 받아들이는 순수한 마음이 있어야 한다.

조선의 성리학은 공자와 맹자의 숭고한 사상을 입으로 외우기는 하지만 이미 관념적 지식으로 전락되었다. 그것을 실천하고자 하는 이는 적었다. 본질을 잃어버린 지식으로는 사람들을 깨우칠만한 힘이 없었다. 조정의 관료들은 유학을 열심히 공부해서 과거 시험을 통과해서 벼슬자리를 얻었지만, 사실 그렇게 공부한 목적은 백성을 위함이 아니라 자신이 출세하기 위함이었다.

행함 없는 믿음이 죽은 믿음이라고 한 것처럼 벼슬 자리를 목표한 지식은 죽은 지식에 불과하다. 머리 속으로는 공자 맹자의 말씀을 외웠지만 모두 껍데기에 불과하다.

그런 사실은 서당에서 공부하는 유생들도 마찬가지였다. 공부라고 하는 것이 단지 과거 시험을 위한 학문이기 때문에 참되게 살고자 학문을 하지 않았다.

지식은 그 의미를 상실하였다. 학문을 통해서 새로운 지식을 습득하여 바른 삶을 살고자 하는 의지는 없고, 오히려 교만한 인간을 양산하였다. 모두 다 그렇다보니 이제는 어디서부터 누가 잘못했는지 알 수 없는 지경이 되어버렸다.

약용이 보기에 문제의 근원은 시대 정신을 지배하는 당시의 교과서 문제라고 보았다. 즉, 공자 맹자를 해석한 주자, 정자의 성리학이 조선에 들어와 본래의 정신을 잃어버렸다고 보았다.

고로 본래의 뜻에 맞도록 뜯어 고치는 길만이 이 민족의 정신 상태를 바꾸는 길이라고 보았다. 그래서 약용은 왜곡된 경전을 고증을 동원하여 경전 그 자체의 본래 의미로 재해석을 시도하였다. 경전의 본래 정신으로 돌아갈 때, 세상을 보는 눈이 진실해질 수 있다고 여겼다.

약용은 특유의 순수함과 그가 '중용강의보' 에서 말한대로 선(善)을 즐거워하고 도(道)를 찾고자 하는 마음으로 어두운 조선 사회에 프리즘이 되고자 하였다.

새로운 학문에 눈을 뜨다

– 혼례, 한양 상경

조선에는 관혼상제 풍습이 있다. 그래서 남자가 15세가 되면 총각의 댕기머리를 풀고 상투를 하고, 여자는 계례라 하여 쪽을 지어 비녀를 꽂았다. 이를 두고 '관례'라고 한다. 오늘날의 성인식과 같다.

약용은 관례를 한 이후에 어려서 불렸던 귀농이라는 이름 대신에 약용(若鏞)이라는 이름으로 호칭을 바꾸게 된다.

약용은 상투를 하고 갓을 쓰고는 이미 부모가 정해놓은 규수를 만나기 위해 한양으로 초행 길을 갈 채비를 한다. 약용의 집은 새벽부터 부산하다. 초천 나루터에서 형들과 서모의 배웅을 받으며 옷가지와 책을 들고 숙부와 함께 흔들거리는 나룻배를 타고서 옥수동에 있는 두모포(옥수동 동호대교 북단에 있는 포구)에 당도한다.

이른 봄, 산 봉오리에 개나리와 벚꽃이 피었고 매봉산 꼭대기에 정자가 크게 보였다.

 약용은 아직 한 번도 본 일이 없는 신부를 맞이하기 위해 어색하지만 두근거리는 가슴을 안고 어른스런 자세를 하고 숙부의 이끌림을 받고 두모포에서 회현동으로 향했다. 신부 집에서도 부산스럽게 신랑 약용을 맞이했다.

 그리하여 약용은 1776년 2월 22일 15세의 나이로 풍산 홍씨 가문의 외동 딸과 혼례를 치룬다. 약용은 초례상 앞에서 신부를 보고 맞 절을 했다. 신랑 신부 맞절 교배례는 백년 해로의 의미를 담고 있다.

 약용이 혼례를 치룬지 18일 후에 아버지는 5년간의 실직을 끝내고 6품직 호조좌랑에 임명되어 한양에 머물게 되었다.

 약용의 장인 홍화보는 무과 출신임에도 동부승지 벼슬까지 하였고, 전라도 수군절도사로 근무 중이었으며 가세가 넉넉하였다. 신분 질서가 철저했던 조선 사회에서 당시의 세력가였던 풍산 홍씨에게 장가드는 것은 약용에게 출세 길이 열린 것이나 마찬가지였다.

 매천야록에는 약용의 혼례에 대해서 기록하기를 약용은 이미 탐낼만한 신랑감이었다고 한다. 약용의 집안은 가세가 기울었지만 홍문관의 벼슬을 지낸 8대 옥당(홍문관) 가문인데다가 약용이 천재라는 소문이 났다고 한다. 그래서 신부 집안에서 많은 지참금과 함께 약용을 사위로 얻고 싶어했다고 한다.

 약용은 이제 더 이상 시골에 땔나무 하러 다니는 시골뜨기 소년이 아니다. 이제 그는 서울 사람이다. 그에게 한양 생활은 새로운 지식의 눈을 뜨는 계기가 되었다.

당시에는 한양에 와야만 청나라의 신문물과 정보를 받을 수 있고, 똑똑하고 재능있는 명사를 만날 수 있었다. 약용은 명래방(중구 명동)과 회현방, 창동 등 한양 중심을 오가면서 명사들과 사귀었다. 처가 쪽으로는 사촌 처남 홍인호와 의호 형제, 친가 쪽으로는 6살 위인 매형인 이승훈과 8살 위인 사돈 이벽 등과 사귀었다. 이들을 통해서 신 문물과 신 서적을 접하게 되었다.

약용은 시를 빠르게 잘 짓는다는 소문이 돌았다. 그래서 친구들과 쉽게 사귈 수 있었다.

약용이 결혼한 후 1년이 지나서 약용에게 친절하게 돌보아 주었던 장모가 돌아가셨다. 약용은 장모를 동파역(문산)에 장사지내고 그날 몹시 슬퍼했다.

바야흐로 52년을 통치하던 영조의 시대가 지나고 25세의 젊은 왕 정조가 등극하면서 세상은 변화의 기미를 보이고 있었다.

이전 왕이 죽고 새 왕이 들어섰다는 것은 새로운 변화의 바람을 예고한다. 과거의 것을 묻고 새 싹이 움트고 있음을 의미한다. 이제 세상은 달라져 가고 있었다.

– 성호 이익의 사상을 접하다

약용은 매형 이승훈의 소개로 한양에서 학문과 문필로 명성을 떨치고 있던 이가환과 교제를 하게 된다. 그는 성호 선생의 종손이고 매형 이승훈은 이가환의 조카이다.

약용은 이들로부터 성호 이익(李瀷) 선생(1681~1763)의 유고를 읽고는 비로소 학문을 해야 되겠다는 결심을 하게 된다.

약용은 이 때를 다음과 같이 회고하였다.

"이때 한양에는 이가환 공이 문학으로서 일세에 이름을 떨치고 있었고 자형 이승훈도 학문에 힘쓰고 있었는데 모두 성호 이익 선생의 학문을 이어받았다. 나도 성호 선생이 남긴 글들을 얻어 보게 되었는데 흔연히 학문을 해야 되겠다고 마음을 먹었다"(사암선생 연보)

약용은 16세에 성호 이익의 '성호사설'(星湖僿說) 을 처음으로 접했다. 성호사설은 조선 후기의 실학자 이익이 남긴 저술들을 모아 총 3,007개 항목으로 정리한 책이다.

당시에 진보적인 젊은 유학자들은 성호 선생의 사상을 본받고 싶어했다. 성호 선생은 벼슬에 나가지 않고 학문에만 전념하신 분이다. 그는 유학에 정통했으며 그의 집에 중국에서 들여온 수천 권의 책을 연구하면서 경서의 질서를 바로 잡았고 퇴계의 언행록인 '이자수어'를 편찬했다. '이자'는 이황의 존칭이고, '수어'는 순수한 말씀이라는 뜻이다.

성호 선생은 본질을 훼손하고 있는 조선의 주자학에서 벗어나 공자, 맹자의 본질적 학문을 회복하여 조선을 개혁하고자 하였다. 또한 율곡 이이와 반계 유형원을 계승하여 황폐한 조선의 실정에 맞게 토지와 행정 기구 등 사회제도 개선에 치중해야 한다고 주장하였다. 기존의 구태의연하게 이론에 매달리는 사조와는 차원이 달랐다.

이처럼 당시 사회는 세계를 바라보는 역사 인식이 예전과는 달라지고 있었다. 사람들은 지구가 둥글다는 지도 책을 보면서 합리적 세계관으로 눈을 뜨기 시작했다. 약용도 성호 사상을 통해서 서서히 눈이 뜨이게 되었다.

"나는 많은 몽상을 했는데 이제 성호의 책을 배움으로 이제야 몽상에서 깨어나게 되었다." 두릉에서 공자왈 맹자왈 하며 학문을 외우기만 했던 약용은 비로소 학문의 목적을 깨닫게 된다. 약용을 감싸고 있는 계란 껍질이 깨어지고 병아리가 태어나는 시기라고 볼 수 있다. 약용에게 자각이 일어나기 시작했다.

과거 시험용 학문에 머물지 않고 진정 백성을 위한 학문이 될 때만이 진정한 학문적 가치가 있음을 깨닫게 되었다.

약용은 후에 말하기를 "나의 미래에 대한 큰 꿈의 대부분은 성호 선생을 따라 사숙을 통해서 얻었다"고 말했다.

약용이 한양에 와서 학문의 새로운 세계관이 열림으로 진정한 목민관이 탄생하는 발판을 주었다.

성호의 가르침은 유학의 본질을 잃어버리지 않으면서 현실에 맞게 개혁되어야 함을 말한다.

약용은 비로소 진정한 스승을 만났다. 그는 성호를 스승으로 모시고 그를 따르기로 결심하였다. 성호 선생의 가르침은 백성을 사랑하면서 살아야 하겠다는 사명감이 타오르도록 불을 붙이기 시작했다.

- 평 -

캄캄한 어둠속에 빛이 비침은 깊은 자각을 의미한다. 자각은 올바른 방향을 잡지 못하고 혼돈 속에 비틀거릴 때 이것이 올바른 길이라고 여기는 깨달음의 상태를 말한다. 그가 이렇게 깨달음을 얻을 수 있었던 것은 어린시절에 오르내렸던 수종사에서의 사색 훈련 덕분이기도 하다.

아버지로부터 공자 맹자를 배웠고 습작하고 암기를 하였지만, 그 학문이 어느 방향으로 나가야할 지 몰랐던 약용에게 성호의 사상은 학문의 목적과 방향을 제시하였다.

성호 선생의 목소리는 오랜 관습과 틀을 버리지 못하고 어둠과 혼란 속에 둥지를 틀고 있을 때, 사회를 개혁하고 백성을 이롭게 하라는 엄연한 하늘의 목소리로 들렸다.

이미 깊은 중병에 걸린 환자는 스스로 병을 고칠 수 없는 것처럼 분별력을 잃어버린 세상도 역시 그렇다. 조선은 썩을 대로 썩어서 생명력을 잃어버린 지 오래이며 이대로 가다가는 망할 수밖에 없다는 경고 신호가 내려진 상태이다.

이런 시대적 상황에서 성호 사상은 뜻있는 학자들에게는 여름 가뭄에 단 비와 같았으며 어둠속에 비친 큰 빛이었다. 그래서 변화를 기대하는 학자들은 성호의 유고집을 읽으면서 가슴이 뛰었던 것이다. 약용도 성호의 글을 읽을수록 가슴이 조여들고 꽉 메여서 울컥 올라오는 감동이 있었다.

누구든지 글을 읽을 수 있는 선비라면 성호의 사상을 접할 수 있다. 하지만 그 글을 읽고 감동을 받는 자는 변화의 의지를 가진 자들 뿐이다. 머리는 좋으나 변질된 선비들은 공자 맹자의 사상을 해석한 주자학을 머리속에 암기하여 입신양명하여 자기를 높이거나 타인을 지배하는 수단으로 사용했다.

바야흐로 세계는 18세기 합리적 세계관으로 변화의 대세를 향해 흘러갔지만 거만한 관료들은 변화를 거부하고는 고리타분한 관습을 더욱 굳게 하였다.

그러나 성호 사상은 그렇지 않았다. 조선에 나아갈 방향을 제시하는 빛과 같았다. 약용에게도 이런 빛이 비치었다.

빛은 본질상 지혜를 말한다. 지혜가 부족한 자는 빛이 와도 빛을 받아들일 수 없다. 지혜있는 자만이 새 빛을 수용할 수 있다. 또 그 빛은 수용하려고 하는 의지에 맞게 채워진다.

조선이라는 어두운 혼돈 속에 기운이 먼저 작동했다.

이제 약용은 추운 겨울에 봄의 기운이 세상을 녹이는 그런 시기에 태어나 새 기운을 맛보기 시작했다.

약용은 과거 시험과 입신양명의 애착에서 실천적인 애민 정신으로 목표가 바뀌게 된다.

조선은 이제 변화의 바람이 불어와 새 시대에 맞는 새 사상이 들어와 변화의 시동을 걸고 있었다.

학문의 싹이 트다.

약용은 아내와 함께 고향 두릉으로 갔다. 화순현감으로 발령이
난 아버지를 따라 온 가족이 화순으로 이사갈 준비를 하였다.

가족은 배에 짐을 싣고 10월 하순 서늘한 바람을 안고 초천 나
룻터에서 배를 타고 충주 하담에 있는 어머니 산소에 도착했다.

가물가물한 어머니의 기억을 떠오르며, "흐르는 눈물 거두기
어렵네." 라고 탄식하면서 청주, 공주, 전주를 거쳐 담양 관가에
이르게 된다. 담양 관가는 대나무 숲에 둘려쌓여 있었다.

화순은 산이 높고 곳곳마다 시냇물이 흐르며 인심이 풍요롭고
경치가 좋은 지역이다. 또한 지역민들은 의기가 있는 고장이다.

약용은 현감이 머무는 대나무에 둘려있는 금소당에 머물렀다.

약용은 화순현에서 현감 직무를 수행하는 아버지의 모습을 보
면서 관리의 삶을 눈여겨 보았다.

그곳에서 약용은 조익현이라는 진사 친구를 사귀었다. 그는 약

용보다 26살이 많았지만, 약용과 경전과 문장을 토론해보고는 약용과 흉금을 털어놓은 사이가 되었다. 약용은 이처럼 학문적으로 성숙하였기에 나이를 초월하여 친화력이 좋았다.

"고요한 대나무 숲 집에 유쾌한 선비 찾아오니 너무 기뻐서 관문을 열어두련다. 진지하게 육경을 토론하고 석잔 술을 기울여 망년 계약을 맺고 흉금을 틔고 지내리라."

약용과 형제들은 조진사와 함께 가을 단풍이 물들은 가을에 화순현청에서 40리 거리에 위치한 기암 괴석이 높이 솟은 적벽과 남쪽 최고의 정자 물염정(화순군 이서면 창랑리)을 구경하였다.

물염정 안에는 방랑객 김삿갓의 시도 걸려 있었다. 형제는 좋은 경치에 기분이 좋아 마음이 들떠 있었다. 조진사는 말했다.

"적벽의 뛰어난 경치는 분을 바른 여자와 같습니다. 하지만 가슴을 열어주고 기운과 뜻을 펴게 할 만한 것은 없지요. 그대는 서석산(무등산)을 못 보았지요? 우뚝 서있는 모습이 마치 훌륭한 선비가 말없이 조정에 앉아 있는 것과 같습니다."

그 말을 들은 약용 형제들은 높고 험준하기로는 호남 제일인 무등산에 오르게 된다. 약용은 거대한 자연 앞에서 자신이 너무 작고 초라하게 생각되었다. 이제까지 사소한 일에 마음 졸이며 지내왔던 자신이 옹졸하게만 느껴졌다.

비록 순간이지만 자연 앞에 선 자신의 모습이 작게 여기는 순간이었다. 홀연히 떠오른 그때의 생각을 이렇게 글로 남겼다.

"홀연히 세상사가 우습게 여겨지고 내 길을 홀로 가리라는 생각이 들었다. 인생의 고락이란 마음에 둘만한 일이 아니라는 각성도 든다. 왜 그런 마음이 들었는지 나도 모르겠다."

약용은 무등산에 올라가 다음과 같은 시를 지었다.

> 무등산은 누구든지 우러러 보는 곳
> 산꼭대기 험준한 곳엔 오랜 눈이 덮여 있다.
> 태고 적 모습 그대로 안고
> 본래의 모습 간직하니 의연하구나.
> 여러 봉우리들 섬세하고 정교하여
> 깎고 새긴 듯이 뼈마디 드러났네.
> 오르고자 할 때는 길도 없어 멀어보이더니
> 멀리 걸어오니 가깝게 느껴지네.
> 모난 행실 쉽게 노출되지만
> 지극한 덕 덮이어 분별하기 어렵네.
> (무등산에 올라, 박석무. 다산정약용평전에서 재인용)

약용은 깊은 속내를 품은 듯이 보이면서도 듬직스런 무등산을 보면서 자신도 그렇게 덕이 있으면서도 정교하고 섬세한 선비가 되기를 꿈꾸었다.

무릇 선비는 이처럼 깊은 내공과 함께 섬세한 면이 있어야 한다고 생각했다. 약용은 자연 경관을 보면서도 배우는 자세를 견지했다. 이처럼 약용은 무엇을 대하든지 예사로 넘어가지 않고 깊은 깨달음을 얻고자 노력했다.

무등산에 함께 갔던 형제는 큰 형 약현은 28세, 약전은 21세, 약종은 19세, 약용은 17세였다. 4형제 모두 이미 결혼한 상태였다. 현청 관사가 넓기는 하였지만 대식구가 관사에서 함께 생활한다는 것은 매우 불편하기도 하였다. 하지만 이때가 형제간에 화목하였던 가장 행복한 순간이기도 하였다. 약용이 효제를 그렇게 강조한 이유도 이때의 화목을 생각했기 때문이다.

화순 금소당에 온 다음 해, 약용은 현청에서 한참을 걸어서 둘째 형 약전과 더불어 동림사(東林寺)를 찾았다. 동림사는 나한산 만연사(萬淵寺)에서 불경 공부하는 승려들이 수도하던 절이었다.

이곳에서 둘은 40일 간을 머물며 집중적으로 독서를 했는데, 형은 서경을 읽고 약용은 맹자 한 질을 모두 읽었다. 아침이면 얼음 물로 세수를 하고 이를 닦고 일어나 온 종일을 경전에 매달렸다. 눈 내리는 밤에는 초롱 불을 사이에 두고 형과 시간가는 줄도 모르고 밤새 토론을 하였다.

이때 토론으로 얻은 지혜는 약용으로 하여금 전체를 아울러서 보는 통합적 사고와 객관적이고 합리적인 지혜를 갖는 기초가 되었다. 약용은 주자의 이론에 무조건 동의한 것이 아니라 고증과 토론을 통해서 얻은 결론을 가지고 공자, 맹자를 재해석하는 법을 배웠다. 형은 동생의 묻는 말에 친절하게 답변을 하면서 사상의 전개에 대해 칭찬해 주었다. 약용은 형에게 어른스럽게 말했다.

"형님! 중들이 왜 중 노릇하는 지를 이제야 알 것 같습니다. 부모 형제, 처자 간의 즐거움도 없고, 술을 마시거나 고기 먹거나 여색의 즐거움도 없는데, 굳이 고통스럽게 중노릇하는 이유는 그와 바꿀만한 마땅한 즐거움이 있기 때문입니다. 우리 형제도 학문을 한 지 여러 해이지만 이런 즐거움이 또 있었습니까?"

약용의 어른스런 말에 약전이 대답했다. "맞다! 그렇다. 그것이 중 노릇하는 까닭일게다."

이때 약용은 만연사에 머물던 선승 유일 대사를 만났다. 유일은 화순 출신으로 실학과 서학의 자극을 받아 불교에 대해 새로운 해석을 시도한 승려이다. 그는 33년 간 세상 밖으로 나오지 않고 도를 닦으면서 제자들에게 강론하는 법력이 높은 스님이었다. 당시 약용의 나이는 불과 17세였으며 유일은 59세였다.

약용은 유일 스님을 보면서 이렇게 생각했다.

"물아를 벗어나면 천도를 얻는 것이지. 유가, 묵가 다툴 것이 무엇이 있는가?"

– 과거시험에 떨어지다

정조 3년 9월에 성균관 비천당에서 과거 시험을 보았다. 과거 시험은 먼저 초시를 보아야 하는데, 초시는 초장, 중장, 종장으로 세번 시험을 통과해야 한다. 초장은 강서 시험으로 시험관 앞에서 사서오경 43만 자를 암송하는 문제이다. 시험관이 지적하는 부분을 막히지 않고 암송해야 한다.

시험관이 사서오경 중에서 3군데를 지적하여 외울 것을 명하면 막힘 없이 외워서 60점 이상을 맞으면 초장에 통과한다.

먼저 초장을 통과하면 중장 시험은 중국의 운문 문체의 일종인 부(賦)로 글을 지어야 한다. 그리고 최종적으로 정치에 관한 계책을 묻는 종장을 볼 수 있다. 그래서 예상 문제집이 인기가 있었고 적중률이 높은 것은 더 비싸게 팔렸다고 한다.

당시 조선 사회는 전란 이후 양반 계급이 늘어나면서 후기로 들어가면서 과거 수험생이 급속도로 불어났다. 선비들은 오로지 과거 밖에는 다른 출세 길이 없었기 때문이다.

수험장 주변에는 과거 시험을 보기위해 각 지방에서 올라온 선비들이 수만 명이 모여들어 복잡하기 그지 없었다. 객사는 물론 일반 가정집에도 빈 방이 없었다. 생필품 값도 오르고, 과거 시험 보기에 좋은 자리를 차지하기 위해 줄을 서고 밀치고 당기고 끼어드는 등 시험장은 그야말로 난장판이었다.

먼저 자리를 잡아주는 선접꾼도 있고 글씨를 베껴주는 사수나 시문을 불법으로 지어주는 거벽(분야에 남달리 뛰어난 자)도 있었다.

초시를 보기위해서는 미리 녹명소에 와서 자신의 성명과 본관, 거주지와 아버지와 할아버지의 관직과 성명 및 외가 쪽의 관직과 성명, 본관을 기록한 4조 단자를 제출해야 한다.

녹명관은 제출한 4조 단자와 본인이 틀림없음을 확인하고 녹명 책에 기록한 후 시험지에 답인해준다. 이 답인을 가지고 초시 시험장에 간다. 약용은 성균관 비천당에서 과거시험을 보았다. 하지만 약용은 초장에 떨어졌다.

4살 적부터 글을 배우고 7살에 시를 짓기 시작하였고, 자치통감 59권을 줄줄 외우던 약용의 실력으로도 초시에 떨어지고 말았다.

이번 시험 여행에는 아내와 아내 몸 종도 함께 했기 때문에 처가에서 숙식을 할 수는 있었지만 한양까지 따라와 준 아내에게 면목이 없었다. 처가로 터덜터덜 무거운 발걸음을 옮겼다.

 그리고 이제 화순으로 내려가기 위해 동작 나루터에서 배를 타고 화순으로 내려가야만 한다. 화순에 가서 아버님 얼굴을 어찌 뵐 것인가? 걱정이 앞선다. 수원, 평택을 거쳐 성환 그리고 공주에 도착하여 백제의 옛 성을 보면서 시를 지었다. 도읍지를 자주 옮기다가 결국 망국을 가져온 지도자를 읊조렸다.

> 서리 내린 숲 너머 허연 성 있고
> 금강 가운데 붉은 배 떠있다.
> 들판은 넓고 넓은 금마에 잇닿아
> 산봉우리 웅장한 계룡 마주해 있다.
> 슬프게도 도읍지 자주 옮기어
> 나라의 지도 어지럽게만 한다.
> 천연 요새 버리고 바꾸어서
> 용을 낚는 공적 이루게 했다.

(차벽, 발가벗겨진 인간 다산에서 재인용)

 약용은 정읍, 갈령과 장성을 거쳐 광주 그리고 화순에 도착했다. 먼 길을 다녀온 약용을 맞이한 아버지는 애써 약용을 위로해 주었다. 아버지는 과거시험에 떨어져 낙심한 약용에게 길을 제시한다. 그것은 사학에 등록해서 승보시를 보라는 것이다.

 사학은 한양에 있는 명문가 학동들이 다니는 동학, 서학, 중학, 남학을 말한다. 이곳에 다니면서 승보시에 합격하면 명문가 자녀들이 생원진사시에 합격하지 않고도 성균관에 다니면서 과거시험 등 여러 시험에 응시할 수 있는 자격을 주는 제도이다. 성균관에서는 이들을 '하재생' 이라고 불렀다.

약용은 9월 말 경에 다시 한양으로 발길을 향했다. 약용은 겨울에 승보시에 합격하고는 다시 화순에 내려왔다. 4개월 동안에 한양을 두 번이나 오고간 셈이다.

— 진주에서 영웅기개를 배우다

1780년, 약용의 아버지는 예천 군수로 발령이 났고, 장인은 경상우도 병마절도사로 진주 병영에 근무하였기 때문에 약용은 아내를 데리고 유서깊은 도시 진주에 방문하였다. 임진왜란이 일어났을 때 진주성에서 왜군과 벌인 전투를 듣게 되었다.

진주목사 김시민은 탁월한 용병술로 진주 시민들과 힘을 합쳐 불과 3,800명으로 '하세가와'가 이끄는 2만이 넘는 군대와 싸워 대승을 거뒀다. 진주대첩이라고 불리는 완벽한 승리였다. 그러나 왜군은 2차 전쟁에서 6만 시민과 조선 관군을 몰살시켰다. 이때 논개가 왜장을 껴안고 남강에 투신했다. 그래서 장인 홍화보는 논개 사당 '의기사'를 중수하고, 낙성식에서 사위 약용에게 글을 짓도록 하였다. 약용은 다음과 같이 글을 지었다.

> 임진왜란이 일어나 왜병이 진주성을 침략했을 때, 의랑이라는 기생이 있었으니 왜놈의 대장에게 끌려서 강 한가운데 바위 위에서 마주 잡고 춤을 추었다. 춤이 한창 어우러지자 왜장을 껴안고 강물에 투신하였다. 이곳이 바로 그의 사당이다. 아아! 얼

마나 열렬하고 어진 부인이냐! (晉州義妓祠記)

이날 마침 축하연에서 기생이 흥을 돋구기 위해 검무를 추었다. 기생의 춤 사위는 날렵한 몸짓으로 하객들을 매료시키기에 충분했다. 칼 춤으로 넋을 잃은 하객들 앞에 약용은 시 한수를 지었다. 하객들은 약용의 글 솜씨에 더욱 감탄하여 큰 함성을 질러 댔다. 약용은 연호하는 젊은 군인들과 선비들의 분위기에 휩싸여, 다같이 기생집으로 몰려가 거금 3,000냥을 썼다. 약용의 무모함과 과감함이 돋보인다.

약용은 진주성에 와서 이곳 사람들의 호기와 기개를 배웠다. 진주성 6만 시민의 의로운 죽음이 약용의 가슴을 끓어오르도록 하였다. 이때 약용의 나이는 약관 19세였다.

- 예천으로 돌아오다

약용은 아버지가 새로 발령받은 예천 관사에 돌아와서 동쪽에 있는 반학정(伴鶴亭)이라는 폐허로 버려진 정자 하나를 발견했다. 사람들이 그곳에 대해 말했다.

"정자에는 귀신이 살고 있어서 그곳에 가면 병을 얻든지 그렇지 않으면 놀라서 잠을 이루지 못하기 때문에 사람이 감히 가까이 하지 않습니다." 약용은 그 말에 대뜸 대답했다.

"사람이 귀신을 부르는 것이다. 내 마음에 귀신이 없으면 귀신이 어찌 스스로 올 것인가" 약용은 아버지께 말했다.

"반학정은 조용하여서 독서하고 시를 지을만한 곳입니다. 동헌과 떨어져 있고 빙 둘러 담장이 막혀 있어서 다투는 소리도

들리지 않으니 참으로 저희들이 거처할만한 곳입니다."

약용은 주위의 만류를 물리치고 반학정에서 홀로 지내며 책 읽는 데 뜻을 두었다.

주변이 조용하고 마음이 고요하니 더욱 공부가 잘되었다.

마침 장인이 문경새재에서 군사훈련 행사를 하였다. 그래서 약용은 부친을 모시고 아내와 함께 문경새재를 방문하였다. 약용은 새재 입구에 있는 병영과 관문에서 벌어진 훈련을 참관했다. 실전과 방불한 군사훈련이었다.

그 해 겨울에 암행어사가 경상도에 다녔다. 암행어사 이시수가 임금에게 글을 올렸다. 이시수는 예천군수 정재원 등이 직무를 제대로 수행하지 못한 점을 탄핵했다. 이로 인해 부친과 장인은 의금부로 끌려가서 문초를 받았다.

약용 부친은 노비 관리 잘못으로 벼슬에서 물러났고, 장인은 평남 평원군에 귀양을 가게 되었다. 약용은 부하 직원이 잘못되면 큰 일을 당하게 된다는 것을 직접 눈으로 보게 되었다.

처음보는 귀양의 광경이었다. 약용은 부친과 장인이 가정을 두고 객지로 떠나야 하는 서글픈 장면을 목격하게 되었다.

죄를 누가 지었든 간에 관리 감독을 소홀히 한 것은 곧 상관의 문제라는 사실을 알게 되었다. 이 일은 약용에게 제도 장치가 얼마나 중요한 지를 깨닫게 되는 계기를 주었다.

- 평 -

약용의 최대 장점은 순수한 의도를 가졌다는 점이다. 한 인간에게 의도가 중요한 이유는 의도 속에 목적이 있기 때문이다.

의도를 알면 진정 그가 무엇을 원하며 무엇을 목적하는지를 알 수 있다. 그런 면에서 의도는 삶의 중심을 이루는 핵과 같다.

의도에는 두 가지가 있다. 선의와 악의이다. 선의는 선한 목적이며 악의는 악한 목적을 말한다. 선한 의도를 가진 자들은 언제나 옳음을 추구한다. 반면에 악의를 가진 자는 탐욕이 동기가 된다.

선한 의도를 가지고 길을 가다 보면 선한 결과의 종착지에 도착할 것이고 악한 의도를 가지고 살다보면 결국 악의 종착지에 도달한다. 사람의 길은 의도에 따라 나타난 표시이다.

사람은 의도에 따라서 길을 걷게 되며 그에 맞는 종착지에 도달한다. 그러므로 사람의 발자취를 보면 그의 의도를 알 수 있다. 약용은 선의의 사람이다. 그가 학문에 열을 올리게 되면서 올바름을 추구하기 시작하였다. 즉, 진리의 싹이 트기 시작하게 되었다. 약용은 점차적으로 무지에서 벗어나면서 사상의 틀과 모양이 만들어지기 시작하였다.

무등산에서부터 진주성의 진주목사 김시민, 기생 논개, 문경새재의 군사 훈련에 이르기까지 선비의 기상을 배우는 계기가 되었다.

약용은 선비의 기개와 호연지기를 배우기 시작한다. 비록 지금은 지식이 부족하여 배우는 중이고 온전하지 못하지만 중요한 것은 마음의 토양이다. 좋은 밭에 씨가 뿌려져야 좋은 나무가 자랄 수 있다. 고로 선하고 올바른 선비가 되기 위해서는 무엇보다 순수한 마음의 토양이 중요하다. 약용에게는 순수함이 있었기에 그는 좋은 밭이 되어가고 있었다.

약용은 지금 백성을 위한 학문이 가슴 깊숙이 심겨지기 위해서 노력하는 중이다. 약용은 무등산을 보면서 정교한 덕망이 있는 의연함을 배우고, 진주성 영웅의 기개를 배우고 동림사에 학문적 자각의 즐거움을 배우고 과거시험에 낙방하므로 절망을 배우고, 아버지와 장인의 탄핵을 보면서 사람 관리가 보통 일이 아님을 배웠다. 사람을 제대로 쓰지 못하면 속고 만다는 사실을 알게 되었다. 약용은 이제 한번밖에 주어지지 않은 인생, 무언가 뜻있고 가치 있는 일을 위해 살아야 하겠다는 결심을 하게 된다.

이제 약용은 나라를 위해 자신도 세월을 허비하지 않고 일을 하고자 하는 의지적 결단과 더불어 사명감이 타오르기 시작했다. 삶의 경험과 학문을 통해 배운다는 것은 지혜와 총명을 싹트게 하는 시작이다. 타인의 의로운 삶을 보면서 그와 같이 되고자 하는 것은 총명이 피어나는 것과 같다. 약용의 마음은 점점 의로운 삶과 기개에 맞추어 깊은 세계에 나아가고 있으며 배움은 그런 세계를 위한 도약이 되고 있다.

학문의 꽃이 피다.

– 세상과 현실을 직시하다

순수 청년 약용의 눈으로 본 세상은 아름다울 수만은 없었다. 세상은 이미 이기심과 탐욕에 찌들어진 사람들의 마당이 되어 있었다. 선비들은 머리에 갓을 쓰고 무리 지어 다니면서 게걸스런 자의 기치에 모여들고 있으며, 탐욕에 껄떡거리며 기생을 데려다가 술을 즐기고 유식을 뽐내기 위해 중국 고사를 지껄이고 있었다. 약용은 이런 조선의 현실을 보고 "속된 선비는 시의(時宜)를 모르니 어찌 일을 맡길 수 있겠는가?"고 탄식한다.

약용은 시각이 예리하였다. 혈기왕성한 20대 초기의 순수한 청년의 눈으로 보기에는 사회 현실이 너무 갑갑하였다.

공자와 맹자와 같은 성현은 백성들의 삶과는 너무 멀리 떨어져 있다. 내용물 없이 포장하기를 즐겨하는 흐리멍텅한 자들은 중국 성현들의 몇 글자를 가지고 나름대로 수식어를 붙여서 말하기를 좋아하였고, 그런 비슷한 무리를 형성하고 주막집의 자리를 차지하고 있었다. 이미 모든 것이 막혀 있는 작은 주머니같은 틀 안에서 뱅뱅 돌고 있었다. 이런 판국에서 어떻게 용맹하게 새로운 세상을 만들 수 있는가를 개탄하였다.

조선의 현실에 맞게 새롭게 판을 만들어야 함에도 기존의 현실은 어리석은 자들의 세상이 되어서 변화를 주지 못하고 있다. 그저 남의 말을 답습하는 현실이 그저 답답하였다.

약용의 가슴에는 지금 이 나라는 달라져야 한다는 성호 선생의 간절한 부름에 대한 사명감이 불타올랐다. 이대로 있을 수가 없었다. 지금이라도 나서고 싶지만 힘이 없다. 그리하여 약용은 학문을 하는 일에 대해 더욱 박차를 가하게 되었다.

> 아! 슬프다 우리나라 사람들
> 주머니 속에 갇혀 살아있는 듯
> 삼면은 바다로 에워싸였고
> 북방은 높고 큰 산이 머물러 있네
> 사지삭신 움추려 있어
> 큰 기상과 뜻 어떻게 펼쳐 보겠는가
> 성현은 만리 밖에 있는데
> 그 누가 용맹함 열어줄까
> 머리 들어 인간 세상 바라보아도
> 보이는 사람 없고 정신은 흐리멍텅
> 남의 것 모방하기 급급해
> 정밀하게 숙달함을 가릴 겨를 없구나
> 뭇 바보들 바보 같은 사람 받들면서
> 왁자지껄 함께 받들게 하네.
> 순박한 풍속 지녔던
> 단군 시절 만도 못하네.　(술지/ 박석무 다산정약용평전재인용)

– 진사에 합격하다

약용은 승보시에 합격하였다. 하지만 성균관 과시를 계속 응시해야만 한다. 성균관 과시는 임금이 참여하는 시험으로 유학생들을 모아놓고 보는 정기적으로 1년에 네번 보는 알성시(비정규 문과, 무과 시험)이다.

이 시험은 생원 진사시에 합격한 성균관 유생들만 볼 수 있었지만, 정조가 하재생은 물론 사학에 다니는 유생들도 춘도기와 추도기 때시험을 볼 수 있도록 지시하였다.

1782년 1월 11일, 성균관 유생과 사학 유생을 위한 춘도기 시험이 창경궁 함인정에서 열렸다. 당시 한양에는 30여만 명이 살았고, 과거 시험을 보는 인구가 1만 8천 명이었으니 혼잡스러움이 이루 말할 수 없었다.

좋은 자리를 차지하려고 달려드는 수험생들, 예상 문제집을 팔기 위해 소리치는 장삿꾼, 출입을 담당하는 입문관, 소지품을 검사하는 수협관, 부정을 감시하는 의금부 낭관이 등장하여 그야말로 북새통을 이루었다. 약용은 그 사이에 뒤엉켜 시험에 응시하고 합격하기를 기다렸다. 시험이 끝나고 명륜당 넓은 마당에 드디어 발표하는 소리가 들렸다. 영의정 서명선이 시험을 발표했다.

"수석한 생원 이경운은 직부전시하게 하고 차석인 홍희호는 직부회시하게 하라. 나머지는 전례에 따라 시상하도록 하라."
(직부전시는 과거의 마지막 시험에 곧바로 응할 수 있는 자격을 얻는 것. 회시는 초시 급제자가 서울에 모여서 다시 보는 복시)

약용은 이번에도 또 떨어졌다. 과거 급제는 커녕 예비고사와 같은 초시에도 세 번이나 낙방했다.

이렇게 떨어지면 성균관 상재생이 될 자격도 없다. 결혼한 지 6년째에 접어들었지만 낙방만 하고 있으니 부모님과 아내, 형님들 볼 면목이 없다.

사실 약용은 집 한칸 없는 처가살이 신세였다. 약용은 회현방 처갓집에서 사학을 오가면서 과거시험 공부에만 매달려 지루한 시간을 보내야만 했다.

그해 여름에는 학질로 고생했던 아내가 딸을 낳았는데 4일 만에 그만 죽고 말았다. 약용은 자식을 잃은 슬픔을 처음으로 맛보았다. 이별의 고통을 느꼈다.

1783년 3월, 드디어 약용은 22세에 3등으로 생원 진사시험에 합격했다. 일단 진사가 되면 수재들만 입학하는 최고의 전당 성균관에 상재생으로 입학할 수 있고, 도서를 열람할 수 있으며 전국에서 모여든 학생들과 친분을 쌓을 수 있다.

성균관 학비는 전액 국비이다. 단 하나밖에 없는 국가에서 운영하는 교육 기관이다 보니 전국에서 수재들이 모두 모였다.

사실 진사 시험에 합격한다고 해서 당장 벼슬이 주어지는 것은 아니다. 하지만 우선 진사가 되면 벼슬에 나아갈 수 있는 길이 열리게 된다. 약용은 너무나 감격스러웠다. 이 사실을 아버지와 장인에게 알렸다.

약용은 부푼 기대를 안고 합격한 선비들과 함께 문을 지키는 갑사가 안내하는 대로 임금님이 계신 인정전 뜰에 들어섰다.

미리 연습한 대로 사배례를 올리고는 떨리는 마음으로 차례를 기다렸다. 성적 순으로 늘어선 생원과 진사들에게 차례대로 백패(합격증서)와 붉은 모자가 주어지고 술이 내려갔다. 정조는 세 번 째 약용 차례가 되자 나이를 물었다.

"고개를 들라. 올해 나이가 몇인가?"

"임오년 생이옵니다."

"임오년 생이라... 난 달은?"

"6월 16일이옵니다."

약용은 이 날 정조와의 만남을 '구름과 바람의 만남' 이라고 하였다. 임금과 현명한 신하가 첫 대면하는 역사적 순간이다. 임금을 대면하였다는 그 자체만 해도 영광스러운데, 임금이 자신의 나이를 물어봐줬다는 것은 정말로 가슴벅찬 일이 아닐 수 없다.

하지만 1784년 여름에는 첫째 아들 학연을 낳고난 후에 끼니가 떨어져서 먹을 게 없었다. 이를 눈치 챈 여종이 이웃집 호박을 훔쳐서 주인 마님과 갓난아이를 위해 죽을 끓였다. 이를 알고 약용은 호박 주인에게 사실대로 고백한다. 종이 회초리를 맞고 있다. 양반 집 체면이 말이 아니다. 약용은 자신의 부끄러움을 감추지 않았다. 그의 도덕성이 드러나는 대목이다.

> 만권 서적 읽어도 아내가 배부르겠는가
> 밭 두어 이랑만 있었던들 여종은 깨끗했을텐데.. (南瓜歎)

약용은 생원이 입는 남색 도포를 입고 고향집에 내려갔다.

아버지는 약용의 진사 합격 소식을 듣고는 집안에 경사가 났다고 하면서 매우 기뻐하였다. 일가 친척과 이웃을 모아서 성대한 축하 잔치를 열었다. 집안은 축제 분위기에 들떴다. 비록 큰형(1795년 진사시험 합격)과 작은 형(1783년 진사시험 합격)은 떨어졌지만 집안 식구 모두가 기뻐해줬다.

부친은 아들이 넷이나 되었지만 진사가 나오기를 기대하던 차에 약용이 진사에 합격하여 너무 기뻐서 친구들까지 불러서 한양과 두릉을 오가며 잔치를 했다. 또 약용은 잠시 머물러 과거 공부를 했던 봉은사 스님들의 축하를 받고 또 외가 쪽에 합격 소식을 알렸다. 여주 목사 권이강도 여주 청심루에서 연회를 베풀어 주었다.

또한 남포 차림으로 하담에 있는 어머니 산소에 가서 어머니께 진사가 되었음을 아뢰었다. 일찍 세상을 떠나셨기에 기쁨을 함께 나누지 못해 안타까운 눈물만 흘렸다.

그리고 진천을 거쳐 안산 나들목 인근에 있는 안산 선영에 왔다. 안산 선영은 홍문관 교리를 지낸 6대조 언벽과 5대조 참의를 지낸 시윤공의 묘, 할아버지를 모신 선영이 있는 곳이다.

마침 성호 선생의 묘소는 안산에 있는 선산과 멀지 않은 곳에 있었다. 성호 선생은 약용이 마음속에 스승으로 모시면서 그의 사상에 깊이 마음을 두고 사모하는 분이다. 성호의 묘소를 찾은 약용의 마음은 더욱 감개무량하였다.

비록 얼굴은 보지 못하였지만 책으로 읽은 그의 사상은 명료했으며 어리석은 자들의 말과는 분명한 차이가 있었다.

약용은 성호의 묘 앞에서 그분의 유지를 받들어 못 다 이룬 뜻을 반드시 이루고자 결심을 하였다. 약용은 성호 선생의 화상 앞에서 자신이 반드시 그분의 학문의 물줄기를 일으키리라는 다짐을 한다.

- 천주교를 접하다

1784년 4월 15일, 윤달을 낀 4월이다. 봄 기운이 완연하였다. 온통 주변에는 싱그러운 풀 냄새가 진동하였다. 큰 형수의 동생 이벽과 약용, 약전 형제는 큰 형수의 4주기 제사를 두릉에서 지냈다.

큰 형수는 약용에게는 어머니 같은 분이다. 그녀는 성격이 호방하여 가난한 살림에 불평하거나 짜증내지 않고 형제들을 잘 돌보아 주었던 분이다.

제사를 지낸 후, 셋은 초천 나루터에서 배를 타고 노 젓는 소리를 들으면서 흔들리는 배 위에서 두런두런 이야기의 꽃을 피우며 한양으로 되돌아오고 있었다.

살아 생전 큰 형수 이야기나 수려한 풍광에 대한 감탄사를 연발하면서 기분 좋게 두미협 협곡을 지나고 있었다.

두미협은 지금의 팔당댐 아래 근방인데, 물살이 세고 바위가 많은 곳이다. 작은 배는 흔들거리기 때문에 사공은 조심스럽게 노를 저어야만 한다.

 이벽은 서학에 대해 이야기를 꺼냈다. 평소 신 학문에 관심이 많은 약용은 천주학에 대한 이야기를 듣고는 호기심과 신비감에 젖었다. 이벽은 중국 고대에서는 천계(天界)와 지상세계의 만물을 생성, 변화시키는 분을 상제(上帝)라고 하는데, 그분이 서학에서는 천주님이라고 가르쳐 주었다.

 그리고 한양에 도착하여 수표교 인근에 사는 이벽으로부터 "천주실의" 책 한권을 받았다. 약용은 그 책을 단숨에 읽어 내려갔다. 유교 경전은 읽으면 어떤 의무감과 책임감에 무거운 짐을 느꼈지만 이 책은 읽을수록 마음이 정리가 되는 느낌을 주는 그런 신비로운 책이었다.

 마침 정조는 성균관에서 유생들에게 중용에 대한 70조목의 질문을 내려 답안을 올리라는 과제를 주었다. 약용은 이벽의 도움을 청했다. 둘은 50여 일 동안 서로 오고 가면서 중용에 관한 연구와 토론을 시작했다. 약용은 암기해서 외우는 타입이 아니다. 토론을 통해서 전체적으로 이해가 되었을 때 깨달아지는 스타일이다. 요즘 말로 대뇌 타입이 아니고 소뇌 타입이다.

 약용은 통합적 지식으로 전체적인 이해의 사고방식을 가졌다. 그리하여 약용은 중용에 대해 이벽과 토론으로 얻은 결과를 가지고 정조에게 보고서를 올렸다.

 정조는 이것을 읽어보고는 "특이하다. 식견이 있는 선비이다"고 칭찬을 하면서 상을 주었다. 정조가 약용을 주목하게 된 계기가 되었다. 약용은 천명과 인성을 해석하거나 인간과 사물의 본질적 차이에 대해 독자적 해석을 하였다.

이때 이벽은 약용에게 천지창조, 영혼불멸, 천당과 지옥의 개념을 가르쳤으며 서학의 윤리와 유교의 윤리는 동일한 것을 강조하였다. 약용은 삶과 죽음의 이치를 듣고 황홀함과 놀라움과 의아심을 가졌다. 그리고 말했다. "마치 장자편에 나오는 하늘의 강이 멀고 끝이 없다는 것과 비슷하다."

약용은 이벽을 만나면서 서학 서적을 읽고 배우면서 점점 더 천주교에 마음을 기울였다.

순수한 사람의 특징은 이것이 옳다고 여기면 의심하지 않고 곧바로 받아들이는 경향이 있다. 약용도 인간의 근본되는 이야기에 전혀 의심없이 이해를 하였다. 더구나 학문의 지기 이벽이 설명하였기에 더욱 쉽게 받아들였다.

1785년 봄, 진사가 된 지 2년 뒤에 약용은 역관 김범우의 집에서 천주교 의식에 참석했다. 이때의 미사 분위기는 매우 엄숙하고 진지했다. 그런데 이 사실이 발각되었다.

이 일이 계기가 되어 이벽은 가족들의 심한 반대를 받게 되었다. 무인 출신의 이벽의 아버지 이부만은 아들이 천주학의 수괴라는 사실을 알게 되자 그야말로 펄펄 뛰었다. 그는 아들에게서 천주교를 떼어내려고 갖은 설득과 위협을 했다.

하지만 이벽은 꿈쩍도 하지 않았다. 아버지는 천주교로 인해 집안이 망하는 꼴을 볼 수 없으니, 당장 배교하지 않으면 자신이 먼저 죽겠노라며 자식 앞에서 목을 매는 소동까지 벌렸다.

이벽은 키가 180㎝가 넘는 거구로 한 손으로 100근의 무게를 들어 올리는 장사였다. 하지만 부모의 처절한 절규 앞에서는 괴로와 하지 않을 수가 없었다. 그는 신앙과 부모 사이에서 말할 수 없는 고통과 번민에 시달렸다.

조선 천주교 교구장을 지냈던 프랑스 신부 다블뤼의 비망기에 의하면 "이벽은 글로는 묘사할 수 없는 상태 속으로 던져졌다. 그는 기운은 물론 말이 없어졌고 침울한 사람이 되었다. 낮이고 밤이고 눈물이 그칠 줄 몰랐고, 시시각각으로 신음 소리를 낼 뿐이었다. 그는 더 이상 옷을 벗지 않았으며 잠은 멀리 달아났다. 여전히 가끔 먹기는 하였지만 이미 모든 식욕을 잃은 지라 아무 맛도 없었고 몸에도 도움이 안 되었다. 이 심한 상태는 더 이상 육신을 지탱할 수가 없는 지경에 떨어졌다."

프랑스 선교사 달레는 "이벽은 마침내 배교자의 시달림에 지쳤으며 실망에 빠진 아버지를 보고서는 정신착란이 되어 배교자의 말에 넘어가게 되었다. 하지만 명백하게 배교하는 것은 주저하였다."

그후 1785년 7월초에 이벽은 쇠진한 육신에 역병(장티푸스, 콜레라)에 걸렸다. 가족들은 이벽에게 땀을 내게 하려고 이불을 뒤집어 씌웠으나 이불 속에서 이벽은 땀 구멍이 열리지 않은 채 오히려 질식하여 병을 앓은 지 8일만에 죽고 말았다.

약용은 충격을 받고 매우 상실했다. 이벽의 죽음은 약용의 젊은 시절 중에 가장 충격적인 사건이다. 천주교 집회의 발각 사건 이후 얼굴도 못보다가 석 달 만에 참혹한 부고를 들었다.

그로부터 30년이 지나서 약용은 이벽과 함께 토의했던 중용을 정리해서 '중용강의보'를 편찬하게 된다. 서문에 이렇게 기록했다.

"지난 날 이벽과 토론하던 해를 헤아려보니 어느새 30년이 되었다. 만일 그가 여태까지 살아 있었다면 학문의 해박함을 어찌 나와 견주겠는가? 하지만 한 사람은 살아남았고 한 사람은 죽었으니 탄식한들 무슨 소용이랴. 책을 어루만지며 흐르는 눈물을 금치 못한다." (1814년 7월 말 기록)

약용은 매형 이승훈, 강이원과 함께 성균관 반촌에 있는 김석태의 집에서 천주교에 대한 토론과 의식을 행하며, 천주학에 깊숙하게 빠져 들어갔다. 이 무렵에 이승훈으로부터 세례를 받았다.

약용은 세상의 근본 되는 이치를 발견하고는 눈이 뜨여지게 되었다. 약용은 이 진리를 남에게 소개하고 싶었고 좀 더 알기를 원했다.

이렇게 약용의 신앙의 행보는 1791년 진산에서 윤지충, 권상연이라는 두 선비가 부모의 제사를 거부하고 위패를 불태운 사건이 터져 사회 문제가 될 때까지 지속되었다. 진산 사건 이후 약용은 천주교와는 인연을 끊게 된다. 약용이 천주교와 단절한 이유는 제사 문제로 보인다.

– 성균관 시절

조선 시대 관료가 되기 위해서 반드시 통과해야 하는 것은 과거 합격이다. 그것은 성균관 상재생이 되는 것뿐이다.

성균관의 규율은 한 달에 이틀 휴일이고 아침부터 저녁 늦게까지 사서오경 등 유교 경전 강학을 듣고, 글짓기, 경서를 외우는 시험과 열흘에 한번 학관순제라는 시험을 보아야 했다.

또 예조 주관으로 매달 시험을 보고 3개월에 한번 보는 반제는 임금 앞에서 보아야 한다.

성균관은 원칙적으로 300점을 얻어 식년시 초시에 응시할 자격을 얻으면 성균관을 나갈 수 있었다. 성균관 식당에서 아침과 저녁을 먹으면 1점을 얻었고 1년이면 졸업할 수 있었다.

또 그전이라도 임금 앞에서 보는 알성시, 식년시, 증감감시, 별시를 보고 대과에 합격하면 학교를 그만 둘 수 있었다.

그래서 대과에 합격하기 전까지 성균관에 계속 다니는 유생들이 많았다. 약용은 300점을 채우고 기숙사를 나와 대과에 합격할 때까지 집에서 성균관을 오고갔다. 약용이 성균관에 들어가고 보니 매형 이승훈, 윤지눌, 한치응, 강이원, 이기경 뿐 아니라 전국의 뛰어난 수재들은 모두 모였다.

정조 임금은 성균관 유생들에게 글짓기 시험을 자주 보았는데 약용은 자주 글짓기 시험에 합격하여 임금의 칭찬을 받았다. 이외에도 수차례 시험에 뽑혀 높은 성적을 얻어 임금의 사랑을 받았다. 약용은 성균관 유생 자격으로 경학 토론에 참여

할 수 있었다.

임금은 유생들에게 퇴계 이황과 율곡 이이가 논한 이론의 차이점을 물었다. 약용은 자기 소신대로 대답하기를 "사단은 리발에 속하고 칠정은 기발에 속한다는 논의에 대해 일찍부터 의문을 품었습니다. 기는 자유롭고 저절로 있는 존재이고, 리는 의지하여 붙어 다니는 존재입니다. 고로 기발이라고 말하는 곳에는 반드시 리가 있게 마련입니다. 이런 이유로 기가 펼쳐지고 리가 그것에 의지하여 타고 있다는 '기발이리승지'가 성립됩니다. 결국 리가 펼쳐지고 기가 따른다는 '리발이기수지'는 성립되지 않습니다."라고 대답했다.

결국 이 말은 율곡의 기발설이 옳다고 임금에게 답변을 하였던 것이다. 이는 정조의 생각과도 일치하였다. 하지만 당시 남인의 입장에서는 이퇴계를 지지하였기 때문에, 약용의 이 말을 고깝게 들었다. 하지만 약용은 당파와 관계없이 자신의 학문적 소견을 소신있게 답변하였다.

약용이 유생이 된지 3년 6개월 만에 성균관 황감제 시험에서 처음으로 차석에 입상하였다.

"감제에서 수석한 진사 이정운은 직부전시하고 차석인 유학 김경순은 직부회시하며 그 아래 차석인 생원 정약용은 2분을 주고 나머지 입격한 유생들에게는 각각 종이3권, 붓 다섯 자우, 먹 3개를 지급하라."(일성록)

3년이 지나서 유생 제술에서 약용은 수석하였다.

"원점 유생과 거재 유생 제술에서 수석한 정약용 이하에 대해서는 작년 예에 따라 시상하고 경서 강의에 합격한 사람들에게도 이대로 시상하라."(일성록)

정조는 약용을 희정당으로 불러서 이렇게 말했다.

"너의 대답이 장원보다 떨어지지 아니하나 아직 때가 이르지 못했을 뿐이다."

하지만 연말에 정시에 또 떨어졌다. 다음 해 봄 대거 300명을 뽑는 별시에서도 낙방하였다. 자신이 표현했던 것처럼 부채의 먼지처럼 19번 이상을 떨어지고 대과에만 13번 이상 과거시험에 떨어졌다. 약용은 성균관 기숙사 동서각 마루에 앉아 한동안 침체에 빠졌다.

– 장원급제하다

1789년 1월 8일 명절이 막 지나서 인일제가 시행되었다. 이때 약용은 3등을 받았다. 정조는 성정각에서 유생들을 접견했다. 성정(誠正)이라는 말은 학문을 대하는 정성과 올바른 마음을 뜻한다. 세 번째로 약용은 정조 앞에 부복했다. 임금이 물었다.

"올해 나이가 몇인가?"

"스물 여덟이옵니다."

"스물여덟이라. 초시는 몇 번째냐?"

"네 번째이옵니다."

"음.."

정조는 한동안 말이 없더니 입을 열었다.

"이래서야 어찌 대과에 급제하겠느냐! 물러가라."

약용은 임금의 꾸지람을 듣고, 식은 땀이 순간 흘러내리고 온 몸이 굳어졌다. 이미 사촌 처남 홍의호는 6년 전에 대과에 합격했고, 친구 한치응도 5년 전에, 윤영희도 2년 전에, 이기경도 1년 전에 모두 대과에 합격했지만 정작 본인만은 여전히 유생으로 머물러 있다. 이후로 약용은 두문불출하고 공부에 매달렸다.

마침 1월 26일, 춘당대에서 춘도기 대과 시험이 있었다.

약용도 응시했는데, 마침 채제공이 책임 시험관으로 있었다. 그리고 합격자 발표가 있었다.

"춘도기 전장에서 수석한 유생 김필선과 제술에서 수석한 생원 정약용은 직부전시하고 .."

약용은 과거시험 대과에 차석으로 합격했다. 그런데 수석 김 필선이 그만 봉투에 아버지 이름을 쓰지 않았기 때문에 정약용이 자동으로 장원이 되었다.

정조가 채제공을 보면서 웃으면서 말했다. "임금은 사람의 수명도 만들고 얼굴도 만든다. 좌상은 그것도 모르는가?"

이 말은 정조의 뜻대로 장원이 되었다는 의미이다. 드디어 약용은 이제 성균관에 들어온 지 6년 만에 장원 급제를 하였다.

약용이 큰 무리없이 순차적으로 생원 진사를 거쳐 대과에 곧바로 합격하였다면 오늘날의 약용은 존재하지 않았을 수도 있었다.

그만큼 약용에게 오랜 기간은 기초 학문을 다지는 기간이었고 임금의 얼굴을 자주 볼 수 있는 기회가 되었다. 약용의 학문은 많은 훈련과 토론과 고민을 거쳐 합리적인 궤도에 오르게 되었다. 그리고 약용에 있어서 장원 급제는 개혁의 시동을 걸 수 있는 발판이 되었다.

과거 급제한 약용은 1789년 5월에 종7품의 희릉 직장(중종 계비 윤씨의 능을 관리하는 문관)에 임명되었고, 바로 승정원 가주서(임금의 말을 글로 옮기는 일)가 되었다. 약용은 규장각의 초계문신에 발탁되어 임금과 국사를 의논할 수 있게 되었다. 초계문신이란 젊고 뛰어난 유학자를 선발하여 규장각에 소속시키고 경전을 강론하며 매월 월과 시험을 보게 하여 쓸모있는 인재를 기르기 위한 제도이다.

약용이 초계 문신에 들어갔다고 하는 것은 집안의 경사이다.

규장각은 역대 선왕 및 임금의 어진과 저술, 친필 등을 보관하기 위해 만들어진 곳이다. 임금이 초계문신에게 시험을 보였던 월과 지리책 답안 가운데, 그는 땅이 네모졌다는 설이 잘못되고 땅이 둥글다는 것을 밝혔다. 약용은 급제하고 난 후에 다음과 같은 시를 지어 자신의 감회를 드러냈다.

> 임금 앞에서 치루는 시험 몇 차례 응시했다가
> 마침내 포의를 벗는 영광을 얻었네.
> 하늘의 조화 깊기도 하여
> 미물의 생성에게 기회를 주었네.
> 둔하고 졸렬해 임무 수행 어렵지만
> 공정과 청렴으로 정성 바치기 원하노라

격려 아끼지 않으신 임금님 말씀
어버이 마음으로 위로하셨네.

(박석무.다산정약용평전에서 재인용)

약용은 자신을 격려해주고 기회를 주신 임금께 감사하고, 함께
밤을 새워 중용 토론에 참여해준 이벽과 누에를 치면서 불평 없
이 내조해준 아내와 용기를 준 장인께도 감사하였다.

이에 대해 가장 많이 축하 해준 이는 둘째 형 약전이었다. 약전
은 비록 형제로 태어났지만 학문이 높고 약용과 함께 경전을 논
하는 지기이다. 약전은 약용의 손을 굳게 잡고는 "이렇게 될 줄
알았다" 고 하면서 축하했다.

성호 선생의 정신에 영향을 받아 사명감으로 충만한 약용에게
문과 급제는 세상을 변화시킬 수 있는 기회이다.

약용은 청렴하게 살면서 공정을 잃지 않겠다고 각오를 다짐
하였다.

약용은 지난 번 진사 합격 때처럼 장원 급제 소식을 어머니께
꼭 알리고 싶었다. 약용은 아버지와 함께 충주에 있는 어머니
묘소를 찾았다. 두릉의 척박한 땅에서 먹을 것 없이 일평생 고
생만 하다 가신 어머니 생각에 목이 메인다.

약용은 직관과 감성이 풍부한 사람이다. 또한 눈물도 많은 사
람이다. 곁에서 우는 꾀꼬리 울음소리는 더욱 구슬프기만 하
였다.

- 평 -

누군가 약용에게 "당신은 왜 과거 급제를 해야 합니까?" 묻는다면, 약용은 아마 이렇게 대답했을 것이다.

"내가 과거 급제해야 하는 이유는 단 한가지입니다. 대장부로 태어나서 세상을 위한 큰 그림을 그리고 싶습니다. 개인의 사리사욕을 위한 욕심이 아닙니다. 이 한 몸 바쳐서 공의를 실천하고 싶습니다. 성호 선생의 개혁 정신을 본받아서 실천하고자 합니다. 성호 선생님은 어진 정치는 반드시 백성을 사랑하는 데서부터 시작해야 한다고 강조하였습니다. 그분은 백성을 위해서는 놀고 먹는 선비까지도 없애야 한다고 말씀하셨습니다. 자신도 생산에 참여하지 않았다고 하시면서 스스로를 '좀벌레'라고 하셨습니다."

성호 사상의 핵심은 애민 정신이다. 그는 천하가 다스려지지 않는 것은 백성이 곤궁한 데서 온다고 하였다. 그는 야인으로 가난하게 살면서 천문, 지리, 의학, 율산(律算), 경사(經史)에 관한 많은 저술을 남겼다.

약용은 선용의 사람이다. 배운 것을 머리에만 두지 않고 실천하는 사람이다. 선용은 좋은 일에 알맞게 쓰여지는 것을 의미한다. 자신이 갖고있는 능력을 타인의 유익을 위해 사용하는 것이 선용이다. 선용을 위해서는 백성을 사랑하는 순수한 의도가 있어야 한다. 순수 의도를 가진 자는 절대로 권력을 악용하거나 탐욕을 위해 잔꾀를 부리지 않는다.

아무리 머리가 좋고 높은 벼슬을 할지라도 백성을 향한 순수한 마음이 없다면 차라리 안하느니만 못하다. 조선의 관료들은 학문이 없어서가 아니고 순수한 의도를 가지고 올바르게 정치하고자 하는 마음이 없었다.

조선 관료들이 순수한 의도가 있다면 백성들을 위한 선용에 이르고, 불순한 의도가 있다면 돈과 권력을 남용하게 된다.

중요한 것은 그가 어떤 사람이냐 하는 것이다. 의도의 수준은 그 사람 자신이기도 하기 때문이다.

예컨대, 몸 안에는 각 기관이 서로 연결고리를 가지면서 몸 전체에 통일성을 유지하는 것과 같다. 몸 안의 각 기관은 몸 전체에 기여하면서 개별적 기능을 한다. 폐와 심장은 서로 다른 기관이지만 서로를 위해 공기를 불어 넣어주고 피를 순환한다. 상호간에 봉사하고 있는 것이다. 타 기관의 유익을 위해 특별하게 봉사한다. 그래서 상호간에 쓸모 있는 존재가 되어 유익을 준다. 몸이 서로에게 선용을 하므로 몸이 기능하여 건강이 유지되듯이 국가 체계도 선용이 있을 때 나라가 바로 설 수 있게 된다.

약용의 매력은 순수하면서도 무모한 면이 있다는 것이다.

약용은 과거 급제의 관문을 통과하면서 백성을 위해서 살고자 하는 애착이 강하게 불타오르고 있다.

약용은 22세에 진사 시험에 합격하고 28세에 과거 급제한다. 4살 적부터 글공부를 한 것이 24년 만에 비로소 열매를 맺는다.

더구나 성균관에서 6년을 주야로 학문에 몰두하였다.

비가 온 후에 땅이 굳어진다고 하였다. 약용의 학문의 깊이와 넓이가 더욱 광범위해졌다. 성호의 사상은 약용의 가슴속에 애민과 개혁의 꽃을 피우기 시작했다. 약용의 애민정신은 일표이서라고 부르는 경세유표, 목민심서, 흠흠신서에서 빛을 발한다. 또 이벽을 통해서 배운 천주교의 교리는 유교적 세계관과 윤리관에 배치되는 것이 아니며, 오히려 유교적 세계관을 더욱 완전하게 함을 깨닫는다.

약용에게 유교는 인륜을 가르쳐 주었다면 천주교는 하늘의 원리를 가르쳐 주었다. 하늘과 땅의 지식을 맛본 셈이다.

이제 약용의 가슴속에 지식의 꽃이 피었다. 꽃에도 종류가 있고 나름대로 아름다움이 있다. 약용은 소박하면서도 순수하고 그러면서 인간다움을 잃지 않는 그런 꽃이다.

청년 시절 누구나 위대한 현자들의 정신에 매료될 수 있지만 약용의 장점은 변덕스럽지 않고 부지런했다. 그 일을 위해서라면 먼 길을 마다하지 않았다. 여기에 덕이 있는 이벽과 폭넓는 세계관을 가진 약전 형이 합세해서 약용의 사상을 도와주었다. 실제로 그들과 발걸음을 함께 했기에 결국 과거 급제의 자리까지 오게 되었다.

부지런함은 세상 살아가는 데 필요한 최고의 덕목이다. 특별히 젊은이의 기상을 실천하기 위해서는 우선 근면해야만 한다.

약용 스스로 '자찬묘지명' 에도 기록하기를 자신은 영특했다고 했다.

 영특이라는 말은 남달리 뛰어났다는 뜻이다. 명확하고 뚜렷하게 드러났다는 의미이다. 사실 누구든지 두 가지를 한꺼번에 갖기란 쉽지 않다.

 영특하면 게으르든지, 부지런한데 머리가 돌아가지 않든지 하기 때문이다. 이는 부모로 부터 물려받은 좋은 유산이다. 그리고 이승훈, 이가환과 같은 좋은 조력자를 만나 성호 사상을 받아들일 수 있었다.

 사실 정조도 약용의 사심없는 성격을 보고 반하지 않을 수 없었다. 정조는 어려서부터 벼슬아치들의 욕심과 아첨을 보고 자랐다. 그런데 선입견에 의한 이해 득실을 떠나 객관적 증거로 소신을 말하는 약용의 사심없는 성격에 반하게 되었다.

 올빼미나 부엉이는 어두운 밤이 자기 세상이다. 더 밝은 세상으로 나가지 않는다. 그러나 독수리는 밝은 대낮에 창공을 향해 솟구쳐 올라간다. 약용은 밝은 하늘을 향해 날개 짓을 하면서 높은 데서 아래를 내려다보는 눈이 있었으며 도약 하는 독수리가 될만한 기운을 가지고 있다.

 약용은 성호가 평생을 집대성한 개혁 사상을 가슴에 품고 세상을 이롭게 하고자 하는 기회를 얻었다. 하지만 어두움의 세력은 그렇게 호락호락하지 않았다.

 이제 약용에게 필요한 것은 뜨거운 마음과 확신이다. 올바른 것이 있으면 언제든 거짓은 물러난다는 자신감이다.

배운 바를 실천하다

– 아버지가 별세하다

약용의 나이 31세가 되어서 아버지가 돌아가셨다. 약용에게는 청천벽력과 같은 소식이었다. 아홉 살에 어머니를 잃은 약용에게 아버지의 별세는 하늘이 무너지는 슬픔이었다. 약용은 학문의 기초를 아버지를 통해서 얻었다. 약용과 아버지는 부자지간이지만 사제지간이라고도 할 수 있다.

약용은 홍문관 수찬으로 임금과 마주 앉아 국사를 논의할 때 아버지가 위독하다는 소식을 듣고 형제들과 함께 진주에 급히 내려갔다. 전라도 운봉현(남원)에 이르러서 운명하셨다는 소식을 듣게 된다. 이 소식을 들은 약용 형제는 목 메이는 설움과 함께 울컥하고 눈물을 주체하지 못하고 통곡을 한다.

결국 아버지 임종을 보지 못하고 말았다. 그후 영구를 모시고 선영이 있는 충주 하담으로 와서 장사를 지냈다. 고향 마현으로 돌아와서 3년 상을 위해 여막을 짓고 형제들과 함께 기거하였다.

아들에게 아버지는 이상적 삶 즉, 미래를 보여주는 분이다. 그래서 아들은 아버지의 직업을 따라 가는 경우가 많다. 아버지의 죽음은 새로운 삶의 시작을 알려주는 서막과 같다. 아버지가 살아계실 때는 막연하게 안심이 되었지만 아버지 없이 살아야 한다는 것은 독립적으로 인생을 개척해야 한다는 의미를 담고 있다.

정조 임금은 약용이 부친 상을 당했다는 소식을 듣고는 수시로 약용의 안부를 묻고 무사한 지를 물었다. 또 집상 중에 있는 약용에게 상중에 별로 할 일이 없을 줄을 알고 수원 화성 쌓는 방법과 설계도를 올려 바치라는 분부를 내렸다. 상중이기는 하지만 아무래도 그 일을 맡길만한 창의적인 인물이 약용밖에는 없었기 때문이다.

─ 배다리와 화성 설계하다

정조 임금은 왕으로 즉위할 때 제일 먼저 꺼낸 말이 "나는 사도 세자의 아들이다"는 말을 선포했다. 그는 태능에 있는 아버지 사도세자의 묘를 왕릉으로 품격을 높여서 화성 현릉원으로 이장했다.

이제 왕 자신도 공식적으로 직접 한강을 자주 건너야만 하는 일이 잦아지게 되었다. 그러려면 많은 인원과 장비, 식품 등 짐을 옮겨야 하는데, 나룻배로 옮기기에는 한계가 있었다.

정조는 성균관 유생 시절부터 약용을 오랫동안 지켜보았다.

정조가 본 약용은 머리만 좋은 고리타분한 선비가 아니었다.

정조가 보기에 약용은 수학적 계산이 뛰어난 신하이다. 어떤 문제를 주더라도 정조의 마음에 들게끔 해결안을 제시했다. 사실 정조에게는 이런 신하가 필요했다. 약용이 다방면에 해박하였기 때문에 어떤 문제이든 서슴없이 해결했다. 그러나 아직 약용이 벼슬 초년인 것이 문제였다. 고집센 대신들의 반대와 장애에 부딪힐 것이기 때문이다.

그럼에도 불구하고 정조는 약용이 이제 막 벼슬을 시작하던 첫 해에 한강을 건너기위한 배다리를 설계하라고 지시를 한다. 그 일을 약용에게 맡긴 것은 그가 수학적 계산이 뛰어났음을 인정하였기 때문이다.

약용은 어려서부터 한강을 보고 자랐다. 그래서 한강의 물살을 누구보다도 잘 안다. 약용은 임금의 명을 받고 동작 나루터에서 출렁거리는 한강을 보면서 강물의 흐름을 정밀하게 파악하면서 많은 구상을 한다. 중요한 것은 안전이다.

한강의 물살에 흔들리지 않아야 하고, 튼튼해야 하고 다리의 폭이 넓어야 했다. 더구나 그 많은 배를 살 수는 없었고 빌려와야만 했다. 또한 쉽게 조립하고 해체할 수도 있어야 한다.

이 부교 설치는 한번으로 끝날 일이 아니고 백성들도 사용할 수 있도록 배려했다. 설계도를 받은 정조는 아주 흡족했다.

약용은 크고 작은 선박을 늘어놓고 배와 배를 연결하고 균형을 맞추면서 노량진까지 한강을 가로지르는 배다리를 설계했다.

약용은 선박 주인에게 대동미를 운반하는 특혜를 주어서 배를 빌려 주도록 설득했다. 그렇게 해서 배 주인들이 원망없이 자발적으로 이 일에 참여토록 하였다.

과거에는 임금의 행차시마다 선창(船艙)을 설치하느라 수만 금을 허비했는데, 배다리 설치는 수백 금에 지나지 않았다.

정조는 약용이 너무나도 기특했다. 정조에게는 이렇게 실제적이고 과학적인 안목을 가진 신하가 필요했던 것이다. 정조는 약용의 이런 실천적인 성과에 대해 신하들에게 칭찬을 하였다.

약용의 나이 31세, 아버지 상중에 있는 약용에게 화성 축성을 위한 설계와 공사의 규정을 지어올리라는 명을 내린다.

정조 임금은 이렇게 말했다.

"배를 엮어 강을 건널 수 있도록 부교를 만들고자 했는데, 약용이 그 법도를 올려 일이 제대로 이루어졌다. 그를 불러 자기 집에서 수원 화성을 만들 설계도와 그 방법을 자세하게 올리도록 하라."

화성 설계는 배다리와는 비교도 안될 만큼 중차대한 일이다.

정조는 일의 중요성으로 보아 당상관 이상 고급 관료에게 맡겨야 함에도 이제 3년 밖에 되지 않은 약용에게 맡긴 것은 그만큼 약용의 역량을 정조가 인정했기 때문이고, 그 일을 맡길 다른 인물을 찾을 수 없었기 때문이다.

약용은 중국 윤경이 쓴 '보약'과 류성용이 지은 '전수기의' 등을 참고하여 좋은 점을 택해서 수원 화성의 초루와 적대, 현안, 오성지 등 모든 법을 정리해서 임금께 올렸다.

그러자 임금은 약용에게 서양 기술에 관한 백과 사전 '도서집성' 과 서양 선교사가 지은 기계 제작법을 39개 도설로 해설한 책 '기기도설' 을 주면서 무거운 것을 들어 올리는 방법을 강구하라고 명을 내렸다.

약용은 도르레와 지렛대의 원리를 활용하여 크고 무거운 물건을 작은 힘으로 옮기는 '기중가도설' 을 지어 바쳤다.

또 활차와 고륜 등을 써서 크고 무거운 물건을 운반하는 방법을 강구해 올렸다. 그러자 정조는 더욱 구체적인 설계를 빨리 올리라고 독촉하였다.

3천6백 보에 이르는 성벽의 1층을 쌓는데 3천 6백 수레의 돌이 들고 , 9층으로 쌓는 데만 3만2천4백 수레의 돌이 필요하며, 70대의 수레로 매일 3차례씩 돌을 운반한다면 154일이 걸린다고 계산하여 수레를 기준으로 성곽 공사의 전체 과정을 계량화하여 소요되는 날짜와 인력을 제시하였다.

결국 약용의 공법으로 수원 팔달산과 인근 지형을 이용하여 대칭과 비대칭, 선과 면의 조화로움이 가미된 아름다운 성을 축성하게 되었다. 10년 걸릴 6키로의 성곽과 600여 간이나 되는 행궁의 공사를 2년 9개월 만에 건축을 마쳤다.

정조 임금은 "다행히 거중기를 써서 4만량이나 줄였구나." 하면서 약용을 칭찬해 주었다.

유네스코에서 파견된 조사관은 수원 화성을 보고 이렇게 말했다. "성곽 건축물이 동일한 것이 없이 제각기 다른 예술적 가치를 지니고 있는 것이 특징이다."

– 책을 팔다

1793년10월1일, 약용의 나이 32세에 약용은 성균관 직강 벼슬을 하고 있었지만 배고픈 처자식들을 위해 아끼는 책을 내다 팔아야만 할 정도로 가난에 시달렸다.

약용은 책상 머리에 3살짜리 어린 딸이 수척해진 얼굴로 아빠의 하는 일을 보고 있다. 약용은 측은한 마음으로 어린 딸을 보면서 책을 팔기로 결심한다. 하지만 책이 아까와서 "단 칼로 끊으려다가 미련 또한 남아서 작별 임해 어루만지며 잠깐 사랑하네" 라고 하면서 책을 붙잡고 있다. 책상 머리에 앉아 있던 딸은 천연두를 앓다가 2개월 후에 죽었다. 약용은 가난을 한탄하며 다음과 같은 시를 적었다.

> 안빈(安貧)의 말을 실천하려 했으나
> 가난해지니 가난이 편치 않네.
> 아내 한숨에 모양새 꺾이고
> 아이 굶주리자 훈육이 느슨하다.
> 꽃과 나무 도무지 쓸쓸하고
> 시와 서는 하나같이 부질없어라.
> 도연명 전장의 울타리 아래 보리일랑
> 이 농부가 보는 것이 좋으리.
>
> (여유당전서. 시문집)

– 암행어사를 다니다.

약용이 33세에 삼년 상을 마친 후에 다시 홍문관에서 근무를 하게 되었다. 그리고 성정각에 들어가 경기 암행어사의 명을 받았다.

"적성, 마전, 연천, 삭령 고을을 염탐하고 갈 때는 양주를 통해서 가고, 올 때는 파주를 거쳐서 오라."

그것은 지금의 파주, 연천, 철원 일부 고을을 암행하고 오라는 암행어사의 밀지였다. 경기 지방에 비밀리에 위장된 복장으로 암행하라는 왕의 특명이다. 약용은 지체하지 않고 마패를 착용하고 곧바로 암행어사의 임무를 수행하기 위해 적성, 마전, 연천과 삭령 지역을 향해 떠났다. 암행어사는 산천초목도 벌벌 떨 만큼 위력을 가진 임금의 특별 사신이다.

특히 연천 지역은 아버지가 근무했던 곳이기도 하고, 산 아래 둘려 쌓여있는 매우 경치가 수려한 고을이다. 약용은 이곳에서 가난하고 굶주린 백성들을 보았다. 그 원인이 수령과 아전의 혹독한 착취에 있음을 알게 된다. 약용은 자신 역시도 가난해서 자식들이 마마를 앓는 것이 생각나서 길에 앉아 탄식한다.

"연천 삭령 시골 민가의 사정은 닷새에 한번 음식을 먹고 겨울철에 홑옷을 입고 산다. 술잔 수저 내려 놓고 앉아 길이 탄식한다."

약용이 연천 주민들의 삶의 형편을 조사해본 결과, 현감 김양직이 5년 동안 근무하면서 지은 죄는 말할 수 없이 컸다.

그는 술 타령만 일삼고 정사는 탐학한데다가 기생만 가까이 하였으며 환곡을 빼 돌려 도둑질까지 해먹었다.

약용은 김양직에 대해 이렇게 보고했다.

"관찰사가 수시로 살피고 바로잡았거나 추궁하여 즉시 파직 시켰더라면 어찌 이 지경에 이르렀겠습니까?"

김양직은 사도세자 무덤을 화성 현릉원으로 옮길 때 묘 자리를 고른 풍수였다. 그는 왕실의 비호를 받고 있었다. 그 힘을 믿고 백성을 착취했다. 하지만 약용은 그의 권력의 배후를 상관하지 않았다. 약용은 암행어사로써 현청 의자에 앉아 엄하게 명령했다.

"수령은 물론 뇌물을 바치고 임명된 하위직 관리들은 임명장을 거두어 불태우고 군역을 면죄받은 자들은 징계하라."

그러자 대신들이 임금의 묘자리를 본 풍수를 이렇게 대우하면 되느냐? 라고 하면서 김양직을 비호하고 나섰다. 이에 대해 약용은 이렇게 응수했다.

"정말 풍수가 옳다고 한다면 무엇 때문에 저를 암행어사로 내보냈습니까?" 그러자 대신들은 더 이상 할 말이 없었다.

그런데 이 시기에 약용이 18년 유배살이 하는데 결정적인 계기를 주는 인물이 등장한다. 그는 서용보라는 인물이다.

서용보(1757-1824)는 당시 37세로 경기도 관찰사로 있었다.

마침 그 집안 사람 중 하나가 마전에 있는 향교 터를 묘 자리로 만들고자 하였다. 그래서 향교 터가 좋지 않다고 소문을 내고는 고을 선비를 협박해서 향교를 옮기도록 강요하였다. 약용이 이런 내용을 알고는 즉시로 그 일을 행한 자를 체포해서 징계하였다.

또 다른 일이 있었다. 관청에서 읍 사람들에게 대여해준 곡식을 고가로 거둬들였다. 이를테면 고리대금을 한 것이다.

이에 대해 말하기를 "금천의 도로가 임금님의 화성 행차하기에 불편하여 수리하는 비용으로 쓰는 것이니 어쩔 수 없다." 고 핑계를 댔다. 그러자 백성들은 이렇게 한탄했다.

"화성은 과천으로 가는데 어찌하여 금천의 길을 닦는가?"

약용은 이 일을 임금께 자세하게 보고했다. 이들을 법률에 따라 즉시 탄핵하였다. 이 일로 인해 앙심을 품은 서용보에게 평생동안 괴롭힘을 당하게 되고 죽을 고비를 넘기게 된다. 서용보와 악연을 맺게 되어 유배를 가는데 결정적 계기가 된다. 이는 어쩌면 약용에게 주어진 운명일지 모른다.

− 홍주목의 금정역 찰방 좌천

당시 천주교는 중국인 신부 주문모가 몰래 입국하여, 서울 북촌에 있는 최인길의 집에 숨어서 전교 활동을 하였다. 이 사실이 조정에 알려지게 되었다. 그리하여 1795년 6월 27일 포청에서 최인길, 윤유일, 지황 등을 체포하여 그 이튿날로 형틀에서 죽이고 말았다. 이를 '을묘실포사건' 이라고 한다.

이 사건은 주문모 신부의 거처를 알아내려고 이들 세 사람을 고문하던 중에 일어난 사건이다. 포청에서는 주문모 신부의 거처를 알아내지 못한 채 이들 세 사람이 죽게 되자, 시체를 강물에 던져버리고 사건을 은폐했지만 2개월 뒤인 7월 6일에 이 사실을 안 대사헌 권유가 상소를 올려 세 사람을 일찍 죽게 하여 사건을 조기에 마무리 짓도록 한 이유를 따져 물었다.

이 심문을 우의정 채제공이 지휘했는데 사헌부 대사헌 권유는 채제공이 죄인들의 입을 막기 위해 고의로 죽였다고 의문을 제기하였다.

이어 며칠 뒤에는 부사 박장설이 이가환, 정약용, 이승훈을 사학의 교주로 고발하고 주문모 신부를 놓친 책임을 이들 세 사람에게 전가시키는 상소를 올렸다. 이어 주문모 신부의 체포령이 전국에 내려지면서 지방에서도 박해가 시작되었다. 이 사건은 '을묘박해'의 발생 원인이 된다.

이때 목만중 등은 부사 박장설에게 사주해서 공조판서 이가환을 공격 중심으로 삼았다. 이가환이 조카 이승훈을 북경으로 보내어 서학 서적을 구입해오도록 해서 국내에 전파했다고 하는 것과 두번 째로 정약전이 지난 해 시험 답안에서 오행을 사행으로 논의했는데, 그런데 이가환이 이를 알면서도 그를 장원으로 뽑았다는 것이다.

오행은 유학에서 만물을 생성하는 다섯가지의 원초적 기운인 수화금목토(水火金木土)를 말한다. 그런데 정약전이 서양 학설을 받아들여 오행을 사행으로 만들었다고 꾸며대었다.

이에 이가환이 변명하는 상소를 거듭 올리고 임금도 이가환을 두둔하였다.

정조는 이 일이 무고임을 알았다. 그래서 박장설을 두만강, 부산 동래, 제주도, 압록강가로 유배지를 멀리 정해서 귀양 보내 버렸다. 하지만 반대파들의 정치 공세는 집요하였다. 관료들은 이가환 등에게 죄를 주어야 한다고 주장하였다.

 그들에게 남인 약용과 가까운 일파들이 천주교인이라는 명목은 좋은 미끼가 되었다. 이렇게 해서 노론 세력들의 천주교 박해는 이미 시작되었다. 노론 세력은 천주교를 빌미로 남인 세력을 몰아내려고 더욱 천주교를 정치적으로 탄압하였다.

 어쩌면 이때 정조가 천주교에 대해 좀 더 연구를 해오라고 명을 내리든지 혹은 세계적인 추세이니 개방하자는 결단을 하였더라면 어찌되었을까 하는 아쉬움이 든다. 그랬다면 조선의 역사는 더욱 달라지지 않았을까?

 그러나 대신들의 눈치를 보아야 했던 정조는 임금의 측근 신하인 이가환과 정약용, 이승훈에 대한 아쉬운 결정을 내려야만 했다.

 이가환은 충주목사로 이승훈은 예산으로 보내고, 약용은 정3품 당상관 우부승지에서 종6품의 충청도 금정역 찰방으로 3계급 강등해서 충청도 홍주목의 '금정도찰방' 이라는 역장으로 좌천시킨다. 이 일은 천주교로 인해 약용이 매우 위태로운 처지였음을 보여준다.

 약용은 7월 26일에 금정에 파견되었다가 12월 20일에 한양으로 돌아오게 된다.

당시 금정역(청양군 남양면 금정리)은 천주교 신도가 많은 지역이었으므로 그곳에 가서 천주교도를 깨우쳐서 유교의 교화로 돌아오게 해서 공적을 이루라는 정조의 뜻이 담겨 있었다.

정조는 약용을 조그만 고을 지방관으로 떠나보내면서 미안한 마음을 섞어서 다음과 같이 말한다.

"그대의 형이 성인의 글이 아닌 서적을 보지 않고 귀로 경전의 뜻에 어그러지는 말을 듣지 않았다면, 어찌 상소를 하며 주대에 오르내릴 수 있었겠는가? 그가 문장을 하려고 한다면 육경이 있고 나라에도 좋은 바탕이 있는데 무엇 때문에 기이함에 힘쓰고 새로움을 찾아서 몸과 이름을 낭패하기에 이르는가? 이는 또한 무슨 취미인가? 종적은 드러나지 않았다고 하지만 정부에서건 민간에서건 이런 소문이 들리니 이것이 그가 내린 결정이다. 이미 선한 방향으로 향했다 하더라도 이로 인하여 스스로 분발하면 그에게 좋은 것이 되리라. 승지 정약용도 금정역 찰방으로 임명하니 길을 떠나는 순간부터 다시 살아서 한강을 넘어올 방도를 모색하도록 하라."

약용은 이가환과 청파동에서 아쉬운 이별을 했다. 약용은 금정으로 향하는 길에 예산에 유배 조치된 매형 이승훈을 만났다. 둘은 아산과 신창 경계인 곡교에서 함께 하룻밤을 잤다.

금정역은 해미, 태안, 보령, 결성, 대흥 등 8개역을 거느린 교통 요지이다. 약용은 역무뿐 아니라 근처 현감들의 감찰권을 쥐고 있었다. 그는 8개 역을 순시하면서 채홍규, 이문달, 김광갑,

윤취협 등 주변 토호들과 관리를 만나 협조를 구했다.

 약용은 부지런한 사람이다. 또 약용은 정조의 간곡한 요청이 있으므로 천주교인이 아니라는 것을 증명해야 하는 일도 있었다. 그래서 8개 역을 다니면서 내포 지역에 있는 천주교인을 제사를 지내도록 교화했다. 내포지역에는 내포 사도라고 불리는 이존창의 영향으로 천주교인이 많았다. 역리나 역에 소속되어 있는 일꾼들이 대부분 천주교에 물들어 있었다. 약용은 천주교의 문제점을 말하고 천주교를 금지하라는 임금의 뜻을 전했다.

 국가 시책에 따라 서교에 물든 역졸을 타일러 제사 지내도록 권고하였다. 그리고 주모자를 불러 유교로 돌아오도록 설득 했다. 약용이 이렇게 적극적으로 권고하는 이유는 국가 시책이고 또 그들이 당할 피해를 알기 때문이다.

 이때 이존창이 체포되었다. 이존창 체포에 약용이 계책을 내었다. 이존창은 후에 정약종과 함께 사형을 당했다.

 금정역은 한가한 지방관이지만 이 곳에서 지내는 동안 그곳에서 사귄 친구들로부터 지방의 환곡 정책이 농민들의 모든 곡식을 수탈해 간다는 이야기를 들었다. 약용은 백성들의 현실이 너무나 피폐하다는 사실에 분해서 다음과 같은 시를 짓는다.

> 이제 남은 거라고는 송아지 새끼 한 마리
> 차가운 귀뚜라미 서로 위안이 되네
> 초가집에 뛰노는 건 여우와 토끼
> 고관 집 붉은 문에는 청룡같은 말
> 겨울 지낼 쌀도 없는데

관가 창고는 무사히 겨울나네.

궁한 백성들 풍상이 몰아치지만

대감 집에는 산해진미 올려 바치네.

(맹화,요신의 창곡부패 이야기를 듣고/박석무, 다산정약용평전에서 재인용)

가난하고 배고픈 백성은 살 길이 막막하여 먹을 것조차 없는데, 관료들은 산해진미가 가득해서 먹고 남는다는 그런 시이다.

약용은 관료와 백성의 빈부 격차의 폐혜를 성호 선생을 통해서 배웠기에 그 심각성을 깊이 느끼고 있었다.

농가는 관청에서 이미 다 거둬 가버려서 송아지 한 마리 남았고, 관가 창고는 겨울에도 끄떡 없을 만큼 가득 쌓여 있다는 말에 마음이 걸렸다.

한 쪽은 배부르고 다른 한쪽은 굶어 죽어가는 현실이 결코 정상일 수가 없다. 이런 현실이 바로 제도가 부패한 나라의 증거임을 알고 있다. 이 일을 해결하고자 관리가 되어 제도를 고치기를 원했다.

하지만 약용이 벼슬로부터 멀어지게 되어 실천할 수 없게 되었지만 실망하지 않고 '경세유표' 라는 책을 지어 국가 경영의 틀을 바로잡고자 했다.

빈부 격차를 줄이기 위해서는 무엇보다 세금 문제와 토지 제도를 고쳐야 하고 그리고 관료들의 정직이 항상 문제라는 사실을 잘 알고 있었다.

－ 개혁의지를 재충전하다

약용은 금정에서 성호 선생의 종손이면서 이가환의 육촌 형인 목재 이삼환에게 편지한다. 이삼환(1729~1818)은 성호 선생에게 직접 수학하고 경학과 예학을 계승하였으며, 문과에 장원 급제하였지만 출사를 포기하고 오로지 후진 양성과 경학 연구에만 몰두한 인물이다. 약용은 이삼환에게 이렇게 편지한다.

"모든 경비는 제가 부담 할테니 성호 이익 선생의 유저를 위한 교정 작업을 하고자 합니다."

성호의 책을 교정하는 작업은 유교에 근본을 둔 조선 질서의 틀을 개혁한다는 의미가 들어 있다. 이대로는 안 된다는 절실한 변화의 기대에서 나온 말이다.

그래서 이삼환을 비롯하여 뜻이 있는 선비 10여 명이 온양 봉곡사에서 모임을 갖게 된다. 이들은 성호의 수준 높은 학문에 대한 갈증으로 설레는 마음으로 모두 한 걸음에 달려왔다.

한양에서 임금의 총애를 받고 벼슬을 하는 이가 지방에 내려와 성호 선생에 대해 연구를 하자고 하니 더욱 마음이 간절했을 것이다. 이들 중에는 67세부터 23세의 어린 선비도 있었다.

10월 26일부터 11월 5일까지 쌀쌀한 초겨울에 13명의 뜻있는 선비들이 모여서 성호 이익의 유고에 대해 다양하게 토론을 벌이고, 백성들의 고통스런 현실을 나누기도 하였다.

이들은 처음 만나 예를 갖추고 서로 안부 인사를 하고, 열흘 동안 성호 선생의 문집 교정 작업에 들어갔다.

오늘날 학술 연구대회이다. 새벽에 일어나 개울물에 가서 얼굴을 씻고는 성호의 저술 '가례질서'를 교정하고, 저녁이면 벗

들과 함께 산등성이로 올라가 산보를 하였으며 밤에는 토론을
벌려 '서암강학회'를 열었다. 성호 선생의 학풍을 일으켜 서
로 마음을 터놓고 공부한 것을 논하고 함께 모여서 어울려 잠
을 청했다.

 비록 비좁은 장소였지만 서로를 걱정하고 이해하는 화기애애
한 분위기였다. 너무나 진지한 학문적 모임이었다. 이때에서야
약용은 뜻있는 선비들의 격려로 많은 용기와 힘을 얻게 되었다.
성호의 불 덩어리가 가슴속에 타들어갔다. 뜨거운 개혁 의지의
불덩어리는 약용의 가슴속에서 타 올랐다.

 일생에 이런 재충전의 기회는 누구에게나 찾아오는 순간은 아
니다. 독일의 철학자 칸트가 "하늘에는 별들이 빛나고 내 마음
에는 양심이 빛난다"고 말한 것처럼, 약용의 가슴에는 백성을
이롭게 하고자 하는 순수한 애민 정신이 빛나고 있었다.

> 밝은 빛 가운데 오신 성호 선생님
> 정성스러운 글 속에 뚜렷하네.
> 우주에 온 가득 근심이 있지만
> 섬세함도 보이네.
> 변변찮은 내 인생 뒤늦게 태어나
> 큰 도를 터득하기는 까마득하네.
> 다행히 깨우쳐 주셨지만
> 별과 구름 보지 못해 안타까워라
> 보배로운 유서에 남겨진 향기 가득해
> 어지신 은혜로 사라짐 막았네.
>
> …

성호 선생 책으로 울적함 막아주니

책 상자 걸머지고 온 고생 기쁘기만 하도다.

어둠을 밝혀 주는데

부질없이 늙어만 가겠는가

어진 벗님네들이여! 함께 힘쓰며

아침저녁 이 곳에서 잘 보내세.

(성호선생 유저를 교정하며, 박석무. 다산정약용평전에서 재인용)

약용은 이때 다시한번 미처 깨닫지 못했던 성호 선생의 사상을 새롭게 만나게 되었다. 그분의 사상을 접할수록 이전에 읽은 구절이라도 전혀 처음 접하는 것처럼 새롭게 들려왔다.

논어에 '학이시습지불역열호(學而時習之,不亦說乎)' 배우고 익히면 즐겁지 아니한가? 그 구절을 되새기면서 깨달음을 얻는 즐거운 시간을 보내게 되었다.

약용은 이 구절을 배우고 행하면 즐겁지 아니한가? 라고 바꾸게 된다. 약용의 사상과 행함의 일치 논리를 보여준다.

약용은 형님과 함께 동림사에서 40일간 경전을 연구했던 그 즐거움이 되살아났다. 그때 약전 형님에게 했던 말이 생각났다.

"중이 고기와 쾌락을 멀리하는 것은 이런 즐거움이 있기 때문이 아닙니까?" 순수하게 지식을 깨닫는 즐거움을 느꼈던 그때의 감격과 기쁨을 다시한번 점화하는 기회였다.

비록 지금은 반대파의 눈을 피해, 잠시 임금의 배려로 낮은 벼슬로 좌천된 신세지만 가슴에 타오르는 국가 개혁의 희망만은 저버릴 수가 없었다. 그리고 자신 혼자인줄만 알았는데 자신과 같은 뜻을 갖고 있는 젊은 선비가 이렇게 있었다고 여기니 약용은 의기 충천하여 천군만마를 얻은 기분이었다.

이들은 약용에게 친 형제와 다름없는 동지들이다. 죽더라도 나라를 이대로 둘 수는 없다. 요순 임금 시대와 같은 새로운 세상을 만들기 위해서는 이정도 불편은 참을만 했다. 그래서 동지들과 앞으로 함께 가자고 서로 약속하고 다짐하였다.

여기에 모인 선비들은 약용이 임금의 신임을 받고 있음을 알고 있는 터라 앞으로 약용이 큰 재상이 될 것이라고 믿고 있었다. 그것이 또한 그들에게는 큰 희망이 되었다.

그래서 약용을 중심으로 성호 선생의 유지를 받들어 요순시대의 나라를 만들자 즉, 평화로운 세상을 만들자는 의기가 충천했다. 이들은 약용을 보면서 뿌듯해 했으며 마치 자신이 출세하는 것처럼 가슴이 뛰었다.

이 시간이 언제 지나는 지 모르게 훌쩍 시간이 지나 버렸다.

모두 소외된 남인의 설움에서 일어서고자 하는 희망이 있었기 때문이다. 그 중심에 약용이 있었다. 이 때 좌장이었던 이삼환은 이번 모임에 대해 이렇게 평했다.

"내 벗 정약용은 승지 벼슬에서 금정역의 찰방으로 임무를 맡아 오게 되자, 비장한 마음으로 이익 선생의 저서를 수정하는 일을 자기의 책임으로 여겼다. 나에게 편지를 보내 '선생의 유문이 지금에 와 없어지고 전해지지 못함은 후학들의 허물입니다. 시작이 없고서야 언제 이루어지겠습니까?' 라고 말하고 마침내 온양의 봉곡사에서 만나기로 약속했다. 먼저 '가례질서' 부터 시작하여 교정을 보아 나갔다. 차례가 문란한 것은 바르게 하고 글자나 획수가 잘못된 것은 고쳐가면서 내용을 요약하고 범례를 정하며 줄거리를 들추어내고 조목을 늘어놓아 한 권의 완전무결한 책으로 완성해 놓았다. 다른 나머지 전서들은 내년쯤 교정하기로 기약하면서 일을 마쳤으니 매우 성대한 일이었다. 오호라! 하늘이 우리 유학을 없애지 않아서 선생의 학문을 후세에 밝히고자 한다면, 오늘의 이 작업이 발단이 되었다고 말하지 않을 수 있겠는가. 나는 약용으로 하여금 자초지종을 기록한 '서암강학기' 를 짓게 하고 또 각자가 술회시를 지어서 후세에 징표로 삼게 하였다. 모인 사람은 열세 명이다."

67세된 이삼환의 평가는 이번 모임이 얼마나 유익하고 뜻있는 자리였는지를 말해준다. 그는 35세에 혼자되어 85세까지 살면서 오로지 학문에만 전념하였다.

그러니 그 감격이 얼마나 컷겠는가? 이 일에 약용이 총대를 메고 불을 붙이게 되었다. 무언가 뜻있는 가치를 원했던 선비들은 제도와 문물을 개혁하는 새로운 학문에 대한 열정이 그만큼 간절하였고 새로운 시대를 기다리고 있었다. 이 일에 약용이 적극 나서게 되었다.

– 퇴계를 만나다

약용은 천성적으로 매우 부지런한 사람이었다. 조금이라도 틈나는 시간을 못 견뎌했다. 약용은 이웃에서 빌려온 '퇴계집'을 매일 새벽마다 읽기 시작하였다.

 약용은 30통의 서한을 가지고 33조목으로 기술한 '도산사숙록'에서 퇴계에 대한 관심이 유별했음을 말한다.

 퇴계가 남명 조식에게 답하는 '어떤 사람에게 보낸 편지' 에 이런 대목을 보고는 깊은 생각을 하였다.

 "보내온 편지에 학자가 이름을 도적질하여 세상을 속인다는 말씀이 있는데, 그대 만이 근심하는 내용이 아닙니다."

 이 글에서 퇴계의 깊은 뜻을 생각하면서 그 의미를 되새겼다. 약용은 이 글자의 의미를 이렇게 해석했다.

 "이 글은 학자의 윤리와 자질을 스스로 돌이켜 보라는 의미이다. 이 글속에는 위선자가 되는 것도 나쁘지만 그렇다고 그런 비판을 두려워하여 학문을 그친다면 더 문제가 아니냐는 퇴계의 반문이 들어 있다. 이 글은 타인의 이목에 흔들리지 말라는 경고이다."

 약용은 퇴계의 깊은 뜻을 비로소 이해하게 되었다. 옳은 일이고 바른 일이라고 여기면 주위를 돌아보지 말고 행동으로 옮기는 것이 중요하다는 의미로 들렸다. 남의 눈치나 비난에 주저하지 말라는 뜻이다. 약용은 퇴계 문집을 읽고 다음과 같이 총평을 내놓았다.

 "만 가지 움직임이 조용함만 못하고 뭇 향기 따르느니 차라리 외로운 향기 지켜 도산이여! 퇴계의 물이여! 있는 곳이야 알지만 아득하고 높은 풍모에 사모하는 마음만 일어나네."

한 평생을 살아가는 동안에 존경할만한 스승을 만나거나 멘토를 만나는 것은 일생에 가장 소중한 일중에 하나이다. 그런 스승을 만나면 자신이 무엇을 해야할 지 사명감을 갖게 된다.

'맹모삼천지교' 라는 말이 있다. 자식 공부를 위해서 세 번이나 이사했다는 맹자 어머니의 일화이다.

고로 부모가 자녀들에게 해줄 수 있는 가장 위대한 일은 좋은 스승을 만나게 해주는 일이다. 그래서 좋은 대학에 보내려고 애를 쓰는 것이다.

약용은 성호라는 위대한 스승을 만났다. 그리고 또 다른 스승을 흠모하고 있다.

약용은 퇴계의 숭고한 정신세계에서 감탄을 금치 못한다.

마음 자세를 어떻게 가져야하는 지에 대한 심성론을 배운다.

퇴계는 성학십도 경재잠(敬齋箴)에서 "두 가지 일이라고 마음을 두 갈래로 내지 말고, 세 가지 일이라고 마음을 세 갈래로 내지 말며, 마음을 오로지 하나로 하여 만 가지 변화를 살피라"는 말을 한다. 약용은 퇴계집을 읽으면서 자신은 분주하게 살아가는데 비해서 퇴계 선생은 조용하지만 깊은 내면에서 올라오는 선각자의 그윽한 향기를 맛보고 있다. 그 물은 깊고 깊어서 그저 감탄할 수밖에 없고 사모하는 마음밖에는 일어날 수 없다.

도산이여 퇴계의 물이여! 외치는 약용의 심정은 한없이 존경스러운 퇴계를 향한 그리움의 표현이다.

- 평 -

중국 속담에 양심없는 의사의 손에 놓인 좋은 약보다 양심있는 의사의 손에 놓인 나쁜 약이 더 좋다고 하였다.

어떤 사람이 되느냐 하는 것이 그만큼 더 중요하다는 의미이다. 약용은 사람이 되어가는 중이고 이제 더 익어가는 중이다.

사람이 되려면 끊임없이 반복해야할 일이 있다. 그것은 스스로 자신의 의도를 검토하는 자기 성찰 작업이다. 자신이 과연 맞게 길을 가고 있는 지를 되돌아보아야 한다. 때로는 경을 보면서, 때로는 현자들의 말을 들으면서 자신을 고쳐나가는 일이 필요하다. 그래서 일생 경학에 매달렸던 이삼환과 교류하면서 열흘 간을 새롭게 충전하고, 퇴계집을 보면서 마음을 붙잡고 있다. 이렇게 약용은 자기의 의도를 검토중이다.

첫째, 스스로 의도를 검토하는 사람은 광산에서 금을 캐내는 자와 같다. 고통스런 작업이지만 내적인 기쁨이 있다. 반대로 자신의 의도를 검토하지 않는 자의 마음은 독사와 흉한 곤충이 있는 더러운 습지와 같다. 내면이 더럽고 추함에도 자신은 전혀 알 수 없는 상태가 된다.

둘째, 자기를 검토하는 자는 결점과 부족한 부분을 알기 때문에 상대방을 무시하거나 거만할 수가 없다. 하지만 자기 인식이 없는 자는 타인의 작은 허물을 보면서 손가락질하기를 좋아한다.

자기 인식을 하지 않는 자는 상대방을 죽음으로 끝장날 때까지 물고 늘어진다. 집요하게 고소하고 비난을 한다.

약용은 쉬지 않고 공격하는 거머리같은 무리들 속에 쌓여있다. 그들은 아까운 인재들을 천주교와 묶어서 죽이거나 귀양보내는 것을 마치 부패 청산이라고 여겼다. 그 일을 큰 공적이나 쌓은 듯이 자랑스럽게 여겼다. 다행히 약용은 정조의 보살핌으로 겨우 연명하지만 언제 또 다시 공격해올지 모르는 긴박한 순간이 연속되었다. 약용의 심장은 늘 불안하게 뛰고 있었다. 하지만 약용은 자신의 의도를 경학을 통해 돌아보고 개혁 의지를 다시한번 살펴보고 있다.

셋째, 의도를 검토하는 자는 자신이 상대방을 돕거나 성장시키려는 것인지 아니면 자신의 우월감을 위한 것인지를 먼저 검토한다. 자신의 말과 행동이 타인을 성장시키기 위한 목적으로 사용되면 선한 자이지만, 그렇지 못하고 상대방을 죽이기 위한 것이라면 이미 자신의 악이 드러난 것이다.

약용은 그토록 의지했던 이벽이 죽고, 선친이 돌아가시자 깊은 슬픔에 빠졌다. 아들에게 아버지가 돌아가셨다는 것은 기존의 틀과 범주에서 벗어나 새로운 세계를 독립적으로 이루어 나가야 함을 의미한다. 정신적으로나 육체적으로 든든한 후원자가 없어진 것을 의미한다.

그러니 마음은 더욱 무거울 수밖에 없다. 약전 형이 있어 위로가 되지만 아버지와는 다르다.

아버지의 죽음은 약용의 머릿속에 깊이 박힌 아버지의 정신적 유산의 뿌리에서 새로운 시대에 맞는 정신 세계를 가져야할 때가 되었음을 의미한다.

하지만 그 와중에 새로운 아버지 정조가 나타났다. 정조는 상중에도 쉴 새 없이 화성 건축과 배다리 설계의 임무를 주면서 약용으로 하여금 슬픔에 젖어있지 않도록 만들었다. 정조는 약용에게 대부와 같이 든든한 후원자가 되었다.

하지만 어두움의 세력은 악의 이빨을 들이대고 언제나 기회를 엿보고 위협을 한다. 그래서 정조는 약용을 악의 위험에서 벗어나도록 금정으로 좌천시켜 잠시 피하도록 하였다.

금정역 찰방은 잠시 비난의 폭우를 피해 숨을 수 있는 바위 밑 안전한 장소이다. 그러나 약용의 부지런함은 이곳에서 마냥 숨어있을 수 없었다.

약용은 평소 흠모하는 성호 선생의 후손을 모셔서 연구를 계속한다. 성호 선생의 책으로 타올랐던 사명감의 불씨는 가슴 속에 더욱 뜨거운 불길로 타오르기 시작했다. 약용은 이제 재충전으로 불덩어리가 되었다. 아무리 개혁의 사명감을 가지고 있다고 하더라도 언제든 식어질 수 있으며, 아무리 좋은 지식이 있더라도 스스로 자각하지 않으면 잊혀지고 만다.

약용에게 금정역장의 시기는 이전에 가졌던 순수한 마음을 되살리고 새 힘을 돋구는 시대적 사명감의 도약기이다.

더구나 성호 후손을 만나 동지들과 합숙 훈련한 것은 일생에 잊지 못할 좋은 기회였다.

성호의 후손과 뜻을 같이 하는 동지들과 교우는 약용에게 힘과 용기를 주었다. 약용의 식어가는 사명감이 끓어오르기 시작했다. 약용과 그 동지들은 용암이 끓어오르듯 의기 충천했다. 아! 꿈만 같은 시간이 순식간에 흘렀다. 그러나 이제 또 선비들과 우정을 느끼면서 아쉬운 작별을 해야만 했다.

성호 선생의 불꽃같은 시간이 지나고 집에 돌아와 조용한 시간을 맞이한다. 조용하게 퇴계의 심성론을 만난다.

약용은 조용하게 내적으로 자신을 성찰하면서 가슴 깊숙하게 열정이 단단하게 익어가고 있다. 약용이라는 학문은 이렇게 여러 과정 속에서 점차로 눈이 뜨여지고 열매를 맺어갔다.

무릇 학문을 한다는 것은 이것과 저것의 구분을 아는 것이다. 즉, 경계선을 명확하게 긋는 법을 배우는 것이다. 크게 말해서 선과 악의 구별됨을 아는 것을 말한다. 학문을 통해 조선의 관료와 백성들의 현실이 어떤 지를 정확하게 분별하고 타개책을 찾는 눈이 뜨여졌다. 약용은 이때에 와서 분별력이 한 걸음 더욱 진전되었다. 빛과 어둠이 나뉘듯이 확연하게 구별되어야할 것이 무엇인지를 배운다.

덧붙여 약용은 성호 선생의 사상을 통해 말로 하는 것은 의미가 없으며 반드시 실천해야 한다는 것의 중요성을 깊숙하게 깨닫고 느낀다.

목민관 시절

약용은 금정 찰방의 일을 마치고 1795년 12월 용양위 부사직
책으로 한양에 왔다. 1797년 36세에 동부승지에 임명되었다.

정조의 신임이 두터워 질수록 약용에 대한 천주교 문제는 잦
아들지 않고 여전히 비방이 계속되었다. 천주교를 배척하는 관
료들 입장에서는 천주교 혐의를 가진 인물이 임금의 측근에 있
다는 사실이 꼴 사나웠을 것이다. 약용은 이제 자신이 천주교
와 절교했다는 어떤 증거가 필요했다. 약용은 임금께 장문의
긴 상소문을 올린다. '변방사동부승지소(辨謗辭同副承旨蔬)'이다.

"저는 이른바 서양의 사설에 관해 일찍이 그 책을 읽었습니
다... 일찌기 마음으로 좋아하여 기뻐하고 사모했으며 드러내
고 남들에게 자랑하였습니다. 기름이 배어들고 물이 젖어들 듯
하였으며 뿌리가 내리고 가지가 무성해지듯 하였습니다...저의
경우 처음에 물든 것은 어린아이 장난같은 것이라, 차츰 자라
면서 적이나 원수로 여겼고 분명하게 알게 되어서는 더욱 엄하

게 배척하였습니다. 깨우침이 늦어짐에 따라 더욱 더 심하게 미워하였으니 심장을 갈갈이 쪼개어도 진실로 나머지 가리운 것이 없고 창자를 더듬어 보아도 진실로 남은 찌꺼기가 없습니다. 하지만 위로는 임금의 의심을 받고 아래로는 당세에 견책을 당하였습니다. 한번 처신을 잘못하여 만사가 무너지고 말았습니다... 저는 한결같이 벼슬길이 막히기를 바라며 때로 꺾이기도 하고 때로 펼쳐지기도 하여 부질없이 은혜만 심히 욕되게 하고 죄만 더욱 무겁게 되기를 바라지 않습니다...”

약용의 상소문을 보면 이전에는 천주교에 빠졌지만 지금은 천주교에서 벗어났다고 말하고 있다. 그러나 상소문으로 천주교와 단절했다는 주장을 하더라도 의심하는 자들의 집요한 추적과 모함을 피할 수는 없었다. 왜냐하면 아직도 약용 주변의 인물은 함께 천주교에 발을 들여놓은 이들이기 때문이다.

정조는 이 상소를 보고 약용을 성정각에 불러서 말했다.

“지난 날 상소는 문장이 좋고 마음에서 우러나오는 것이 밝았는데, 이는 실로 쉽지 않은 것이다. 그대를 바로 한번 승진시켜 등용하려고 하는데 의논이 들끓으니 왜들 그러는지 모르겠다. 한 두해 늦어진다고 해도 해로울 것이 없으니 떠나도록 하라. 가서 있으면 장차 부르리니 너무 서운하게 여기지 마라.”

임금은 마침 곡산에 빈자리가 있어서 약용의 이름을 추가로 적었다. 임금은 약용을 외직으로 보냄으로 조정에 있는 자들의 참소를 잠재우고 조용해지면 중앙으로 다시 부를 계획이었다.

정조는 규장각에서 간행하는 도서들의 주해와 교정을 올리라고 하면서 책을 내주며 궁궐에 있는 것처럼 공부할 일을 챙겨주었다. 약용은 병조판서 이조원과 노론 벽파 수장인 우의정 이병모와 심환지를 찾아뵙고 곡산 부사가 된 것에 대한 사은 인사를 하였다.

1797년 6월 7일 한양에서 430여리인 황해도 북동쪽 맨 끝에 있는 곡산을 향해 출발했다. 약용은 1797년 6월 초부터 1799년 4월 24일까지 1년 11개월가량 곡산 부사가 되어 목민관의 일을 시작하게 된다. 약용은 한 고을을 책임 맡으면서 드디어 성호 선생의 사상을 실천할 수 있는 기회를 갖는다. 직접 체험적으로 피폐한 민생을 구제하고 누적된 폐단을 바로잡는 행정을 펼칠 수 있는 기회를 얻는다. 이는 개혁을 현장에서 실험하는 의미있는 기회이다. 약용은 임금의 배려에 가슴깊이 감사하면서 임금께 하직하고 나오면서 다음과 같이 시를 지었다.

> 종종 걸음 치면서 궁전 뜰 내려설 때
> 자상하신 임금 말씀에 절로 눈물 흐르네.
> 등생 처럼 원해서 가는 것 아니라
> 소송의 창주 부임과 같네.
> 떠나는 짐에는 규장각 책 쌓여 있고
> 궁중 약원의 환약 있어 이별 시름 덜어주네
> 궁궐에서 서쪽으로 삼백리 길
> 가을되어 서리 내리면 원님 방에서 꿈꾸리. (창주 부임은 송나라 등원발에 대한 비방으로 황제가 하는 수없이 발령을 내는 고사. 박석무. 다산정약용평전에서 재인용)

- 이계심 사건 처리하다

곡산에 이런 일이 있었다. 이전 사또가 곡산을 다스릴 때에 아전이 농간을 부려 포모포(砲保布) 40자의 대금으로 200냥을 거두어야 할 것을 900냥을 거두었다. 이 일로 인해 백성의 원성이 시끄러웠다. 가난한 살림에 먹고 살기도 어려운데, 관청에서 돈을 더 받는 것에 대해 백성이 민감하게 반응한 것이다.

이 일로 이계심이 주동자가 되어 천여 명을 이끌고 함께 관청에 들어와 호소했다. 전임 사또는 이계심에게 형벌을 내리려고 하였다. 이 때 천여 명이 한꺼번에 무릎을 걷어붙이고는 이계심을 둘러싸고는 대신 고문 받고자 하였다. 백성이 이계심을 보호하자 당황한 사또는 형벌을 내릴 수가 없었다.

그러자 아전과 관노들이 몽둥이를 들고는 뜰에 모여 있던 백성을 사정없이 내리쳤다. 그리하여 백성이 모두 뿔뿔이 흩어졌다. 이계심도 혼란해진 틈을 타서 도망가 숨었는데, 관리들이 이계심을 잡고자 하였지만 끝내 찾아내지 못했다. 이 소문이 한양에 파다하게 퍼졌는데, 소문이 와전되어 "곡산의 백성이 들것에다 부사를 담아 객사 앞에 버렸다."는 소문까지 들렸다.

약용이 곡산에 부임한다는 이야기를 들은 관리는 약용에게 와서 말하기를 "주동자 몇 놈을 잡아 죽이라" 고 하였다.

채제공도 이 일에 흥분하여 기강을 바로 잡아야 한다고 벼르고 있었다. 약용이 곡산에 부임하기 위해 곡산 땅에 들어서자 길을 막고 12조목의 호소문을 가지고 간청하는 자가 있었다.

그가 바로 이계심이었다. 약용은 이계심에게 "따라오라"고 말했다.

그러자 아전이 말했다.

"이계심은 체포령이 내린 죄인입니다. 법에 따라 포승줄로 결박을 하고 칼을 씌워 따라오도록 함이 마땅합니다."

"그럴 필요 없다. 이미 자수한 자는 달아나지 않는다"

약용은 관청에 올라 앉은 후에 이계심을 불렀다. 그로부터 전후 사정과 자초지종을 모두 다 듣고, 또 이 일에 대한 증언을 모두 듣고는 이렇게 말했다.

"한 고을에 모름지기 너와 같은 사람이 있어서 형벌이나 죽음을 두려워하지 않고, 만 백성을 위해 그들의 원통함을 폈으니 너와 같이 용기 있는 사람은 천금을 주고 사야할 사람이다. 오늘 너를 무죄로 석방한다."

이계심을 석방하고 면죄해 주었다. 주위 아전들에게 말했다.

"누구든지 이 일에 대해 더 이상 고소하지 말라"

약용은 백성들 입장에 서서 판단을 했다. 억울함을 호소하기 위한 행동을 관리들은 기강이 해이하다고 보았다. 그러나 약용은 오히려 백성들은 이런 소리를 낼 줄 알아야 한다고 역설하였다.

이 소리를 들은 이계심은 그간의 고심이 큰 탓인지 한없이 눈물을 흘리면서 약용에게 감사를 표했다.

이계심은 의협심이 강한 사람이다. 남의 고통을 보고 대신 나서서 관청에 호소하기 위해 백성들 앞장서서 행동했던 것이다.

이계심은 곡산에 사또가 부임한다는 소리를 들었을 때, 자신이 자수했을 때 자신과 이웃에게 더 큰 화가 미치지 않을까? 하는 두려움도 있었다.

그러나 신임 부사 약용의 백성의 입장에 서서 판결하는 현명한 판단에 가슴이 뛰었다. 약용의 말 한마디가 백성들의 원통함을 풀어주었으며 죽음의 계곡에 떨어진 곡산 백성을 즉시 일으켜 세웠다.

이 일에 대한 판결을 알고자 밖에서 긴장하며 기다리던 백성들은 처음에는 발을 구르며 "이제 우리는 어떻게 하오!" 하면서 긴장하고 귀를 기울이고 있었다.

그런데 갑자기 관청에서 들려오는 우레와 같은 환호의 소리에 모두다 일제히 "이젠 살았다" 며 안도의 숨을 내쉬며 감격하였다.

저마다 "금번 사또는 우리의 억울함을 풀어주기 위해 하늘이 보낸 분이다. 이번 사또는 다르다"고 하면서 칭송을 아끼지 않았다. 이 소문은 금새 곡산뿐만 아니라 주변 고을에 퍼졌고, 너도 나도 이 일에 대해 말하기를 즐거워했다. 관리의 세도가 무서웠던 시절에 천 여명이 한꺼번에 관청에 가서 억울한 일에 대해 항의했다가 오히려 죄인이 되버린 판국이다.

언제 포졸들이 집안에 들이 닥칠지 모르는 긴박한 시간을 보내면서 곡산 백성들은 그간 편히 잠을 이룰 수 없었다.

아전과 관노들은 이계심을 잡겠다고 집집마다 수색하고 다녔으며, 이계심과 동조했다는 누명을 쓰고 있는 백성들과 밖에서 관청의 소식을 듣고자 숨을 죽이면서 귀를 기울이는 백성들은 어떤 결과가 나올 것인지에 대해 촉각을 내세웠다.

정말로 일촉즉발의 심각한 위기속에서 약용의 말 한마디는 죽은 목숨을 살려주는 생명 줄과 같았다.

36세의 약용으로서는 처음하는 판결이었지만 백성을 사랑했기 때문에 가능한 판결이다. 이처럼 문제의 근본 원인을 찾아서 객관성을 갖고서 억울하게 피해를 보는 자가 없도록 하는 세심한 노력은 목민관이 되게 하는 원동력이다.

당시 굳어진 관념에 젖은 거만한 관리들과는 너무나 달랐다. 그들과 약용이 다른 점은 애민 정신이 있었다는 점이다.

약용의 가슴에는 의를 위한 불 길이 있었다. 의로움의 잣대로 공평하고 공정하게 백성들을 돌보는 것이 진정한 목민관 임을 알고 있다. 약용은 말했다.

"고을 원님이 밝게 일을 처리하지 못하는 까닭은 백성들이 교활해져서 억울하게 당하는 폐막을 보면서도 관장에게 항의하지 않기 때문이다." (사암선생연보)

이 재판을 들으면 들을수록 마치 춘향전을 보는 것처럼 가슴을 뛰게 한다. 이미 약용은 조정의 관리로부터 엄하게 처벌해야 한다는 말을 듣고 또한 주동자 몇 명을 죽여야 사건이 마무리된다는 말을 들었다. 하지만 판결 주문의 이유가 명백하다.

그것은 불의한 것에 대해 죽음을 불사하고 관청에 항의할 줄 아는 사람이 있어야만 관이 밝은 정치를 할 수 있다는 것이다.

오히려 관청에 항의한 이계심에 대해, 천 냥을 주고라도 사야 할 사람이라고 높였다. 또 이런 사람이 있어야만 원님이 눈이 밝아지게 된다고 하였으니, 양심이 있는 자라면 이 주문에 대해 더 이상 반기를 들 수가 없었다.

다른 관리들은 백성들의 원통함을 풀기보다는 그저 백성들에게 엄포놓기에 급급하였는데, 약용은 진정한 곡산의 주인은 관리가 아니라 백성이라는 사실을 말하고 있다. 이는 성호의 가르침이기도 하다. 약용은 부친과 장인이 예천 현감과 병마절도사로 있을 때 아전의 농간에 의해 탄핵을 받았기 때문에 농민의 사정을 누구보다도 잘 안다.

– 원칙대로 하라

곡산에 기금을 관리하는 보민고(補民庫)라는 제도가 있다. 약용은 보민고에 해마다 돈이 천 냥이나 과하게 쌓이고 있음을 보았다. 약용이 그 이유를 물었다.

"어찌하여 그렇게 많은 금액을 징수하는가?"

"그것은 감영에서 꿀에 부과하는 세금 때문입니다. 본래는 봄, 가을에 하얀 꿀 3말과 노란 꿀 1섬을 징수합니다. 그런데 감영에 있는 아전들이 하얀 꿀 6말을 받고 노란 꿀 1섬은 하얀 꿀 2섬으로 받아서 저장한 것입니다. 하지만 장부에 기록된 실제 액수는 다릅니다. 실제 액수는 공문대로 합니다."

"감영에서 하나를 구하는데 수령이 둘을 바치고, 감영에서 누런 것을 구하는데 수령이 흰 것을 바치는 것은 아첨이다. 그 숫자와 색깔을 공문대로만 바치도록 하라."

"그렇게 하면 반드시 말썽이 납니다. 감영에 딸린 아전들은 승냥이나 이리와 같은 자들입니다. 그들에게 손해가 나거나 죄를 짓게 되면 돈을 허비해야 할 것이고, 또 그들은 백성에게 찾아가서 징수를 합니다. 그러니 원칙대로 한다면 그전대로 하는 것만 같지 못합니다. 눈을 감아 주시는 편이 낫습니다."

"일단 가보라."

아전들이 감영에 와서 말하고자 했지만 그들을 만나주지 않았다. 아전들이 약용의 상관인 감사의 보좌관에게 일러바쳤다.

감사가 말했다.

"저 사람은 곡산의 백성을 등에 업고 있고, 나는 입만 가지고 있다. 그래서 다툴 수 없는 일이다. 정약용 부사의 말대로 받아들이라."

약용은 정의로운 처신에 대해서는 상관의 눈치나 과거 전례와 관계없이 아전의 농간을 두려움 없이 뜯어 고쳤다. 곡산 부사로 있는 3년 동안 이와 같이 하여 오히려 보민고의 남은 돈이 해마다 천 냥이 늘었다.

- 치안을 바로잡다

곡산에 김오선이라는 사람은 장터에 소를 사러 갔다가 돌아오지 않았다. 아들이 찾아 나섰는데, 10여리 떨어진 곳에서 시체를 발견했다. 사체에는 목과 가슴과 배에 칼자국이 네 군데나 있었다. 그 마을 사람들은 김오선이 도적에게 살해된 줄 알았지만 후환이 두려워 관청에 그 사실을 숨기고 있었다. 그리고 시체를 매장해버렸다.

오랜 뒤에 약용에게 이 사건에 대해 고하는 자가 있었다.

약용은 현장에 답사하여 조사하였다. 현장을 조사하고 돌아오다가 마을 사람들을 불러 이리저리 캐물었지만 그 진상을 바르게 말해주는 이가 없어 규명하지 못했다.

밤이 되어 비로소 도적의 단서를 얻어서 곧바로 토졸 수십 명을 풀어 '영풍촌'을 급습하여 살인범 김대득의 얼굴을 아는 자를 잡아서, 계략을 일러 주고는 곧바로 체포하였다.

그를 잡아서 곡산부의 문 앞 시가지에서 곤장을 쳐서 죽였다. 도적의 무리가 이 소문을 듣고는 모두 도망가고 감히 얼씬거리지 못하였다.

– 약자를 배려하다

곡산 읍에 귀양살이하는 사람들이 10명이 있었다. 이들을 400호 주민이 날짜를 정하여 돌려가며 먹을 것을 해결해 주었다. 주민들은 이 일을 매우 곤혹스러워 했다. 주민들은 자신들도 먹을 양식도 없는데 이들을 돌보고 먹여 주어야 하기 때문이고, 유배자들은 유배자대로 얻어먹는 고통이 동냥하는 것보다 더 심했다.

그래서 유배자들은 날마다 울부짖으며 죽기를 바라고 그들을 돌봐주는 주민들도 매우 곤란스러워 했다. 약용은 말했다.

"해가 지면 모든 새들이 다 집으로 가는데 귀양 온 사람은 들어갈 집이 없고, 해가 뜨면 연못의 고기도 먹을 것을 기대하는데, 이들의 배고픔을 물어보는 사람이 없다. 주변에서는 제각기 부모, 형제, 처자가 떠들썩하게 지껄이며 서로 즐기는데 이들에게는 가까이 지낼 사람도 없다. 또 심한 겨울 추위와 지루한 여름 날씨에 질병으로 신음할 때는 가족의 보호를 받는 종들보다도 못하니 이 세상의 괴로움이 이보다 더 심한 것은 없다. 더구나 죄의 실상이 반드시 모두 법에 적중하는 것도 아닌 경우가 많다. 남의 모함 때문에 범죄에 걸리기도 하고 목민관의 노여움 때문에 죄인이 되는 것이 대부분이다. 나는 일찍부터 그러한 점을 민망하게 여겼다." (제겸제원절목기)

약용은 실용적인 방법을 창안해 냈다.

화전세 100여 결을 기금으로 겸제원(兼濟院)이라는 기구를 세워서 기와 집을 한 채를 사서 귀양온 자들을 거처하게 하고, 백성들에게서 해마다 500냥을 거두어 그 돈으로 곡식 비용을 삼았다. 이 기구로 인해 주민들은 더 이상 먹는 문제에 대해 부담이 없어졌고 유배자들도 걸식하지 않아도 되었다.

사회적 약자나 갇힌 자들에 대한 약용의 배려는 다른 관리들이 미처 생각하지 못한 부분이다. 거만한 관리들은 절대 생각하지 못한다. 백성을 향한 진정한 사랑이 없으면 겉으로 생색을 낼 수 있을지언정 이런 생각은 나올 수 없다.

– 청사를 새로 짓다

관청 건물이 오래되어 허물어지니 아전들이 신축하기를 청했다. 약용은 즉시 대답하는 것을 늦추고 설계도를 그려 그 칸수를 계산해 두었다. 대들보, 기둥, 서까래, 문짝을 여닫는 축 인 문지도리, 문설주 등의 재목을 소나무, 홰나무 등 여러 종류의 목재 중에 크고 작은 것을 선별하여 실제적으로 필요한 재료를 산정했다.

이렇게 분배를 한 뒤, 아전과 장교를 파견하여 하루 안에 재목을 베도록 지시했다. 그리고 수레를 만들었다.

약용은 아전과 장교들과 노예들을 불러 말했다.

"너희들은 이 집이 누구를 위한 것인지 아느냐? 나는 내년에 다시 어느 곳에 가 있을지 알지 못하므로 이 집 주인이 아니다. 백성이 간혹 뜰에 들어오기는 하지만 비 내릴 때 이곳에서는 쉴 수 없고, 깊은 산골에 사는 자는 평생 이곳에 들어오지도 못한다. 그렇다면 결국 이 집 주인은 너희들이 아닌가?"

마침 비가 왔고 추운 날씨로 인해 빙판 길이 되었고 개울과 땅이 모두 얼어붙어서 목재를 운반하기 매우 어려웠음에도 불구하고 아전과 장교들은 자신들의 집이라고 여겨 자발적으로 일을 하였다. 약용은 청사를 짓는데 유형거와 삼륜거를 제작하여 물자를 옮기기 쉽도록 하였다.

그리고 아전과 장교들로 하여금 힘을 기울이도록 격려했다. 결국 백성의 고통을 최대한 줄여서 청사가 완공되었다.

– 관고(官庫)의 규정을 재정비하다

곡산에는 보민고 · 고마고 · 보폐고 · 군수고 · 칙수고 · 군기고 · 양현고 등이 있었다. 이는 유사시에 사용하기 위해 준비해 놓는 일종의 비축 재산이다. 그런데 이것을 가지고 농간질이 많았다. 약용은 절목(節目)을 바꾸었다.

매년 써야 할 물건은 지출하고, 갑자기 지출되는 물건에 대해서만 장부에 기록하도록 했다. 이렇게 하게 되니 더 이상 아전들이 재산을 가지고 농간질을 하지 못하게 되었다.

그래서 연말에는 창고에 남은 재정이 5, 6백 꿰미나 되었고 적은 곳에는 수십 꿰미는 되었다. 이것을 '애칙고(艾勅庫)'라고 불렀는데 7년 질병에 3년 묵은 쑥을 쓴다는 의미이다.

– 호적 정리

당시 조선에는 호적 정리에 대한 문제가 심각했다. 아전들은 세금을 더 많이 받아내기 위해 사람들의 호수를 늘렸다. 그래서 사람들은 관리들에게 뇌물을 바쳐 사람 수를 늘리지 말아달라고 애원하기도 했다. 약용이 말했다.

"백성은 자녀와 같고 수령은 부모와 같다. 부모가 자녀의 빈부와 허실을 살피지 않겠는가? 오늘날 수령들이 책자를 만들었지만, 엉성하고 정확하지 못하며 번잡하기만 하다. 그래서 실제로 쓸모가 없다. 이에 향관과 이교 중에서 가장 노련하다고 일컬어지는 자를 엄선하여 정확하게 마을에 사는 모든 백성의 집 · 재산 · 인구 · 소와 말의 실제 숫자 및 신분의 높고 낮음,

양역(良役)의 있고 없음을 조사하여 하나하나 기록해서 가져오라. 그리고 그들에게 여비를 지급하여 마을에서 얻어먹지 못하게 하라."

약용은 호구 조사하기 위해 떠나는 그들에게 거듭 훈시했다.

"깊은 산골짜기와 외딴 마을 작은 집은 관에서 이르지 못하는 곳이니, 조사하여 징험할 필요가 없다고 너희들은 생각할 것이다. 그러나 송사는 뜻하지 않은 곳에서 나오고 자문을 구할 수 있는 것도 무심한 곳에서 나오는 법이니, 너희들은 조심하고 삼가라."

그들이 총괄해서 일제히 조사해서 종횡표(縱橫表)를 만들었는데, 모두 12권이었다. 이로써 모든 백성의 빈부 · 허실 · 강약 · 고락이 손바닥을 들여다보는 것과 같이 분명하여 감추거나 숨기는 바가 없게 되었다.

– 과거 준비하는 선비를 재정비하다

당시 과거 제도는 일정한 정원이 없었다. 그래서 과거 시험을 핑계로 양반 행세를 하면서 일도 안하고 빈둥거리면서 놀기만하는 한량들이 많았다. 당시 박지원의 '양반전'에는 출세를 위해 글 공부하지만 능력이 부족하여, 체면과 명분만을 붙들고 있는 양반들의 부패상을 지적하였다.

그래서 약용은 지침을 내려서 유생 100여 인을 천거하게 하였다. 그리고 본인이 직접 시(詩)와 부(賦)로 시험하여 능력 없는 자는 탈락시켰다. 합격 가능성이 없는 자는 미리 골라내고 80명

을 선발하여 응시 자격을 부여했다. 이들을 '사림생' 이라 불렀
다. 일종의 예비고사와 같은 것을 치룬 것이다.

– 도적들을 소탕하다

약용에게 감사로부터 비밀 공문이 왔다.

"토산 현감이 서면으로 보고하기를 장교가 한 도적을 잡아 결
박하여 몇 리를 가고 있는데 흰 말을 탄 도적 두령이 길을 막고
서는 도적을 빼앗아 갔고 또 장교를 결박하였습니다. 산을 돌
고 물을 건너 매우 깊숙한 곳에 이르렀는데, 그곳에 산적 집단
이 있었으며 여러 두령들이 앉아 있다고 하였습니다. 그 장교
를 끌어내어 하나하나 단죄하고 돌려보냈는데, 다음 날 새벽에
는 5, 60명의 도적 무리가 관아를 습격했습니다. 호각을 불며
군사를 모으고 아전과 관노들로 하여금 접전 했는데 모두 흩어
져 달아났다고 했습니다. 곡산 부사는 감영(監營)의 장수를 겸
하도록 되어 있으니 곧바로 교졸 수십 명을 데리고 관하 여러
읍에 명을 내려 군사를 동원하여 도적의 무리들을 섬멸하도록
해 주시오."

약용은 이 서신을 아전과 장교들에게 펴 보여주었다. 그러자
아전들이 용맹한 자들을 엄선하여 진취할 계획을 세우려고 하
였다.

약용은 "그만두라." 하고는 아전 1명과 장교 1명을 뽑고는 도
적의 소굴에 가라고 명령하니, 두 사람 모두 눈물을 흘리며 제
발 살려달라고 빌었다. 약용이 이렇게 말했다.

"너희들은 두려워하지 말고 떠나도록 해라. 붉은 포승줄은 가져가지 말고 의관을 벗고 가서 내 뜻을 알아듣도록 얘기해서 적장으로 하여금 오도록 하라."

"어떻게 하시려고 그러십니까?"

"좀 더 두고 보자."

3일이 지나서 소리(小吏)와 소교(小校)가 적장 10여 명을 데리고 왔다. 그들을 조사해 보니 모두 양민이었다.

약용은 그들의 죄를 씻어 돌려보내고는, 도리어 황해도 금천 지역의 장교를 잡아다가 곤장을 쳤다. 이를 이상하게 여긴 관리들은 말했다.

"왜 그러십니까?"

"평온한 세상에는 이런 일이 없는 법이다. 내가 이 일이 무고임을 이미 알고 있었다."

약용은 양민들이 금천 지역의 장교와 결탁하여 관의 비호아래 도적질을 하고 있음을 알았다. 그래서 장교를 벌줌으로 도적들로 자수하게 해서 쉽게 도적을 소탕했다. 약용의 지혜가 이처럼 뛰어났다.

– 의학서적과 농업서적을 저술하다

약용은 홍역과 장티푸스같은 유행병으로 사람들이 죽는 것을 보면서 매우 마음이 아팠다. 어떻게 하면 백성들의 질병을 치료할 것인가를 고민했다. 그래서 중국의 홍역 전문 서적을 참고하여 마과회통(麻科會通) 12권을 저술했다.

홍역을 중심으로 그 증세를 관찰하고 치료법을 기술하였다.

부록으로 E.제너의 우두방을 소개하였다. 약용의 이 책은 우리나라 홍역 치료법의 최고라는 평가를 받았다. 약용은 자신이 공부하는 이유는 백성을 살리기 위해서 라고 밝힌다. 서문에 이렇게 기록했다.

"내가 글을 읽고 도를 배우는 것은 천하의 모든 사람을 살려내기 위함이다...홍역은 매우 속도가 빠르게 퍼지고 열이 대단하므로 순식간에 목숨이 오고 가니 세월을 두고 치료할 수 있는 병과는 다르다. 이에 세밀하게 나누고 유형 별로 모아 눈썹처럼 정연하고 손바닥을 보듯 쉽게 하여 환자들이 책을 펴면 처방을 구하고 찾기에 번거롭지 않게 했다. 무릇 다섯 차례 초고를 바꾼 뒤에 책이 비로소 이루어졌다."

약용은 왕명에 의해 임금께 농업 진흥을 위한 상소문을 올린다. 이 상소에서 기술 개발로 농사를 편리하게 하는 편농(便農)과 농민을 보호하는 행정 제도인 후농(厚農)과 농민의 신분을 높여주는 상농(上農) 세가지를 제시한다.

– 퉁소 잘 부는 사람을 만나다

약용은 퉁소를 잘 부는 장천용이라는 사람을 만났다. 그는 무례하고 관청에 들어오기를 싫어했다. 그래서 약용은 그가 자발적으로 온다고 하면 데려오고 절대로 강제로는 데려오지 못하도록 지시하였다. 예술가들의 성격을 알기 때문에 자유롭게 선택하도록 주의하였다.

사또가 보고 싶다고 전하니 어느 날 갑자기 맨 발에 술에 잔뜩 취해서 찾아 왔다. 그는 인사도 없이 앉아서는 크게 웃더니만 술을 달라고 졸라댔다.

그에게 술을 주자 실컷 마시고는 그 자리에 쓰러져 잠을 잤다. 잠이 깨어서는 그림에 재주가 있다고 하면서, 비단 폭을 가져오게 하여 산수, 신선, 중, 괴조(怪鳥), 천년 묵은 덩굴, 고목나무 등을 그렸다.

그는 주로 용과 귀신이 싸우고 두꺼비가 달을 잡아먹고 토끼가 방아를 찧지 못하게 하는 그런 괴이한 그림만을 그렸다. 그러나 부녀자는 그리지 않았다.

그림이 현란스럽기는 하지만 어색한 데가 없고 모두 신비로워 사람들의 상상으로는 미치기 어려운 점이 있었다. 특히 세밀한 부분까지 섬세하게 그려서 바로 살아 있는 듯하였다. 보는 사람마다 깜짝 놀라 경탄하지 않는 사람이 없었다.

한참 뒤에 그는 붓을 놓고 술을 마셨다. 또 곤드레 만드레 취하여 부축을 받으며 자기 집으로 돌아갔다. 이튿날 또 그를 불렀으나 이미 거문고를 메고 통소를 하나 차고, 금강산에 들어갔다고 하였다.

그는 아내가 있지만 얼굴은 못났고, 오래 전부터 중풍으로 쓰려져 마비 증세까지 있어서 바느질도 밥 짓는 일도 애도 낳지 못했다.

더구나 성질까지 어질지 못해서 항상 누워서 남편에게 욕을 퍼

부어 댔지만 그는 꼼짝않고 그 욕을 다 받아주고 부인을 보살펴 주는 일을 게을리 하지 않았다.

그의 모습은 헝크러진 쑥대머리였으며 어깨는 가야금을 매고 왼손에는 피리들고 봄이면 묘향산으로, 가을이면 금강산에 가서 머물다가 온다. 집에서 갈 때 입은 무명 옷은 거지와 옷을 바꿔 입어서 언제나 남루한 옷을 입고 있었다. 그는 배고프면 이웃집에 가서 술을 얻어먹고 그림을 그려서 그날 팔아 그날 먹고 살았는데, 비오는 날 아침이 되거나 달뜨는 저녁이면 약용에게 찾아와서 속엣 말을 털어놓았다.

약용 역시도 이런 그의 모습을 허물하지 않았다. 약용 자신도 외가로부터 예술성을 이어받았기에 그의 자유로움을 잘 알고 있었다.

- 평 -

　영국의 토마스모어는 그의 책 유토피아에서 당시 사회 현실에 맞지 않는 엄격한 법과 남의 노동으로 살아가는 다수의 귀족, 전쟁을 좋아하는 군주, 토지와 목장을 넓혀 가는 지주의 사유 재산을 비판하였다.

　목민관으로서 약용은 오랜 관행으로 쩌든 적폐 청산을 했는데, 역동적이면서 지극히 현실적이고 논리적이면서 실제적이다.

　그는 목민관으로서 당장 할 일을 뒤로 미루지 않는다. 백성들의 고통이 현재 있다면 현재 해결하고 살길을 열어주었다. 오히려 오래전에 지나간 사건도 지금 알게 되면 파헤쳐 억울함을 풀었다.

　만사에는 때가 있는 법이다. 현재는 지금이고 지금은 당장 그 일이 필요한 시점이다. 그러므로 현재 하지 않으면 하지 않는 것이다. 내일은 아직 오지 않은 시간이고 어제는 이미 없어진 시간에 불과하다.

　인간은 현재를 디디고 더 높은 상태로 나아가는 존재이다. 더 높은 상태로 올라갈 수 있는 것은 현재가 있기 때문이다. 그렇지 않으면 더 나은 세상을 건설할 수 없다.

　이런 약용의 태도는 백성을 위한 봉사가 매우 실천적이고 지체하지 않았다는 것을 말해준다. 이미 지난 일이고 그냥 넘어가도 될 일이지만, 누군가로부터 미심쩍거나 희생자가 있다면, 지체하지 않고 그 날로 시행한다.

약용은 곡산 부사로 있으면서 근본적인 작업을 시행한다. 먼저 잘못된 관행을 깨뜨리고 백성의 입장에서 효율적인 제도를 고쳐 나갔다. 이미 조선 사회는 관리들이 권력으로 밀어부치거나 글을 알지 못하는 무지한 백성들을 속여서 수탈하는 것을 당연하게 여겼다. 관리들은 아전들이 세금을 많이 거두어서 창고에 쌓여있는 것을 보고 어찌하여 이렇게 곡식이 많은가를 물어보지 않았다. 그러나 약용은 무언가 이상하다 싶으면 세밀하게 물어보고 잘못 거두어 들였다면 곧바로 조치를 취했다.

이처럼 약용은 상황에 맞게 다양한 해결책을 제시한다.

햇빛이 프리즘에 들어오면 다양한 색깔로 퍼진다. 약용은 보편타당한 진리를 모아 지혜로 풀어나간다. 이런 약용의 처방은 오랫동안 허덕이던 백성들에게는 시원한 냉수와 같았다.

그리고 약용은 언제든 백성의 편에 서 있었다. 그는 공정하게 일을 처리하는 것이 습관처럼 몸에 배였다. 약용이 곡산 부사로 부임하던 날, 이계심 사건을 처리한 것을 보면 너무나 감격스럽고 가슴이 뭉클해진다. 마치 춘향전을 보는 것 같이 극적이고 가슴을 시원케 해준다.

당시 백성들은 너무나 오랫동안 체념한 삶을 살았기 때문에, 자신들의 항거가 어떻게 폭력으로 되돌아 올른지 걱정하였다. 그러나 약용은 이런 걱정을 한 방에 해결해 버린다. 한 편의 드라마도 이렇게 쓸 수 없을 정도이다. 약용은 문제를 인식할 때 중앙 관리들의 말을 듣고 처리하는 것이 아니다.

직접 당사자로부터 자세하게 듣고 근본적인 문제가 무엇인지를 살펴본 후에 객관적이고 합리적으로 문제를 해결한다. 이것이 진리를 찾아가는 구도자의 자세이다.

도적 떼의 문제도 그렇다. 도적이 된 원인이 관과 결탁해서 벌어진 것임을 알고, 먼저 금천 지역의 장교를 잡아들이자 실타래처럼 모든 것이 풀려진다. 약용은 이미 그들이 도적이 되고 싶어서 된 것이 아니라는 사실을 잘 알고 있었다.

중앙에 올려 바치는 관습에 대해서도 합당하지 않으면 하지 못하도록 막았다. 이 일로 중앙 관리들과 마찰이 있고, 또한 약용에게 불이익이 있을 수도 있었지만 약용은 과단성 있게 밀어부쳤다. 약용 특유의 과단성이다.

이는 아버지로부터 배운 목민관으로써의 지혜도 있었지만 이는 배워서 될 일이 아니다. 약용은 선을 추구했고 선을 목표로 하는 합리적 판단력은 그를 지혜로 이끌었다. 고로 조선이라는 세상에서 가장 필요한 부분이 '합리성'이라는 처방전이다.

올바른 원리 즉, 진리를 가지고 합리적 방법으로 문제를 해결해 나가는 것만이 조선이 살 길이다. 정의를 알아도 또한 진리를 알아도 실천하지 않으면 그것은 무용지물에 그친다. 순수하고 총명한 약용은 정의를 원하고 있으며 순수하기에 그 일을 직접 실행하였다. 머리로 앞뒤를 계산하는 자들은 결코 의로운 일에 뛰어들 수 없다. 이것이 당시에는 미련하게 보이지만 후대 역사가들이 볼 때는 약용의 지혜이며 매력이다.

중앙관리 시절

 약용은 2년 동안 곡산 부사의 임무를 마치고 상경하던 길에 동부승지에 제수되었다. 약용은 궁궐에 입궐하라는 임금의 명으로 임금에게 나아갔다.

 임금은 약용이 곡산에 가서 어떻게 일을 처리하고 오는가를 알고 싶어서 장계가 올 때를 기다리면서, 이계심 사건과 같은 장계를 유심히 읽어 보았다. 정조는 웃으면서 부드럽게 말했다.

 "본래 가을을 기다려 오게 하려고 했으나 마침 큰 가뭄이 들어 여러 가지 형사 사건을 심의하려고 너를 불렀다. 내가 황해도에서 일어난 의심스러운 재판에 대해 다시 조사한 그대의 장계를 보니 그 글이 명백하고 절실했다. 글 잘하는 선비가 뜻밖에 형사 사건에 대하여 잘 알고 있기에 너를 소환했다."

 임금은 환갑이 넘은 형조판서 조상진을 불러서 말했다.

 "경은 늙었으니 베개를 높이 베고 쉬면서 참의에게 맡기시오. 참의는 나이가 젊고 매우 총명합니다."

약용에 대한 임금의 신임이 더욱 두터웠다.

약용은 악의가 없는 사건에 대해서는 무조건 처벌하기 보다는 어느 정도 형벌을 낮추어 교화를 했다. 민의를 중시하는 정조가 볼 때, 약용의 이런 처신이 매우 마음에 들었다. 정조는 약용을 불러 매일 밤늦게까지 이야기를 나누었다. 노론 벽파는 긴장했다. 도대체 무슨 이야기를 나누는지 궁금해서 잠을 자지 못했다. 악인들은 정직하지 않게 항상 엿보고 기회를 찾는 것이 특징이다.

– 밀지를 받다

약용이 황해도 황주의 영위사로 50일 동안 있게 되었다. 영위사는 청나라 사신을 접견하는 임시 벼슬이다. 이때 임금은 약용에게 비밀리에 황해도 목민관을 감찰하도록 지시했다.

일종의 암행어사인 셈이다. 약용이 언제나 사심없이 객관적으로 일을 처리하기 때문에 임금은 이런 직책을 약용에게 주었다.

약용은 황해도 목민관에 대한 암행의 임무를 수행했다.

약용은 이때 두 건의 재판을 임금에게 아뢰게 된다. 임금은 감사 이의준에게 명하기를 정약용을 통해서 그 사건을 처리하라고 지시하였다.

이의준이 정약용에게 사건을 의뢰하여 공정한 재판으로 해결되었다. 임금은 사건의 해결 소식을 듣고는 약용을 형조 참의를 제수하였고 형조의 미해결 사건을 해결하는 발판이 되었다.

황해도에 조윤대가 감사로 부임했다. 황주 병사 정학경이 신임 감사를 맞이하는 예를 행하려고 하였다. 그런데 감사가 무과 출신인 병사를 얕보고 직접 인사를 받지 않고 부하에게 대신 인사 받도록 했다. 조윤대는 대사헌, 이조 판서 등의 정경 벼슬을 지냈기에 아랫사람을 무시하였던 것이다.

이 일로 정학경이 그런 예가 없다고 하면서 응하지 않았다.

감사 조윤대가 장계를 올려 정학경을 파직시키려 하였다. 이때 약용이 감사를 만났다.

"덕망 있는 재상께서 장계를 올려 병사를 파직시키려 하신다니 이것이 사실입니까?"

"그렇소."

"원수가 부원수보다 높다고 생각하십니까?"

"그렇소."

"그렇지 않습니다. 중국 당나라 시절에 이소라는 자는 직접 싸워서 난을 평정했습니다. 그 공로로 인해 배도라는 자가 재상이 되었습니다. 지금 병사는 이소와 같고, 감사는 배도와 같습니다. 부하의 댓가로 재상이 되었는데, 인사를 받지 않으시고 파직시킨다면 이치에 맞겠습니까? 비록 현령과 같은 아주 작은 벼슬이라도 달게 여기지 않는다면 어떻게 정당한 행위를 이길 수 있겠습니까? 저 사람은 곧고 우리는 굽은 상태이니, 그만두는 것만 같지 못합니다."

약용의 합리적이고 설득력있는 말에 감사 조윤대가 곧 깨닫고는 그 말에 승복하였다. 약용의 지혜로 병사 정학경은 파직을 면할 수 있었다.

그 시대에 관료들은 권위 의식을 가지고 자기 마음에 들지 않으면 탄핵하거나 파직시키는 것을 대수롭지 않게 여겼다.

유교 문화권에서는 대체적으로 동생이 형을 섬기고 신하가 임금을 섬기고 자식이 부모를 섬기는 규율을 갖고 있다.

하지만 약용은 아랫 사람들의 수고와 노력을 높이 사는 자세를 가지고 있다. 약용의 이런 겸손한 봉사 정신의 바탕에는 천주교에서 배운 정신이 가미되었음을 알 수 있다. 천주교에서는 스승이 제자의 발을 씻겨주는 낮아짐의 자세를 가르친다.

벼는 익을수록 고개를 숙인다고 하였다. 다른 사람들은 모두 교만하여 위세를 떨치려고 할 때, 약용은 반대로 겸손을 가장 높은 미덕으로 여기고 있다. 여기에서 약용의 지혜가 움트는 것을 알 수 있다. 이것이 약용의 매력이다.

- 중국 칙사 대접

하루는 황혼 녘에 임금이 약용을 특별히 불러서 말했다.

"오늘 그대를 부른 것은 형조의 일 때문이 아니다. 네가 황해도 곡산에서 왔으니 황해도 전역의 폐단과 백성의 고질적인 문제를 알고 싶어서이다. 네가 알고 있는 점을 소상하게 말하라." 약용은 서슴없이 중국 칙사를 대접하는 일과 황해도의 폐해에 대해 새벽 1시까지 임금에게 소상하게 아뢰었다.

중국 사신을 대접하는 데 드는 비용을 기록한 문서에는 다음과 같이 기록되었다.

"신이 중국 칙사를 대접하는 일에 대해서 감히 아룁니다. 병진년(1796년)에 중국 칙사가 온다는 기별이 있었을 때, 응당 제공해야 할 각종 물품을 준비하지 않은 것이 없었습니다. 칙사가 떠난 후, 단청을 수리하는 데 드는 비용만 허락해주고, 나머지 물자는 감영으로 하여금 마감하게 하였습니다. 이번 물자도 중국 사신 접대에는 대부분 쓸 수 없는 것이었습니다. 그래서 비용에 관한 장부를 다시 사용할 수도 없고, 각 읍 간에 서로 비용을 떠넘기려고 신경전을 펴고 있습니다. 신이 생각하건대, 배당을 해준 뒤에는 감영에서 그것의 출입(出入)을 묻지 않는 것이 명령을 신뢰하도록 하는 도리에 합당할 것입니다."

약용은 중국 칙사를 대접하는 비용에 대해, 준비 물품이나 비용을 하나하나 개별적으로 계산하기 어렵고 서로 지역 간에 떠넘기기 식으로 하기 때문에 칙사가 올 때마다 계산이 복잡하게 된다는 점을 말하고 있다. 서로 믿고 대접해야 하는데, 돈 계산으로 일을 그르칠 염려가 있는 점을 지적한다.

약용의 융통성과 합리성이다. 약용은 작은 일로 책임의 한계를 떠넘겨서 시비가 될 것을 사전에 미리 차단한다. 합리적인 방법으로 일을 하도록 하자는 건의이다. 요즈음 말로 영수증 처리에 모든 일이 제대로 돌아가지 않음을 말하고 있다. 손님 대접하는 일은 융통성 있게 하자는 의견이다.

- 소에 관한 문제

 약용은 임금에게 또 하나를 건의한다. 초도의 둔전에서 키우는 소에 관한 문제이다.

 "신이 황해도에 있을 당시 초도라는 섬에 주민을 이주시키고 소를 지급한 일에 있었음을 들었습니다. 이에 대한 내용을 아룁니다. 당초 진(鎭)을 설치할 때 그곳에 들어가서 농사를 지을 백성을 모집하여 소 몇 마리를 지급해 주고서 번식시키도록 했습니다. 중간에 암소의 수를 계산하여 송아지를 징수했는데, 해마다 숫자를 늘려 한 마리당 15냥씩 돈으로 바치게 했습니다.

 갑진년(1784) 겨울에 우릿간에 기록된 숫자가 47마리에 불과하던 것이 지난해에는 221마리로 늘어나, 섬 주민 11명에 배당하니 한 사람당 소 23-24 마리 씩 책임을 지게 되었습니다. 그러나 실제로는 섬주민은 한 명도 생존한 사람이 없고, 한 마리 소도 남아 있지 않았습니다. 그래서 이웃에서 징수하고 친족에게서 징수하는 사태가 벌어졌습니다. 결국 장연, 풍천 지방의 백성은 견디지 못해 우보를 작성해서 매번 관청에 들어갈 때마다 소 문제를 송사하였습니다. 심지어 누구의 소는 누구와 이종사촌 간이라는 말까지 있습니다. 이에 듣고 판결하는 사람이 놀라고 의심하며 원망과 비방이 물 끓듯 일어났습니다. 감사 이의준이 스스로 돈 수천 냥을 마련하여 섬 전체의 소 값을 갚아주려고 했지만 실행되지는 못했습니다. 이와 같은 폐단을 개혁한다면 단지 한 섬만이 은택을 입는 것이 아니요, 황해도

여러 읍의 백성까지도 만연된 근심을 면할 수 있게 될 것입니다." (초도둔우계)

약용은 고질적으로 악화된 병폐를 일시에 해결하자고 임금께 건의를 한다. 이런 보고를 들은 임금은 즉각 명령을 내려 소의 장부를 모두 없애 버리도록 했다. 지역 주민이 그 해결을 듣고 얼마나 기뻐했을 지 상상이 된다. 장부에만 적혀있는 소 값을 물어야 하니 그 고통을 이해할 수 있다.

약용은 현실주의자이다. 현실을 정확하게 인식한다. 현실의 바탕 없이 행동하는 것은 공상과 망상이다. 현실이 있으면 그것은 희망이 된다. 약용의 시각은 늘 현실의 바탕 위에서 합리성을 가지고 움직인다. 그리고 임금은 현실에 맞게 즉각적으로 시행하였다. 현실을 정확하게 분별하는 신하와 신하를 믿고 실행하는 임금의 조화이다. 약용으로 인해 황해도에 고질적인 병폐가 하나 하나 제거되었다.

– 신덕왕후의 비를 세우다

신덕왕후(~1396) 강씨는 태조 이성계의 둘째 부인이다. 약용은 그곳에 사는 전해 내려오는 이야기를 듣게 된다. 그래서 주변 사람들에게 수소문하고 돌기둥을 조사하고는 임금께 아뢰었다.

"곡산부에서 동쪽으로 5리쯤 떨어진 곳에 궁허라고 하는 곳이 있습니다. 그곳에 돌기둥 한 쌍이 있는데, 옛날 노인들이 전하는 말에 '신덕왕후 본궁' 이라고 합니다. 뒤에는 용봉이 있고,

앞에는 연못이 있는데, 지세가 보통과 다릅니다. 옛 노인들이 말하기를 태조대왕이 영흥으로부터 개성을 왕래할 때 이 시내에 이르러 갈증이 매우 심했는데, 이때 왕후가 마침 시냇가에서 물을 긷고 있었습니다. 태조가 물을 청하므로 왕후가 물을 한 바가지 떠서 그 위에다 버들잎을 띄워 드렸습니다. 태조가 이를 보고 화를 내니, 왕후가 말하기를 '급히 마시면 숨이 막힐까 염려되어 그랬습니다.'라고 말했습니다. 태조가 그 말을 기특하게 여겨, 마침내 예를 갖추어 아내로 맞이했다고 했습니다.

 또 곡산 북쪽 80리에 있는 가람산 남쪽 길가로 산꼭대기가 있는데, 그 고장 사람들이 그곳을 '치마곡'이라고 부릅니다. 그 북쪽에 태조성이 있는데, 옛 노인들의 말에 의하면 '태조가 일찍이 이 산에서 말을 달리며 말 타기와 활쏘기를 익혔다.'라고 전해 오고 있습니다. 신이 삼가 살펴보건대, 신덕왕후의 본적은 곡산이요, 친정아버지는 상산부원군 강윤성인데 상산은 바로 곡산의 별명입니다. 또한 함흥, 영흥으로부터 개성으로 가려면 곡산은 지름길입니다. 대체로 고원으로부터 서쪽으로 양덕을 거쳐 남쪽으로 곡산을 경유하게 되면 노정이 가장 가까우니, 옛 노인들의 말이 일리가 있습니다. 또한 돌기둥이 궁가의 물건이 아니라는 법이 없습니다. 감사 이의준도 친히 그 형상이 남아 있는 것을 살펴보고 유적이 분명하나 문헌이 없는 것이 한스럽다고 했습니다. 신이 생각하건대, 버들 잎을 바가지에 띄워 드렸다는 사실은 야사에 실려 있으나, 이곳에 사는 사람들은 야사를 보지 못했을 것이니, 옛부터 전해오는 말이라고 생각됩니다. 이곳은 태조께서 왕업을 일으킨 사적과 연관이 있는 곳이니, 돌기둥의 곁에다 비를 세우고 각(閣)을 세우는 것이 밝게 다스려지는 시대의 융성한 일이 되지 않을까 생각합니다."

– 재판의 건에 대해

한양의 죄수 함봉련이라는 자는 살인 사건에 피의자가 되어 7년 동안 옥살이를 하고 있었다. 임금이 약용에게 "의심스러운 옥사이니 자세히 살펴서 논계하도록 하라."고 지시했다.

약용은 초기에 조사한 문서를 가져다가 잘못된 점을 지적하고 봉련이 억울하게 갇혀 있음을 천명했다. 약용은 이렇게 말했다. "김복선의 말은 함봉련이 땔나무를 지고 돌아오는 길에 죽은 그 사람을 손으로 등을 밀어뜨렸는데, 그로 인해 죽었다고 했습니다. 만일 그의 말대로 하면 상처가 등에 있어야 하고 원인은 밀어뜨림을 당한 것에서 벗어나지 않았어야 하는데, 지금 이 시체 검안서의 상처는 도리어 가슴에 있고 그저 약간의 구타당한 정도로 돌려 버렸으니 어찌 착오가 심한 사건이 아니겠습니까? 일반적으로 증인의 말을 듣고 사건을 결정지을 때는 반드시 공정한 안목을 지니고 이쪽 편이나 저쪽 편이 아닌 제삼자의 사람에게 진술을 하도록 하여 증거로 삼는 법입니다. 김복선은 처음 고발 당시에 고발 당했던 사람으로 자신이 살려고 발버둥 치고자 한 말에 불과합니다. 그 말을 그대로 믿고 인정해서 이 사건의 증거로 삼았으니 천하 고금에 이런 옥사는 없었습니다. 함봉련의 지극히 원통한 사정은 마땅히 다시 재판해야 합니다."

임금이 약용의 말을 듣고 그말이 옳다고 여기고 이렇게 말했다.

"미끼 놓은 그물에 의탁할 곳이 없는 제비가 잘못 걸렸구나. 함봉련을 즉각 내보내고 조사 기록을 불태워 버려라."

(논함봉련옥사계)

이렇게 해서 7년 동안 끌어오던 미해결 사건을 약용의 조사와 객관적 증거 제시로 그날로 즉시 함봉련을 무죄 석방하고 문서를 불태워 버리게 된다. 이에 함봉련이 크게 감격하여 큰 길거리에서 한바탕 춤을 추었다.

그는 춤을 추면서 이렇게 외쳤다.

"여보시오! 지나가는 사람들, 내 말 좀 들어보오! 내가 억울하게 7년이나 옥에 갇혔는데, 형조 참의의 상소 덕분에 임금의 은혜를 받아 억울함이 해소되어 이렇게 풀려나게 되었소! 그러니 어찌 기쁘지 않을 수도 있소! 이렇게 좋을 수가 없다오. 내가 너무나 기뻐 이렇게 저작거리 한복판에서 춤을 춘다오."

황주에 사는 신저실이라는 자는 돈 2전 때문에 사람을 밀어붙이고 지게 작대기 끝으로 항문을 찔러 죽였다는 사건에 연류되었다. 그 사건을 조사한 관리들이 모두 사형이라고 말했다.

하지만 약용은 과실치사 임을 알고는 말했다.

"공교롭게 일어난 일이니 용서해주는 것이 마땅합니다."

임금이 특별히 정상 참작하여 풀어주면서 판결하면서 말했다.

"지극히 조그만 것이 항문이고 지극히 뾰족한 것이 지게 작대

144

기 끝이니, 지극히 조그만 구멍을 지극히 뾰족한 끝으로 찌른 일은 천하에 지극히 우연한 일이다."

 결국 신저실은 풀려나게 되었다. 매우 객관적인 판결이다.

 오늘날에도 실수로 사람이 죽는 경우에는 '과실치사' 라고 한다. 약용은 과실치사를 별도로 처리하였다.

 약용은 고의에 의한 것인지 아니면 실수인지를 분별하였다. 그래서 악의가 아니면 관대함을 가지고 판단했다. 의도를 먼저 파악했던 것이다. 이는 대단히 중요한 일이다.

 법의 잣대로 사건 자체만 가지고 판단하면 사건의 본질이 묻혀질 수 있다. 고로 의도와 함께 팩트를 보아야만 본질적 문제를 파악할 수 있고 그에 맞게 지혜로운 판결을 할 수 있다. 오늘날 형사 사건에 대해 죄질을 중요하게 보는 이유이다.

 또 약용은 재판의 시시비비를 가리는 데 있어서 초기의 문서를 살펴보고 전후 사정을 모두 살펴 본 후에 판단하였다.

 그래서 문제를 보는 시각이 남달랐다. 그래서 약용을 만나는 이들은 자유를 얻고 그간 억울하게 갇혀 있었던 감옥에서 해방이 되었다. 임금도 약용의 판단을 신뢰하고 분별력과 이해력을 크게 여겼다.

- 평 -

정조는 무척이나 약용을 옆에 두고 그와 함께 나라를 다스리고 싶었다. 다른 관료들은 주관적 도그마에 빠져서 현실을 제대로 보지 못하고 고집과 주장을 앞세웠지만 약용은 현실의 기초 위에서 문제를 보는 합리적 시각이 있었다.

약용의 합리성은 현실을 기반으로 한 객관성에서 나온다.

임금은 약용을 보면서 의외로 글만 잘하는 줄 알았는데, 뜻밖에 형사 재판까지 잘 알고 있다는 사실에 놀랐다.

임금은 오래된 옥사 문제가 있으면 약용에게 묻고 재조사해 보라고 말했다. 그리고 그때마다 약용의 판단력을 믿고 즉시 영을 내려 해결하였다. 약용은 문제를 보는 시각이 언제나 백성을 우선하였고 현실을 인정하고 통합적으로 이해하였다.

이런 능력은 약전 형님과 이벽과 같은 뛰어난 학자들과 토론으로 얻은 지혜이다. 약용은 이벽을 통해서 이런 말을 들었을 것이다.

"뱀처럼 지혜롭고 비둘기처럼 순수하라"

배를 땅에 대고 기어 다니는 뱀은 언제나 바닥에 근거를 삼는다. 고로 지극히 현실적이다. 이는 현실적인 데서 지혜가 따라오기 때문에 뱀처럼 지혜로워야 한다는 말이다. 비둘기는 공격무기가 없이 방어만 하는 새이다. 비둘기는 순결을 상징한다.

지혜와 순수가 약용의 인품을 만들어가고 있다.

사람이 지혜가 없이 순결하면 그는 세상에 섞이기 어려울 것이다. 또 순결없이 지혜만 있으면 간악하게 된다.

고로 지혜와 순결이 동시적으로 있다면 그는 빛날 수밖에 없다. 지혜롭고 순결한 사람은 자기 공로를 내세우지 않고 겸손하며 아랫 사람의 헌신을 결코 잊지 않는다.

또 약용이 거만한 부사에게 말한 따끔한 한마디는 곧 약용 자신에게 한 말이기도 하다. 섬기려는 마음에서 지혜가 시작된다.

정조는 오랫만에 마음을 시원하게 만들어주는 신하를 만났다.

정조는 약용의 지혜를 잘 활용했다. 약용은 오랫동안 장부에 적체되어 있어서 더 이상 손을 쓸 수 없는 지경에 이른 소의 문제를 한번에 해결하였다. 현실에서 출발한 해결 방법이다.

약용이 보기에 중요한 것은 장부에 기록된 숫자보다 실제적이고 현실적인 것이다.

현실과 갭이 생긴 장부는 즉시 처리해야 함이 옳다고 여겨 임금에게 장계를 올려 문제를 즉각 해결하였다. 현실적이지 않은 것은 어떻게 하든 현실과 맞아야 하고 실제적이어야 함을 목표로 내세우고 있다. 누구 하나도 임금께 현실을 직고하지 못했는데 약용은 임금에게 모든 일을 솔직하게 아뢰었다. 임금 앞에서는 어느 것 하나도 진실을 말하지 않음이 없었다.

약용의 순수하고 진실된 성품이 이와 같다. 하지만 임금의 총애가 높아질수록 약용을 시기하는 무리는 언제나 약용을 올가미에 엮을 기회만을 엿보고 있다.

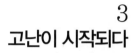

3
고난이 시작되다
(1793-1798)

채제공의 죽음

 약용이 곡산에 있을 때 재상 채제공이 세상을 떠나고 말았다. 번암 채제공과는 사돈 관계이다. 채제공의 서자와 약용의 서모가 낳은 여동생과 혼인했다. 실제로 보면 아주 가까운 사이였지만 약용은 찾아가지는 않았다.

 채제공의 죽음은 약용에게는 정치적으로 큰 조력자가 사라진 슬픈 소식이었다. 채제공의 죽음은 남인의 몰락과 함께 또 다른 정치적 변화를 예고한다. 채제공은 영조 때 도승지로 있으면서 영조와 사도 세자의 부자 갈등을 해결하고자 노력했던 인물이다.

 채제공은 정조 17년(1793)에 73세의 나이로 영의정에 올랐다.

 이때 그는 사직소를 올려서 '임오화변'(1762년 5월 사도세자가 아버지 영조에 의해 뒤주에 갇혀 살해된 사건)때 정권을 잡고 있던 노론에게 책임을 물어 사도세자의 원수를 갚아야 한다고 주장해서 큰 정치적 파란을 일으키기도 했다. 그 뒤 우의정과 좌의정으로 옮겼다가 정조 22년(1798) 6월에 노병을 이유로 사직한 뒤 이듬 해 1799년에 세상을 떠났다. 이때 정조는 이렇게 말했다.

"지난 밤 그가 세상을 떠났다는 소식을 들었다. 참으로 그 사람이 어찌 그렇게 되었단 말인가. 나는 참으로 이 대신과 다른 사람은 알지 못하고 오직 나만 아는 오묘한 관계가 있었다. 이 대신은 세상에 드문 인물이었다. 그가 하늘에서 받은 인품은 우뚝하게 기력이 있었고, 일을 만나면 바로 나아가 두려워하거나 꺾이지 않았다. 시를 지으면 비장하고 강개해 사람들은 연(燕)나라와 조(趙)나라의 비가(悲歌)의 유풍이 있다고 했다. 그는 젊은 나이에 벼슬을 시작해 영조께 인정을 받아 금전과 곡식을 총괄하고 세법을 관장했으며 어서를 다듬고 내의원에서 선왕의 건강을 돌보는 데 정성을 다했다. 내가 즉위한 뒤 참소가 빗발쳤지만 뛰어난 재능은 조금도 꺾이지 않았다. 나는 매우 위험한 중에 그를 재상으로 발탁했다. 그 지위가 높고 직무는 국왕과 가까웠으며 총애와 신망이 두터워 사람들이 입을 다물고 기운이 빠지게 했으니 저렇게 신임을 독점한 사람은 예전에도 거의 들어보지 못했다고 말할 만했다. 또한 50여 년 동안 벼슬하면서 굳게 간직한 지조는 더욱 탄복할 만하다. 이제는 다 끝났다." 영조는 정조에게 이렇게 말했다.

"채제공은 진실로 사심 없는 충성스러운 신하이니 너는 저의 말을 귀담아 들어라."

채제공이 정조의 신임을 받고 있었기 때문에 약용과 같은 차세대 주자들이 어느 정도 자리를 잡기까지 활동할 수 있었다.

 그가 영의정이 되어 사직소를 올려 사도세자를 죽게 원인에 대해 노론에게 책임을 물어야 한다고 주장했는데, 이는 아마도 그의 마지막 선견지명이 노론이 없어져야만 국가 대계가 바로 설 수 있다는 것을 예견해서 라고 생각된다. 채제공의 죽음 이후 장애물이 없어진 노론 벽파는 고장난 브레이크처럼 오만함으로 나라를 이끌어, 결국 나라는 파국으로 치닫게 되었고 자신들도 거의 모두가 말년에 유배와 사형으로 끝을 맺게 된다.

 어떤 임금과 신하가 있느냐에 따라 나라의 운명이 결정된다. 고로 미래를 내다보고 탄원하는 노신하의 말을 들었더라면 하는 아쉬움이 남는다. 정조 24년의 치적은 번암 채제공과 같은 신하의 정치적 역량 덕분이었다. 그는 보이지 않게 개혁을 주도하였으며 정조의 지위를 확고히 세워 백성들이 편안하게 살아가도록 하기 위해 애썼다. 그의 개혁 작업은 여기까지이고 약용과 같은 다음 주자에게 넘겨주어야 했는데 정조의 죽음으로 뜻밖에 일이 벌어지게 된 것이다. 약용은 채제공을 위해 제문과 시를 지어 애도의 뜻을 표했다.

> 먼 외진 곳에 몸져 누워 있는데 한양서 날아온 부음에 내 넋이 놀랬다오. 교룡이 갑자기 떠나 버리자 구름 번개 고요하고 산악이 무너지니 우주 또한 가볍구료. 백년이 지나도 그분 기상 없을텐데 이 나라 만 백성들 뉘를 기대어 살리오.
> 세 조정을 섬기면서 허연 머리 우뚝한 기상 옛 일을 생각하니 눈물이 갓 끈을 적시네. (번암 채상공의 죽음을 애도함)

사직 상소를 올리다

　명민함과 통찰력으로 시와 글을 잘 하는 선비가 오랜 기간 묵었던 재판을 잘 처리하는 약용을 보면서 정조는 앞으로 약용을 재상으로 기용하고자 마음먹고 있었다. 그래서 임금은 약용을 여러 번 불러서 정사를 논의하고 밤이 깊어서야 헤어지곤 했다.
　그러나 임금의 총애가 커질수록 이를 시기하는 무리들의 반발은 더욱 거세어지고 있었다. 이들은 약용과 임금의 관계를 항상 엿보고 감찰하고 있었으며 어떻게 하든 약용을 고소할 기회를 엿보고 있었다.
　채제공의 죽음과 함께 마침내 그들의 활동이 개시되었다.
　사간원 대사간 신헌조는 권철신과 약용의 형 정약전의 일에 대해 죄를 다스려야 한다고 계를 올렸다. 임금은 사실일 리가 없다고 견책하며 불같이 화를 내었고 꾸짖었다. 이 일을 알지 못하던 약용은 여느 때와 다름없이 형조에 출근하였다.
　곧 이어 사헌부의 민명혁은 약용이 혐의를 쓰고 있으면서도 뻔뻔하게 벼슬을 하고 있다고 6월 21일에 상소를 올렸다.

조정의 이런 분위기를 눈치 챈 약용은 다음 날 정조에게 벼슬에서 영원히 떠나겠다는 사직 상소문을 올리게 된다.

"삼가 생각하건대, 신이 마땅히 벼슬에 나갈 생각을 말았어야 했는데, 벼슬살이한 지가 벌써 오래되었습니다. 배척받음이 쌓여 위태로운 지경에 이르고야 말았습니다. 조정에 선 지 11년 동안 하루도 마음 편한 적이 없었습니다. 첫째도 자초한 것이고, 둘째도 자초한 것이니, 어찌 감히 자신을 용서하고 남을 탓하여 그물과 함정에 빠져들겠습니까. 다만 신이 남몰래 고통스러워하며 마음속에 가책을 느끼는 것은, 신과 같이 더러운 자를 전하께서 비루하다고 생각하지 않으시며, 신과 같이 곤궁한 자를 전하께서 버리지 않고 사랑해주고 감싸주시며, 혹시라도 갈고 닦아 훌륭한 인재로 양성되기를 바라셨으니, 어찌 신의 운명이 기구하고 박복한 것이 아니겠습니까. 마치 토끼가 그물에 걸린 것 같고 새가 그물에 걸린 듯하여 부질없이 성념(聖念)만 수고롭게 해드리다가 끝내는 커다란 허물을 짊어지고야 말았습니다...

신이 일전에 민명혁의 상소를 보았는데, 신의 형의 이름을 들먹이면서 신에게 편안하고 태연히 의기양양하게 공무를 행하고 있다고 논죄했습니다. 아! 신의 의(義)에 처신하고 있는 점은 일단 놔두고라도 신의 형은 참으로 무슨 죄가 있습니까. 그 죄는 오직 신과 같은 불초하고 볼품없는 놈이 아우가 된 연유일 것입니다. 그런데도 오히려 전하께서 신을 꾸중하신 교지에 단지 '죄 없는 그대의 형이 어찌하여 소장(疏章)에 올랐는가?' 라고 하셨으니, 그때의 열 줄의 은혜로우신 말씀은 맑고 명백하기 더할 나위가 없었습니다. 신은 오직 장엄하게 외며 감축하면서 그 글을 안고 황천으로 돌아갈 따름입니다. 이제 무엇 때문에 다시 붓과 입을 수고롭게 하여 쓸데없는 짓을 하겠습니까. 아! 신의 형은 벼슬한 지 10년에 아무것도 이루어놓은 것 없이 지금은 벌써 머리가 희끗희끗합니다. 그 이름 석 자도 조정에서 잘 모르는데, 무슨 증오가 맺혀 있길래 이다지도 야단들입니까. 그 뜻은 신을 조정에 서지 못하게 하려는 데 불과합니다. 신의 속마음은 이미 정사년(1797)의 상소에서 모두 말씀드렸습니다. 저 자신의 분수는 본래 지나간 허물을 왜곡하여 숨기고 무턱대고 영달의 길로 나아가려고 하지 않는 데 있었습니다. 지금 만약 신을 내쫓고 벼슬길을 막아 다시는 조정의 반열에 발을 못붙이게 하신다면, 명분은 바로 서고 언론은 순하게 될 것이며, 일은 간결해지면서도 공은 빠를 것입니다. 생각하건대, 어찌 굴곡을 이루며 층을 만들어 고생을 하면서 우원하게 지내겠습니까. 아! 동생이 배척을 받으면 형이 막힐 것이고 형이 배척을 받으면 동생이 막힐 것이니, 일거양득이며 이해가 공평할 것인데, 어찌 그 가운데 나아가서 옥석을 구별하여 이치에 맞는 말을 하게 하지 않으십니까? 그 말이 이치에 맞든지 맞지 않든지를 막론하고 중신회의나 경연 석상에서 오고 간 말을 신이 만약 진작

들었다면 신은 황송하고 위축되어 참으로 대신의 말과 같이 응당 현실을 스스로 떠나 고요히 은거하기를 생각했을 것입니다. 그런데 경연 석상에 나아갔던 여러 신하들이 어느 한 사람도 신을 위해 말해주는 사람이 없었던 것은 무엇 때문이겠습니까. 비록 설사 수천만 인이 여기저기서 모함을 하여 경각에 죽인다고 하더라도 수차 경연에 참석했던 신하들 중에서 신의 집으로 통보해주어 죽는 이유나 알고 죽게 하려고 할 자가 누가 있겠습니까...신이 태어나서 자란 고향은 강과 호수, 새와 물고기의 풍광이 성품을 닦을 만하니 비천한 백성과 함께 뒤섞여 살면서 전원에서 여생을 쉬면서 은택을 노래한다면, 신에게는 남의 표적에 들 염려가 없고 세상에서는 눈의 가시를 뽑은 기쁨이 있을 것이니 또한 좋은 일이 아니겠습니까."(사형조참의소)

이때 약용의 나이는 38세이다. 임금에게 올리는 상소의 글은 참으로 비장하다.

약용은 임금에게 장문의 상소문을 올리면서 젊은 날 자신의 허물이 빌미가 되어 벼슬에 나온 이후 끊임없이 불안하게 지내왔음을 털어놓았다. 반대파들이 왜 이름 석자도 알려지지 않은 정약전을 논죄하는지 그 이유를 알고 있으며 그것이 자신을 내좇으려는 세력들의 간계임을 알고 있었다. 약용은 형님을 논죄하는 것에 대해서는 더 이상 참기가 어려웠다. 그만큼 약용에게 약전 형님은 분신과 같은 존재였다.

조정의 요직에 있는 노련한 노론 세력은 채제공이 없는 더할 나이없이 좋은 기회를 활용하여 정약전을 단죄하면 약용이 더이상 기를 펴지 못하고 대궐 문을 떠나게 될 것이라고 여기고 이런 간계를 꾸몄다. 교활한 정치적 수완이다.

그래서 상소하기를 형이 논죄 당하고 있는데도 뻔뻔하게 동생이 형조에 출근한다고 말하였다. 약용은 이미 그 일이 공론화되었는데도 정작 약용 자신만 모르고 있다는 사실이 이를 증명해 준다. 약용은 사태를 직감하였다. 그리고 자신만 물러나면 노론들의 여론이 잠잠해 질 거라고 아뢰었다.

그러나 이것도 악한 자의 집요한 악을 모르기 때문에 나온 순진한 발상이다. 그들은 먼저 새의 날개를 꺾어버리고 푸득거리는 새를 끝까지 따라가서 죽이고자 하는 1단계에 불과했다.

약용은 이 일은 자신을 몰아내려는 계략이라는 점을 잘 알고 있었기 때문에 임금에게 자신만 내치면 아무런 문제가 없을 것이라고 간청을 하고 있다.

옛날이나 오늘날이나 오만한 정치 세력은 나라를 위한 염려나 백성들의 삶에는 관심이 없다. 절대 나라 걱정을 하지 않는다. 다만 자신의 정치적 기반을 만들기 위해 상대방이 누가 되었든지 간에 몰아내는 것이 그들의 할 일이다.

그런 관점에서 보면 천주교 탄압의 목적은 노론들의 세력 확보를 위해 정약용 일당을 묶어서 몰아내기 위한 정치적 수단에 불과했다. 노련한 정치가의 음모에 불과했다는 점이 더욱 그 시대의 부패상을 보여주고 우리들의 마음을 더욱 안타깝게 한다.

당파 싸움이 극에 달한 당시에는 임금도 어진 신하를 마음대로 등용할 수 없는 시대였다. 그만큼 이미 대신들의 세력이 너무 커져있었기 때문에 임금이 끝까지 주장할 수 없는 형편에 이르렀다.

이미 노론의 무리들은 남인의 세력이 커지는 것을 막기 위해 계략을 짜고 있었고 자신들의 세력을 유지하기 위해서는 임금이라도 제거할 기세였다.

아마 정조의 황금기는 여기까지인 듯싶다. 정조가 채제공의 죽음 앞에서 한숨 섞인 말로 이제 모두 끝났다고 했는데, 그 말이 점점 현실이 되어가고 있었다. 사실 이때 아끼는 신하 하나도 제대로 보호할 수 없고 또 기용도 못하는 자신의 무력함을 알고 정조는 오회연교라는 최후의 결단을 시도했지만 때는 늦었다.

개혁의 의지를 갖고 있는 정조에게 이 때는 개혁을 위한 마지막 기회였다. 정조는 약용에게 아무 잘못이 없으니 계속해서 직무를 수행하라고 종용했다.

"상소를 자세히 살펴보았으니 그대는 아무쪼록 사양하지 말고 빨리 직책을 수행하라." 이어서 전교하기를

"저 사람들이 한 말은 너무도 믿을 만한 것이 못 되니, 한번의 상소면 충분하다. 임금이 비상사태나 야간에 급히 만나야 할 신하가 있을 경우, 승정원에 명하여 패를 써서 입궐하게 하던 제도가 있는데, 그렇게 해서라도 형조 참의로 부임하도록 엄중히 신칙하라."

하지만 약용은 약전 형이 연류되어 있기에 상소를 올린 뒤 병을 핑계로 한 달이나 직무에 나가지 않고 응하지 않았다.

임금은 더 이상 기다리다 못해 7월 26일에 체직을 허용한다는 답변을 내렸다. 이렇게 약용은 형조 참의를 끝으로 조정에서 물러나 벼슬길에서 멀어졌다.

천주교의 지하 전도 활동은 점점 활발해지고 조정의 억압 정책은 더욱 거세졌다. 둘 사이에서 일어나는 충돌은 필연적일 수밖에 없다. 천주교를 지지하는 남인 세력은 몰락되고 탄압하는 노론 세력은 더욱 세력을 강화하였다. 그만큼 약용에 대한 공격도 거세어졌다.

더구나 번암 채제공까지 세상을 떠났으니 세상은 기득권을 유지하려는 노론 벽파의 세상이 되었다.

- 모함이 계속되다

약용은 벼슬에서 물러나서 윤선도의 후손이라는 이유로 벼슬이 막힌 한양 옥수동에 사는 친구 윤지범과 북악산에 올랐다. 그곳에 오르면 창덕궁, 광화문이 내려다보인다. 약용은 윤지범과 술자리에서 괴로운 속내를 이렇게 토로했다.

"10만 잔을 마시고 미쳐버리자."

궁궐은 또 다시 노론 세력이 장악했다. 임금은 노론 벽파에 쌓여서 제대로 된 정사를 펼치지 못하고 있다. 그들은 이미 정조의 아버지 사도세자의 일로 정조가 무슨 일을 벌일지 몰라서 운신하지 못하도록 막는 것으로 일관했다.

그러나 이미 정조는 장용영과 같은 군사 조직을 만들었고 사도 세자를 높이는 작업을 진행하였으며 남인들과 가깝게 하는 움직임을 보이면서 자신들의 위치가 언제나 불안하였다.

 하지만 약용의 겨울은 왠지 알 수 없는 불안감과 함께 추위가 몰려오고 있었다. 이런 답답한 심사를 풀어주는 이는 친구밖에 없다. 친구들과 세검정과 북악산을 다녀보지만 불안함은 가셔지지 않았다. 약용은 1796년 7월 16일에 죽란시사의 친구들과 함께 한강에 배를 띄우고 달빛을 받으며 시를 지었다. 이때 모임에는 윤지범, 이유수, 한치응, 채홍원, 심규로, 이중련 등이 함께하였다.

 약용은 조정에서 벼슬살이를 할 때, 명례방에 있던 집의 뜰에 석류, 매화, 복숭화 나무, 국화 등을 심어 화단을 가꾸고 대나무를 둘러 난간을 만들었다. 이를 죽란(竹欄)이라고 불렀다.

 그리고 자신의 집을 '죽란서옥' 이라고 하였으며, 꽃이 필 무렵에서 술과 안주, 붓과 벼루를 준비해서 친구들과 모여 시를 짓던 모임을 '죽란시사' 라고 하였다.

 약용은 옛 친구과 시를 지으며 세월을 보낸다. 이 모임은 정조 임금의 붕어가 있을 때까지 1년 가까이 계속되었다.

> 가을은 깊었는데 쌀은 더욱 귀하고, 집은 가난한데 꽃은 많기도 해라. 가을 빛에 꽃이 만발해서, 가까운 사람들 밤에 서로 찾았다. 술과 시름을 더해 마시면서 시가 완성되니, 그 즐거움 어떠하겠는가.

정조의 죽음

정조가 채제공 서거 이후 1800년 5월말 경 오회연교를 내렸다. 오회연교란 5월에 왕이 대신들에게 내린 전교이다.

오회연교에는 솔교(率敎 · 가르치고 따른다)와 교속(矯俗 · 나쁜 습속을 바로잡는다)이라는 두 단어가 등장한다. 정조는 신하와 백성의 어버이로써 나쁜 습속은 제거하겠다고 선포하였다.

정조가 말하는 나쁜 습속은 당파에 얽매어 내용의 유무익을 떠나 무조건 상대파를 공격하는 것을 의미한다. 정조가 이런 전교를 내린 이유는 노론 때문에 더 이상 임금으로서의 명이 먹히지 않았음을 의미한다.

정조는 더 이상 나쁜 습속을 용납하지 않겠으며, 이제부터의 주군과 의리는 올바른 길을 제시한 자신을 따르는 것이고 앞으로는 자신을 따르는 인물들과 정치를 하겠다는 결단이다.

그 일환으로 정조는 소수파인 소론을 대거 등용하는 인사를 이미 발표했다. 이는 자신과 함께 개혁을 주도할 남인을 등용하겠다는 사전 포석이었다.

정조는 오회연교에서 8년 주기의 재상 임명을 언급하며 그 정당성을 역설했다. 남인 채제공, 노론 김종수, 소론 윤시동이 모두 8년 주기로 재상 자리에 있었다. 이제는 남인 차례였다.

정조는 이미 남인의 대표격인 이가환을 한성 판윤으로 대기시켜 놓고 있었다.

그리고 동부승지를 사양하고 낙향한 약용에게 사람을 보내 6월 그믐 경연에서 만나자고 연락을 취했고, 이승훈도 죄를 1등급 감해 경미하게 만들어 놓았다.

모두 정조가 키운 남인의 차세대 주자들이었다. 그러나 대부분의 신하들은 침묵하며 연교를 외면하였다. 정조는 이러한 낌새에 분개하였지만 몸이 아퍼서 더 이상 거론하지 못했다.

오회연교 소식을 들은 약용은 6월 3일에 명래방 집에서 죽란시사를 열었다. 그동안 시들해졌던 소장파 남인들의 결속을 다짐하는 자리였다. 임금께서 내리신 오회연교의 이야기로 꽃을 피웠다. 다들 흥분했고 분위기는 고조되었다. 이제는 반대파들의 눈치를 보지 않고 등용될 것에 대한 기대가 가득했다. 너무 기쁜 소식이었다. 하지만 노론벽파들이 가만 있지 않을 거라는 막연한 불안감도 있었다.

6월 12일, 달 밝은 밤에 홀로 앉아 있었는데 갑자기 문 두드리는 소리가 나서 맞아들이고 보니 바로 내각의 서리였다. 그는 한서선(漢書選) 10권을 가지고 와서 임금의 간곡한 뜻을 전했다.

"요즘에 책을 편찬하는 일이 있으니 응당 곧 불러들여야 할 것이나, 주자소를 새로 개수하여 벽에 바른 흙이 아직 덜 말라 정결하지 못하니 그믐께 쯤이면 들어와 경연에 오를 수 있을 것이다. 내가 어찌 너를 버리겠는가?...이 책 5권은 남겨서 집안의 물건으로 삼도록 하고, 5권은 제목을 써서 도로 들여보내라."

규장각 서리는 임금이 명령을 내리면서 몹시도 그리워하는 안색이었고 말씀도 특별히 부드러우셨다고 전하였다.

약용을 보고 싶어 하는 임금의 속마음을 알고는 감격하여 눈물을 흘렸다.

그로부터 보름이 지나서 6월 28일에 정조는 49세의 나이로 죽음을 맞이한다. 약용은 정조 임금의 승하 소식을 들었다. 아무도 예측하지 못했던 허망한 임금의 붕우 소식은 하늘이 한꺼번에 무너져 내린 것과 같은 청천벽력의 소식이었다. 절대로 예상치 못했던 뜻밖의 소식이다. 약용은 엄청난 충격을 받았다. 친구들도 모두 사색이 되어서 이 소식을 전했다. 모두 다 제대로 걷지 못하고 갈팡질팡하였다. 약용에게는 한 줄기 희망 마저 사라져 버렸다. 약용은 임금의 총애를 생각하면서 이렇게 말했다.

"나는 벼슬이 없었지만 임금께서 알아주셨다. 임금께서 총애해주시고 칭찬해주심이 수준을 넘어섰다. 앞뒤로 상을 받고, 서책, 문채 나는 짐승 가죽, 진귀한 여러 물건을 내려주신 것을 이루 다 기록할 수 없다. 기밀에 참여하여 듣도록 허락하시고 생각한 바가 있어서 글로 조목조목 진술하여 올리면 모두 즉석에서 윤허해주셨다. 일찍이 규영부 교서(校書)로 있을 때에는 맡은 일을 가지고 과실을 책망하지 아니했으며, 매일 밤 진수성찬을 내려주어 배불리 먹게 하셨다. 내부에 비치한 서적을 규장각을 통하여 청해 보도록 허락해주신 것들은 모두 남다른 운수였다." (자찬묘지명)

정조의 오회연교는 대신들로부터 외면을 받았다. 대신들은 정조의 구상을 따를 자세가 되어 있지 않았다.

분노한 정조의 스트레스는 극에 달했다. 이즈음 종기가 발생했고 종기를 치료하였는데, 갑작스럽게 죽음을 맞았다.

비록 오회연교는 정조의 죽음과 함께 실현되지 못했지만, 정조의 구상은 차세대 남인을 등용하려는 정치적 결단이었다.

만일 정조가 죽지 않았다면 이가환을 위시한 약용은 궁궐에 들어가서 임금과 국사를 논했을 것이고 서구 문물에 대한 개방과 더불어 천주교에 대해서도 너그러운 정책을 폈을 것이다. 이로 인해 조선의 상공업과 기술이 크게 발전했을 것이다. 이 말은 거꾸로 보면 개혁으로 불리하게 될 이들이 있다는 말이다. 정조의 죽음으로 가장 이득을 볼 세력이 있다는 말이기도 하다. 아! 역사의 수레바퀴는 좋은 방향으로만 흘러가지는 않았다. 정조는 약용에 대한 애틋함과 정성이 대단했다. 그도 학문에 대한 수준이 높았기 때문에 사람을 보는 안목이 있었다. 그는 약용과 같은 신하를 통해서 나라를 개혁해 보고자 하는 의지가 있었다.

하지만 그의 말대로 다 끝나고 말았다. 임금이 약용에게 책을 보낸 것은 사랑하는 신하에게 자신의 마지막을 알리려는 정조의 마음이었을 것이다.

정조가 한 마지막 말 "내가 어찌 너를 버리겠느냐?"는 말이 언제나 약용의 가슴에 맴돈다. 비록 지금은 시절이 좋지 않아서 반대파의 비난을 피해 고향에 내려왔지만 임금이 계시는 한 언젠가는 국가를 위해 선한 일을 할 기회가 있음을 알았다. 그러기에 약용을 비롯하여 정조를 가까이 모셨던 남인들은 아무도 이 일을 믿을 수가 없었다.

임금의 초상이 발표되자 세상은 시끄러웠다. 갖가지 유언비어가 나돌았다. 그간 노론 벽파에게 받아온 핍박은 정조와 채제공의 신의로 피할 수 있었지만 이제는 피할 길이 없다.

반대파인 목만중, 이기경 등은 이를 계기로 사람들을 현혹시키고 있었다. 사람들을 선동하여 분노의 불길을 남인에게 몰아서 부채질하였다.

그들은 "이가환 등이 장차 난을 일으켜 사흉팔적(四凶八賊)을 제거하려 한다."는 유언비어를 퍼뜨렸다. 이들은 서로 선동하였고 사람들을 격동시켰다. 악한 자들은 항상 타인의 악감정과 분노를 부추기는 것이 특징이다.

약용이 임금의 승하 소식을 듣고 급히 홍화문에 이르렀다. 문 앞에 여러 신하들은 임금의 갑작스러운 죽음 앞에 아연실색하였으며 가슴을 치면서 어이없고, 기가 막힌 현실에 감히 말도 꺼내지 못하고 있었다.

약용은 임금의 승하 소식이 너무나 큰 슬픔이었지만 마음속에 분노도 있었다. 하지만 그 분노는 곧 두려움으로 변하게 된다. 이제 세상이 바뀌었다.

예전에 성호의 개혁의 기치를 들고 이상적인 세상을 만들어 보고자 하는 꿈은 물거품이 되어 버렸고 오히려 정적들만 길길이 날뛰는 세상으로 변해 버렸다. 약용은 채 슬퍼하기도 전에 또 다른 새로운 현실에 부딪히게 된다.

정조의 아들 순조가 왕 위에 등극하게 되면 분명 정순대비가 수렴청정하게 될 것이 뻔하고, 만일 그렇게 된다면 이제 노론과 안동김씨 김조순 일파가 세력을 거머쥐고, 자기들의 세력을 구축하기 위해 천주교 탄압과 함께 남인을 더욱 압박할 것이 뻔하다.

그간 정조의 사랑을 받던 남인 즉, 자신을 비롯하여 이가환 등의 앞날을 기약할 수 없는 처지가 되었다. 이제 자신이 할 일은 임금님에 대한 곡을 마치고 고향으로 돌아가는 것 말고는 다른 방법이 없었다.

약용은 1800년 7월 말로 정조의 공식 거상이 끝나자 8월 초순에 가족을 먼저 고향으로 보냈다. 11월까지 현릉원에 정조가 매장되고 졸곡제를 마치고 고향 소내로 돌아왔다.

11월 8일 노론이면서 시파 친구 김이교와 김이재 형제가 사헌부 장령 이안묵 상소를 받아 각각 명천부와 강진현 고금도에 유배되었다는 소식은 두려움을 더욱 가중시켰다.

고향에 내려감

이제 나이 39세된 약용은 처자를 이끌고 고향으로 돌아와도 지금까지 벌어진 일과 인정 많은 임금에 대한 그리움으로 편안하게 지낼 수가 없었다.

임금의 총애를 받았던 신하된 자로 당장이라도 지하로 따라가 지하에서나마 임금님 얼굴을 뵙고자 하였지만 그렇게 하지를 못하는 것이 다만 안타까울 뿐이다.

또한 이후 다가올 파장에 대책을 나누었지만 모두 한 숨만 쉴 뿐이었다. 불안감만 더욱 커질 뿐 전혀 위로가 되지 않았다.

그래서 형제들과 날마다 경전을 나누면서 흐트러진 심사를 경전에 몰입하면서 성현들의 말씀을 통해 위로받았다.

약용은 고향집의 당호를 '여유당(與猶堂)' 이라고 이름을 짓고 현판을 달았다. 여(與)와 유(猶)라는 원래 짐승 이름인데 의심과 겁이 많아 소리만 나면 나무 위에 올라가서 숨는 짐승이라고 한다. 겨울에 얼어붙을 듯 차가운 물이 겁나고, 자신을 엿보는 시선이 두렵다는 뜻으로 여와 유를 논어에서 끌어다가 당호를 삼았다. 현재 자신의 처지를 말하고 있다. 약용은 여유당기에서 다음과 같이 고백한다.

"나의 병은 내가 알고 있다. 용기는 있지만 지모가 없으며 선을 좋아하지만 가릴 줄을 모르며 마음 가는대로 행동했다. 그만 두어야 하는 일도 마음에 좋게 느껴지면 그만두지 못하고, 하고 싶지 않아도 그만두지 않았다. 어려서 분간하지 못할 때에는 자유롭게 살았고, 장성한 뒤에는 과거시험에 빠졌으며 서른이 된 뒤에는 지나간 일에 대해 후회를 하면서도 두려워하지 않았다. 이러므로 선(善)을 끝없이 좋아했으나 비방을 많이 받았다. 아! 이 또한 운명인가 내 성품이니 어찌 감히 운명이라 말하겠는가. 내가 노자의 말을 보니, 망설이면서(與) 겨울에 냇물을 건너는 것같이, 주저하면서(猶) 사방의 이웃을 두려워하는구나 라고 했다. 아! 이 두 말이 내 병에 약이 되는 것이 아니겠는가? 저 겨울에 냇물을 건너는 것은 차갑다 못해 뼈를 끊는 듯하니, 부득이하지 않으면 건너지 않는 것이다. 사방의 이웃을 두려워하는 것은 지켜보는 것이 몸에 가까우니 비록 매우 부득이하더라도 하지 않는 법이다." (자찬묘지명)

약용은 자신의 삶에 대해 돌이켜 보며 잘못 살아온 일에 대해 스스로 자책하고 있다. 자신의 성격이니 이것 또한 운명이라고 말할 수도 없다고 자책한다. 이제는 속수무책으로 반대파들의 처분만 기다리고 있어야할 처지이다.

정조 임금이 왜 죽었을까 하는 의문도 꼬리를 물고 일어난다. 건강하던 사람이 급작스럽게 죽을 때는 강한 물리적 힘없이는 불가능하다. 약용은 의원이기 때문에 정조 임금의 종기에 대해 그 성질을 잘 알고 어떻게 처방해야 하는 지를 알고 있으며 종기로 인해 갑작스럽게 죽을 병이 아니라는 사실도 알지만 지금은 함부로 말할 수도 없는 입장이다. 그간 궁궐을 드나들며 숱하게 애쓰고 벼슬을 하려다가 결국 이 지경이 되어 반대파의 처분을 기다려야 하는 신세가 되고 보니 자신보다 가족과 자녀들이 걱정이 되었다. 그래서 유학자가 잘 쓰지 않는 '운명'이라는 말을 되뇌이고 있다.

젊어서는 선을 좋아했지만 욕만 얻어먹고, 우유부단하여 맺고 끊지 못하더니 이제 와서 일을 제대로 이룬 것이 없다는 생각을 하니 더욱 안타까웠다. 현실은 임금은 돌아가셨고 권력은 넘어갔고 반대파들은 길길이 날뛰고 자신은 고향에 파묻혀 언제 들이닥칠지 모르는 재난으로 인해 불안감에 휩싸인 자신의 처량한 모습을 보면서 지난 날을 후회한다. 시시각각으로 엄습해 오는 화를 모면할 길이 없다. 지난 날, 임금을 둘러싸고 있는 수많은 문제가 많았는데, 이럴 줄 알았더라면 차라리 그 때 당시에 정조 임금을 제대로 모시기 위해 결단하고 반대파를 내쳤더라면 하는 생각도 든다. 그랬다면 사태가 이 지경까지 이르지는 않았을 것이라는 생각을 해본다. 그러나 이제는 아무리 후회해도 소용없고, 다만 현실적인 문제가 다가오고 있었다.

- 세상이 바뀌다

정조 임금이 승하한 지 5개월이 지났다. 국상은 5개월에 걸쳐 진행하는 것이 예법이다. 장례가 마치자 유언비어가 나돌기 시작하면서 또 한번 세상은 요동쳤다.

당시 순조는 11세였으므로 수렴청정하게 된 정조 치세에서 숨죽이면서 살아온 정순대비가 수렴청정을 실시하였다. 정조의 국상이 지나고 세상이 바뀌었다.

그리고 제일 먼저 정순대비는 1801년 1월 10일 천주교 탄압의 법령을 다음과 같이 발표한다.

"사람이 사람 노릇을 할 수 있음은 인륜이 있기 때문이요 나라가 나라 노릇을 함은 교화가 있기 때문이다. 오늘날 사학이라 일컬어지는 것은 아비도 없고 임금도 없으니 인륜을 파괴하고 교화에 배치되어 저절로 짐승이나 이적에 돌아가 버린다. 엄하게 금지한 뒤에도 개전의 정이 없는 무리들은 마땅히 역적죄에 의거하여 처리하고 각 지방의 수령들은 오가작통(五家作統)의 법령을 밝혀서 사학의 무리가 있다면 관에 고해 처벌하도록 하는데, 당연히 코를 베어 죽여서 멸망시키도록 하라." (순조실록)

천주교도를 무부무군(無父無君), 즉 아버지도 없고 임금도 없다는 인륜에 역행하는 범죄 집단으로 규정하였다.

정순대비의 전교는 전국에 포고하였다. 그리고 오가작통을 시행하여 천주교도를 일제히 색출하고 역적을 다루는 법률로 혹독하게 다스리라는 신유교옥이 반포되었다.

5가 작통은 다섯 집을 1통으로 하여 통장을 두고, 5통을 하나로 다스리는 것을 말한다. 이는 주로 호구를 밝히고 범죄자의 색출하거나 세금징수, 부역 동원을 하는 자치 조직인데, 조직적으로 천주교 조직을 없애버리겠다는 단호한 법령이다.

코를 베어 멸망시키겠다는 말은 서경에서 나온 말인데, 도를 배반하는 것을 생각하거나 악한 일을 행하는 자는 중형에 처해 세상에 존재할 수 없게 하고, 그 자손도 길이 존속하지 못하도록 처분할 것이라는 말이다.

이 말을 인용해서 천주교에 발을 들여놓은 사람들을 무자비하게 처벌하겠다는 포고령이다.

정조의 장례가 끝나자마자, 정초부터 반대파를 축출하기 위한 탄핵이 줄을 이었다. 사도세자에게 동정적이었던 시파 인물들이 대대적으로 숙청되었다.

1월 16일에는 정조의 이복 동생 은언군과 정조의 생모인 혜경궁 홍씨의 동생 홍낙임 등이 처형되었다.

그리고 국왕 친위 부대인 장용영(정조의 군사조직)을 혁파하는 등 정조가 수립한 정치 질서를 무너뜨렸다. 이러한 정책들은 친정 인물인 김관주, 김일주, 김용주 및 영의정 심환지 등이 주도 하였다. 정조 죽음으로 가장 이득을 보는 세력들이다.

이런 긴박하게 돌아가는 순간에, 1월 19일에는 정약종의 '책롱 사건' 이 터지고 말았다.

옥에 갇히다

 약용의 바로 손위의 형 정약종은 천주교 조직인 명도회 회장으로 서울에서 전교 활동을 하다가 5가작통법으로 감시와 수색이 심해지자 시골로 은신할 계획을 세웠다. 그래서 교리서, 성구, 서찰 등의 천주교 자료를 땔감으로 위장해서 책롱에 담아 운반하던 중에 한성부 포교에게 압수당한 사건이 벌어졌다.

 그 속에는 주문모 신부의 편지를 비롯하여 천주교도들 사이에 왕래하던 편지들이 많이 나오고 약용의 서찰도 들어 있었다.

 노론파들은 쾌재를 불렀다. 약용과 그 일파를 제거할 좋은 미끼가 물려 들어온 것이다. 이 일을 계기로 천주학에 대한 본격적인 수사가 시작되었다. 약용의 반대파로서는 약용을 제거하기 위한 좋은 기회였다. 그들은 사건을 부풀려서 사간원에서 순조 임금에게 공소장을 올린다.

 "이가환, 이승훈, 정약용의 죄악이 죽음으로 면할 수 있겠습니까? 이들 세 사람이 사학의 소굴입니다. 이가환은 흉측하고 추악한 핏줄로 화란을 일으킬 마음을 감추고 사람들을 유인해서 자기 스스로 교주가 되었습니다. 이승훈은 그 아버지가 사온 요망한 책을 전파하고 집안 전체의 가계로 삼았습니다. 정약용은 본디 두 추악한 무리와 한 패거리가 되었습니다. 그 행위가 탄로 났을 때는 상소를 올려 사실대로 자백하며 다시는 믿지 않겠다고 입이 닳도록 맹세했습니다. 그러나 주문모 신부를 맞아들이며 예전보다 더 심해졌으니 이는 임금을 속인 것입니다. 그는 사리에 어둡고 완고하여 두려운 줄을 몰랐습니다. 이번에 사법기관에서 압수한 그의 형제, 숙질들과 주고받은 서찰은 그의 죄를 낭자하게 드러내 보이니 그의 요사스럽고 흉측한 정신이 어떻게 일만 사람의 눈을 가릴 수 있겠습니까? 대체로 이 세 흉인들은 모두 사학의 근저가 되니 청컨대 전 판서 이가환, 전 현감 이승훈, 전 승지 정약용을 곧바로 왕부로 하여금 엄하게 국문하여 실정을 알아내도록 해서 나라의 형벌을 속히 바르게 하소서." (순조실록, 신유년 2월 9일조)

이를 들은 정순대비는 크게 노해 이 사건을 역률로 다스리도록 의금부로 넘겼다. 정순대비는 국청을 열어 죄인을 잡아서 국문하라 명하고, 영부사 이병모를 위관으로 서정수를 판의금부사로 삼았다.

사태가 긴급하게 돌아갔다. 이를 알게 된 친구 이유수, 윤지눌은 고향에 내려가 있는 약용에게 미리 편지를 보내 책롱 사건에 대해 알려주었다.

편지를 받은 즉시 약용은 급한 마음으로 말을 달려서 한양에 들어와서 이유수에게 자초지종을 들었다.

약용은 이미 오래 전에 천주교와 손을 끊었다고 정조에게 상소를 올린 바가 있었다. 하지만 그들은 공소장에 약용이 주문모 신부에게 찾아가 더 심하게 천주교를 믿었다고 거짓 주장을 하고 있으며, 세 사람을 사학의 소굴이라고 주장하였다.

이 사건으로 인해 약용은 1801년 2월 9일 새벽에 의금부 감옥에 투옥되어 그 다음 날 약용은 국문을 받게 된다.

천주학 죄인에 대한 국청은 신속하게 진행되었다. 잡혀온 그 날 바로 재판이 열려 묻고 답하는 심리가 진행되었다. 약용은 공소장 사실을 전부 부인하였다. 수많은 사람이 정순대비의 서슬 시퍼런 명령에 죽어나갔다. 이로 인해 한양에는 붉은 옷을 입은 죄수가 길을 메울 정도로 많았다.

추운 겨울, 차가운 감옥에 이가환, 정약용, 이승훈 셋이 감옥에 들어갔다. 감옥에서 셋은 추위에 떨면서 몸을 움츠려야 했고 차꼬에 발목이 묶였으며, 더럽고 축축한 얼음 바닥에서 잠을 이루지 못하였다. 그리고 차례로 정약전, 정약종, 이기양, 권철신, 오석충, 홍낙민, 김건순, 김백순 등이 들어왔다.

약용은 2월11일 2차 국문 때는 바른대로 죄를 대라면서 신장 30대를 맞았다. 엉덩이가 시퍼렇게 멍이 들었고 걷기가 힘들었다. 국청장의 추국 신장은 형조에서 사용하는 신장이나 청나라에서 사용하는 것보다 배나 더 굵었다.

국문하였던 대사간 신봉조는 상소를 올리면서 이가환, 정약용, 이승훈은 곤장을 맞으면서도 자백하지 않고 죽기를 작정하고 실토하지 않는 흉악한 무리라고 격렬하게 비난하였다.

다행스럽게 어떤 천주교도가 정약종에게 보낸 편지에 이런 글귀가 있었다. "너의 아우가 알지 못하게 하라"

2월 26일에는 채제공이 평소 후임자로 지목했던 이가환 그리고 권철신은 곤장을 맞아 죽었다. 이들은 성호 선생의 개혁 정신을 함께 하는 인재들이었다. 이가환과 같은 이는 당대에 천재라고 말해도 손색이 없었으며 정조가 미리 지정해놓은 재상감이었다. 많은 사람들이 그를 존경하고 따랐다.

약용에게 지금의 이런 현실은 지옥이었다. 약용과는 뗄 수 없는 사람들이 무참하게 죽어나간다. 아! 이가환이 허무하게 목숨이 사라지다니 약용은 믿을 수 없었다. 이가환은 채제공이 후계자로 직접 지목할 정도로 뛰어난 인물이고, 정조도 오회연교 이후에 준비해 놓은 재상감이다. 그러나 악의 세력이 짜놓은 각본대로 일은 진행되었다. 약용은 몸을 부들부들 떨었다.

이승훈과 정약종은 처형이 확정되었고, 정약전, 정약용은 죽음은 면제받았다. 위관들은 약용에게 동정적이었다. 노론 시파들도 남인 신서파를 돕고 있었다.

이 와중에 남인 원로 권엄, 윤필병 등 63명은 자신들이 살기 위해 이가환, 이승훈, 권철신, 정약전, 정약용 형제를 비판하는 상소를 올렸다. 약용은 이런 세상 인심에 더욱 분노하고 절망했다.

약용에게는 동정적인 이야기가 많이 나왔다. 위관 이병모는 약용에게 와서는 말했다.

"곧 석방할 것이니 식사를 많이 들고 자중하게."

지의금부사 이서구와 승지 김관주는 신문을 되풀이하며, 죄를 공평하게 처리하고 너그럽게 용서해주었다.

참국승지 서미수는 기름파는 노파를 몰래 불러 감옥의 사정을 가족들에게 알려 주었다. 이때 가족들은 몹시도 불안하였다.

죄질이 가벼워 죽을 염려가 없음을 가족들에게 알려주어 안심을 시켰다. 하지만 암형어사 당시에 약용에게 탄핵을 받았던 서용보 만은 절대로 약용을 석방시켜서는 안 된다고 고집하였다.

약용은 칠흙같이 어두운 감방에서 대학의 성의장(誠意章) 편을 생각하면서 마음을 달랬다. 성의(誠意)는 마음을 다스려 평정심을 지키려고 노력한다는 의미이다.

"대개 죽고 사는 것은 명에 달려 있으니, 노심초사 한들 무슨 소용이 있겠는가? 우환이나 재화가 있을 경우에 '성의' 두글자는 간직하자. 이것으로 올바름을 삼아 반복하여 편안하게 마음을 먹어야 한다." 하면서 반복하며 외웠다.

추운 날씨에 자신의 몸이 걱정되기보다는 약종 형님과 이승훈이 걱정이 되었다. 그들과 마지막 이별의 인사라도 해야 했다.

못난 아비를 따라 다니며 고생하는 식구들고 염려가 되었다. 이런 생각에 눈물이 나고 마음이 더욱 혼란스러워져서 잠을 이룰 수가 없었다. 추위에 떨며 잠을 청하였는데, 꿈에 한 노인이 나타나서 약용에게 말을 했다. "자네는 동심, 인성을 더욱 성의로써 공부해야 되겠네. 옛날 소무(중국 한나라 때 사람으로 흉노에 사신으로 갔다가 억류되어 19년 만에 돌아왔음)는 19년 동안 옥에 갇혀 있었지만 참고 견디었는데, 그대는 19일 동안 옥에 갇혀 있으면서 어찌하여 스스로 번뇌한다는 말인가?" 깨고 나니 꿈이었다.

신기하게도 이날 약용은 석방되었다. 계산해 보니 꿈의 말처럼 체포된 날로부터 19일째 되는 날이었다. 이후에 정조가 죽고 귀양살이에서 풀려서 집에 돌아올 때까지 19년이다.

재판의 결과는 다음과 같았다.

"죄인 정약전, 장약용은 바로 정약종의 형과 아우 사이이다. 애초에 우리나라에 사서가 들어오자 읽어보고 좋은 것으로 여기지 않음은 아니었으나 중년에 스스로 깨닫고 다시는 더러움에 물들지 않으려는 뜻이 예전에 올린 상소문과 이번에 국문을 받을 때 상세히 드러났다. 차마 형에 대한 증언을 할 수 없다고는 했지만 정약종의 문서 가운데 그들 서로 간에 주고 받았던 편지에서 정약용이 알게 되는 것을 경계하고 있었으니, 평소 집안에서도 금지하고 경계했음을 증험할 수 있다. 다만 최초에 물들었던 것으로 세상에서 지목을 받게 되었으니 약전, 약용은 사형 다음의 형벌을 적용하여 약전은 강진현 신지도로, 약용은 장기현으로 정배한다." (순조실록)

- 평 -

 나무에 숨어있던 표범이 먹잇감을 향해 급하게 달려드는 것처럼 어두움의 세력은 급속하고 빠르게 온 세상을 덮었다. 이제는 반대파의 거센 공격의 칼날을 피할 수 없게 되었다.

 채제공의 죽음, 반대파들의 모함, 오회연교 그리고 정조의 죽음, 책롱사건, 감옥에 투옥, 장기로 유배 결정은 조선의 정치적 폭풍의 회오리가 불어가는 과정이다. 정조 임금의 죽음은 막힌 댐이 터지듯이 한꺼번에 모든 것을 뒤엎어버렸다. 이로인해 조선의 하늘은 시커먼 어두움의 세력이 몰려와 짙은 어둠의 광풍이 몰아치고 있다. 이 바람은 광풍을 타고 기세를 올려 일으키는 세력의 흉흉한 바람이다. 이로 인해 조선이라는 배는 풍랑 속에 뒤집어 질 위험에 처하게 되었다. 그나마 간신히 버텨왔던 배안의 선원들은 물에 빠져 죽을 위기를 만났다.

 오래 전부터 회오리는 현명한 이들을 쓸어버리려고 노려보고 있었다. 아! 이 거센 바람이 마음과 몸의 이기적인 것과 불순한 냄새만 쓸고 가버리면 얼마나 좋을 것인가!

 어쨌든 천주교는 임금도 몰라보고 부모도 없는 사교 집단으로 전락되었고 탄압은 더욱 거세어졌다. 당시 '천주학쟁이' 라는 말은 죽기를 자원하는 어리석고 불쌍한 바보같은 사람을 두고 하는 말이 되어 버렸다.

 악한 자들은 사람들의 마음속 악을 흥분시켜서 작은 꼬투리를 잡아서 길길이 날뛰도록 사람들을 몰아갔다. 거세게 불어오는 탄압의 바람은 언제 사그라질 지 알 수 없는 형편이었다.

약용에게는 고난의 발걸음이 시작되었음을 알리는 요란한 서막이 시작되었다. 댐이 허물어져 한꺼번에 물이 쏟아지듯이 너무도 급박하게 죽음의 세력이 몰려왔다. 악의 계책이 정확하게 들어맞으면서 고난이 한꺼번에 몰려왔다.

정조의 죽음을 맞이한 1800년 6월부터 다음 해 감옥에 들어간 1월까지는 약용에게는 긴장의 시간이었다. 그 해 추석과 설날은 살얼음판 위에 서 있는 어린아이 신세와 같았다.

이제 그 긴장감도 사라졌다. 오가작통법을 가지고 천주교를 미끼삼아 잡아 가두고 죽이는 일을 쉴새없이 진행하는 흉악한 자들의 잔인함을 보았다. 야수와 같은 자들은 권력의 힘을 이용하여 힘없는 천주교도를 잡아서 처형하였다.

그간 선하게 살고자 했고 과단성 있는 성격을 가진 약용이 보기에 너무도 고통스런 현실이었다.

마치 새를 낚아채듯이 사람을 사로잡아 처형하는 것은 사람만 죽이는 것이 아니라, 마음속에 도사리고 있던 악이 진리를 죽이는 것과 같다. 조선에 남아있는 진리의 뿌리를 제거하려는 어두움의 세력에 불과했다.

약용은 고난에 대한 질문을 수도 없이 했다. "책롱 사건을 빌미로 그렇게 현명하고 덕스러운 이가환과 권철신을 숨쉴 틈도 주지 않고 죽이고 이승훈, 정약종을 처형하고 수많은 천주교도를 조금도 주저함 없이 죽이는가?"

 뻔뻔한 그들의 모습이 가증스럽기만 하였다. 왜 하늘은 저런 자를 두고 보고만 있는가? 하지만 약용은 날개 잃은 새와 같다.

 사람은 이성과 양심이 마음속에 남아있을 때 그를 사람이라고 부른다. 이성조차 잃어버리면 짐승보다 더 못한 존재가 되고 만다. 조선이라는 나라는 이성을 잃어버린 통제 불능의 괴물이 되어가고 있었다. 그 속에 악한 자들이 운전하면서 한꺼번에 세상을 어두움으로 물들여 괴이한 형체로 돌변하는 중이다. 그 형체는 또 다른 괴물을 낳으면서 또 진화를 거듭하고 있었다.

 이런 판국에 사람을 사람되게 만드는 천주교의 교리는 그들에게 적이 될 뿐이다. 성경에는 "하나님이 우리가 우리 형상을 따라 우리가 사람을 만들자" 라는 구절이 있다. 이 말은 천주교 교리는 결국 사람다운 사람을 만드는 것이다. 악인들이 동의할 리가 없다. 오히려 임금과 부모를 몰라본다고 따지고 있다.

 세상은 미련한 자들이 그렇게 날 뛰고 있었다.

 약용은 꿈에 노인이 가르쳐 준 것처럼 동심과 인성을 성의로써 공부해야 된다는 생각이 났다. 그렇다면 과연 고난이 왜 오는가? 약용은 그간 배운 모든 지식을 동원해서 스스로 자문자답하며 묻고 있다.

 "학문을 하는 이유는 무엇인가?"

 "인간이 짐승처럼 되지 않기 위해서이다."

 "그렇게 되려면 무엇이 필요한가?"

"배움이 필요하다. 배움 없이는 제대로 살아갈 수 없다."

"그러면 무엇을 배우라는 말인가?"

"나는 그간 성현의 진리를 찾고 배웠다. 실천하려고 노력하였다. 또 천주학을 통해서 만물의 창조 원리도 배웠다."

"그렇다면 당신은 왜 감옥에 갇히고 유배를 가야만 하는가?"

"모르겠다"

"정말로 모르는가? 아니면 알고 싶지 않은 것인가?"

"모르겠다. 이는 내게 주어진 운명인 듯 싶다. 천주님의 뜻인지 나도 알고 싶다. 그 변화를 공부해야 하겠다."

"아직도 공부할 것이 더 남아 있는가?"

"그간 내게 있는 지식이 지금의 고통의 원인을 답해주지 못하는 쓸모 없는 지식이라는 생각뿐이다."

"그러면 이제 무엇을 하려는가?"

"이제 시간이 허락된다면 그 원리를 알고 싶다."

약용은 토론하고 사색하는 머리가 발달된 사람이다. 오늘의 이 현실과 문제에 대해 토론할 친구가 없음이 아쉬웠다.

아! 천하의 재상감인 이가환을 매를 때려 죽이고, 65세의 권철신을 곤장을 쳐서 죽이다니..이승훈 같은 의인들을 무참하게 죽이다니...짐승보다 못한 놈들! 세상에 이럴 수가 있는가?

약용은 목이 메이고 숨이 가퍼서 도저히 살고자 하는 마음이 없다. 이대로 죽었으면 차라리 낫겠다는 마음 뿐이다.

4
첫번째 유배지
(1800−1801)

유배 가는 길

1801년 2월 27일, 차가운 바람이 부는 초저녁에 감옥에서 나왔다. 감옥에서 약용이 나오기를 기다렸던 막역한 친구 이유수와 윤지눌은 약용의 건강이 걱정되어 인삼을 달여 왔다.

이유수가 말했다.

"여보게! 이거라도 먹고 기운 좀 차리게나."

약용은 친구의 말에 속에서 북받치는 설움과 함께 그새 참았던 통곡이 속에서 올라왔다. 통곡을 겨우 참으며 서러움과 함께 약 사발을 들이켰다.

(이 일로 이유수는 죄인 정약용에게 아첨하고 약전에게 노자를 주었다는 죄명으로 강세윤의 상소로 3년 간을 귀양을 떠나야 했다)

그날 밤을 묵고, 다음 날 형제 정약전과 정약용은 유배를 떠나게 된다. 이미 손위 형 약종은 어제 2월 26일, 서소문 밖 새남터 사형장에서 눈보라와 함께 참혹한 죽음을 맞이했다. 너무나 끔찍한 현실에 약용은 넋이 나간 사람과 같았다.

어제 추운 겨울 날씨에 사형장에서 매형 이승훈과 함께 사형을 당하신 약종 형님 생각을 하면 너무 큰 충격과 슬픔이 몰려온다. 어려서 약종 형님과 장난을 치면서 땔감을 하러 다니던 시절이 막연하게 떠오른다. 차라리 자신도 한 많은 이 세상을 그만두고 싶은 생각이 밀려온다. 그리고 이런 현실이 자신에게 왔다는 사실이 느껴지지 않고 다만 먹먹한 느낌이 더욱 슬프다. 모든 것이 꿈만 같고 믿어지지 않는다. 약용은 거친 숨만 쉬었다. 생사가 왔다갔다 하는 이 순간에 눈 앞에서 슬퍼하는 아내와 자식들보다 그저 어이없는 현실에 오히려 차분해진 마음이 더욱 야속할 뿐이었다.

 큰 형님 약전은 전라도로 가기 위해 동작 나루를 건너 과천으로 향했고, 약용은 경상도로 가기위해 한강 나루를 건너 사평(지금의 고속터미널 근처)으로 향했다.

 약용은 돌모루 마을 석우촌(서빙고동 인근)에서 신지도로 유배 가는 약전 형님과 또 숙부 정재운과 계부 정재진과 헤어져야만 한다. 이미 머리가 희어진 숙부와는 살아 생전에는 더 이상 뵐 수 없다는 생각에 얼굴을 보는 순간 큰 설움이 북받쳐 올랐다.

 "숙부님 몸 건강하시고 오래오래 사십시오."

 "이 사람아! 이제 가면 언제 보려나. 자네 몸 생각하시게나."

 애써 태연한 척 인사를 건네는 숙부의 눈에는 눈물이 가득 고여 있다.

 약용은 이제 한강을 건너 모랫들(사평)까지 따라온 가족들과 헤어져야만 한다.

차마 얼굴을 들고 볼 수도 없다. 집안이 망하게 된 것이 자신의 부족한 탓이라고 여겨서 더욱 민망하다. 차마 발걸음이 떨어지지 않았지만 빨리 가자는 의금부 서리의 독촉하는 말에 억지로 발길을 돌리게 된다. 큰 아들 학연은 아버지를 쳐다보다가 고개 숙인 채로 길 바닥에서 큰 절을 올린다.

"아버지! 집 걱정은 하지 마시고 몸 건강하세요. 제가 꼭 찾아 갈게요."

"그래. 고맙다. 학연아! 엄마를 부탁한다. 엄마 말 잘듣고 동생을 잘 보살펴 줘라. 그리고 공부를 게을리 하지 마라."

어린 자식을 업은 아내는 슬픔을 참고만 있다. 아내에 대해서는 미안하여 더 이상 말을 이을 수가 없다. 약용은 고문으로 이미 몸은 갈기갈기 찢겨져 있으며 매를 맞아서 걸을 힘도 없다. 해가 지기 전에 가야한다고 재촉하는 의금부 서리의 말을 듣고 힘없는 걸음이라도 내디뎌야만 한다.

> 동쪽 하늘에 샛별 떠오르자
> 하인배들 서로 부르며 떠들썩하네.
> 산바람 가랑비 흩날려
> 헤어지기 섭섭하여 머뭇거리는 듯
> 머뭇거린들 무슨 소용 있겠는가?
> 어쩔 수 없는 이별인 것을
> 옷자락 떨치고 길을 떠나서
> 가물가물 벌판 넘고 내를 건너다
> 얼굴빛은 안 그런 체 해보지만
> 마음이야 난들 어찌 다르랴

고개들어 날아가는 새를 보니
오르락 내리락 짝지어 날고 있네
어미 소는 송아지를 돌아보고
암탉도 제 새끼 부르는구나.　　　(사평별)

(박석무 / 다산정약용평전에서 재인용)

　바람결에 가랑 비가 오락가락 흐트러진다. 뿌옇게 보이는 넓은 황토 길을 쉼 없이 걸어가야만 한다. 이것이 말로만 듣던 귀양 길이다. 형님들 생각에 참고 있던 슬픔이 격하게 올라온다. 소매로 눈물을 닦았다. 그리고 이내 마음을 정리하고 태연하게 걸음걸이에만 집중하여 하루 80리 길을 떠나야 한다.

　약용은 고문으로 아픈 몸을 부축여서 의금부 서리의 배려로 가다 쉬다를 반복해서 간신히 29일에서야 죽산에 당도하였다.

　이곳에서 하루를 묵고 3월 1일에는 가흥(충주 지역)에 도착하여 서리에게 부탁했다.

　"여보게 자네, 이제 가면 또 언제 부모님을 뵐지 모르니 부모님께 하직 인사를 드릴 수 있도록 해 줄 수 있겠는가?"

　평소 약용의 인품을 알고 있던 마음씨 좋은 의금부 서리는 곧 허락해주었다. 일행은 충주 하담에 있는 부모님 묘소에 당도했다.

　약용은 아버지, 어머니의 묘소를 보자마자 이제까지 참았던 설움과 눈물을 쏟아냈다. 한참을 울고는 정신 차려서 부모님께 큰절을 하고는 주저 앉아 일어서지 못했다.

　지금 약용에게는 집안이 망했다는 것과 아버지가 자신에게 글

공부를 시켜주고, 진사 합격했다고 자랑하고 다니셨던 것이 허사가 되었다는 생각, 끝없이 추락하게 되었는데 이것이 모두 자기 탓이라고 한탄했다. 약용은 묘소 앞에서 쉰 목소리로 울부짖으며 외쳤다.

"아버님, 약종 형님은 죽었습니다. 약전 형님은 경상도로 귀양 갔습니다. 저도 귀향 가는 중입니다. 우리 가족은 멸문지화를 당했습니다. 어찌하면 좋겠습니까? 아버님!"

> 아버님이여! 아시는지요.
> 어머님이여 아시는지요.
> 집안이 갑자기 무너져서
> 죽은 자식 산 자식 이 꼴이 되었어요.
> 비록 목숨 부지는 했지만
> 이제 크게 이루기는 글렀어요.
> 자식 낳아 부모님 기뻐하시며
> 부지런히 어루만져 길러주셨지요.
> 하늘같은 은혜 갚아야 마땅하나
> 풀 베듯 제거 당할 줄 생각이야 했겠습니까?
> 세상 사람들에게 다시는
> 아들 낳았다 기뻐하지 않겠네요." (하담별)

(금장태 / 다산평전에서 재인용)

- 평 -

약용은 죄인의 신분으로 호송 받아 귀양 가는 길이다.

난생 처음 유배 죄인이 되어 유배자의 걸음을 걷고 있다. 부모님 묘소에 들러 부모님께 집안이 망했다고 눈물로 하소연한다.

과거에 급제한 이후로 여러 차례 반대파의 모함이 있었지만, 이렇게까지 되리라고는 꿈에도 생각하지 못했다. 그러나 이제는 의지할만한 줄이 모두 끊어져버렸다. 의지할만한 것은 아무것도 남아있지 않았다. 오직 하늘만 바라볼 뿐이다.

약용은 지금 이벽이 가르쳐준 대로 천주교에서 말하는 십자가의 길을 걷고 있다.

이벽은 이렇게 말했다. "자기 십자가를 지고 나를 따라 오지 않는 사람도 내 사람이 될 자격이 없다."

십자가를 진다는 것은 육체의 고통만이 아니라 내적으로 악과 투쟁하는 것까지 포함한다. 즉, 자신을 유배 보내고 형님을 죽이는 데, 앞장 서는 무리들을 향해 앙갚음을 하겠다는 마음까지 버려야 한다. 이것이 마음속 악과의 투쟁이다.

십자가는 자기 부정을 해야만 질 수 있다. 약용은 자신의 고난에 대해 자책은 했지만 누구를 원망하는 글을 남기지 않았다. 이것이 약용의 십자가 정신이다.

또한 십자가는 남아있는 욕심과 이기심을 죽이는 것까지 포함된다. 고로 욕심을 버리지 않고 십자가를 지는 것은 헛된 공상에 지나지 않는다. 약용은 지금 모든 것을 버리는 법을 배우고 있다. 약용은 스스로 자신이 선하게 살았노라고 말했던 것처럼 선을 위해서는 악과 투쟁하는 작업이 남았다.

이 고통의 시간이 지나면 반드시 새로운 싹이 움틀 것이다.

이제 약용은 선으로 악을 이겨내야 한다. 악인들과 똑같이 거짓과 악에 머물러 있을 수는 없다.

무너져도 무너지지 않는 약용의 정신에는 선을 향한 진리의 목마름이 들어 있다. 고문으로 몸은 망가져 있지만 마음속에 살아있는 이성과 양심은 약용에게 아직은 죽지 않았음을 알리는 희망이다. 거친 숨소리를 내뱉으면서 힘없이 이 길을 걷지만 이 행로는 아직 버리지 못한 세속의 때를 버리는 중이다.

아무 기대도 희망도 가질 수 없는 이 길의 끝자락에서 무엇을 해야 하는가? 미래는 알 수 없지만 현재 약용은 인생의 참 의미를 찾고 있다. 악한 자들의 목적은 이미 뚜렷하고 확실해졌다. 저들은 정순대비를 등에 업고서 수많은 정적을 죽이고 그것도 모자라 더 죽일 사람이 없는가 하고 악의 이빨을 드러내며 발광을 한다. 하지만 그럴수록 약용에게는 이미 약용 자신도 모르는 꺼지지 않는 불씨가 마음속에서 조금씩 달아오르고 있었다.

악의 세력은 약용의 육체를 죽이고자 했지만 약용의 정신 세계는 죽이지 못하고 새로운 장소에서 타오르도록 도와주고 있다. 그 불씨가 강진에서 새롭게 발화하기 위해 세차게 바람이 부는 중이다. 그것이 유배 길이다.

장기, 유배 살이

1801년 3월 9일, 한반도 끝자락에 있는 장기현(포항시 남구 장기면)에 도착했다. 2월 27일 한양에서 출발한 지 열 흘만에 강추위를 뚫고 도착했다. 약용 일행은 동헌에서 현감에게 신고를 마치고 동문을 나섰다. 끝없이 펼쳐진 동해 바다가 약용의 시선을 사로잡았다.

약용은 장기면 마현리의 시냇가 자갈밭에 농사꾼이면서 늙은 장교 성선봉이라는 노인의 오두막에 거처했다. 이 때 약용의 나이는 40세이다. 장기는 지역이 낙후되어 있고 가끔 왜놈들이 출몰하는 지역이기도 하다. 특별히 유배자들이 많이 오는 곳이다.

지금의 영일만 호미곶에 해당된다. 약용은 이제 현감의 감독 아래서 지내야 한다. 약용은 한때 한림학사, 홍문관, 곡산부사, 암행어사, 승지, 참의를 지낸 당상관이었지만, 이제는 나라의 역적 천주학쟁이 죄인이 되어 춥고 배고픈 신세가 되었다.

대역 죄인은 서로 쉬쉬하며 전염병이라도 옮을까봐 눈치를 보면서 피했다. 아무도 반겨주지 않을 뿐 아니라 아는 척이라도 할까봐 두려워 피해간다. 유배 죄인의 삶이 시작되었다.

유배자는 정해진 마을 주민의 감시속에서 지내야 한다. 이들이 먹을 것을 주지 않으면 굶을 수밖에 없고, 누군가 찾아주지 않으면 외로울 수밖에 없다. 그곳 백성들의 인심에 기댈 수밖에 없다.

가장 큰 두려움은 달려오는 말 울음소리와 함께 언제 사약 사발이 날라올 지도 모르는 판국이다. 유배 오는 동안에도 혹시 사약이 날아올지 모른다는 생각도 하였지만 한편으로 지금의 형편은 죽는 것만 못하다는 생각도 밀려왔다.

최근에 일어났던 일을 돌이켜 생각해 보았다. 끔찍한 일이 자신의 주변에서 벌어졌다. 성균관에서 같이 수학했던 동료(이기경)가 자신을 죽이려는 데 혈안이 된 것과 그렇게 자신을 칭찬하고 따랐던 이들이 모두 고개를 돌린 현실이 믿어지지 않았다.

한편 약용은 온 몸을 움직이기 어렵고 불면증, 두려움과 공포증이 한꺼번에 몰려왔다. 현대 용어로 '외상후 스트레스 후유증'이다. 두려움과 공포 증세로 밤잠을 이룰 수가 없다.

축축한 습기가 올라오는 냄새나는 작은 방에 밤새 벼룩에 물려 뒤척이다가 바스락거리는 소리만 나도 자신을 부르는 듯 벌떡 일어났다. 더구나 고문으로 왼 팔의 통증이 심하게 몰려왔다. 몸을 비틀고서야 앉고 똑바로 앉을 수가 없다.

가장 큰 고통은 자신의 마음에서 울컥하고 올라오는 슬픔이었다. 이제 나랏일을 걱정할만한 처지도 아니다. 성호 선생님의 유지를 받들어 나라와 백성을 위해 뭔가를 하고자 했지만 변변히 이룬 것도 없이 유배 신세로 전락되었다. 그저 현실을 생각하면 답답하고, 헤어질 때 눈물 흘리던 아내와 등에 업은 갓난아이와 아들들을 생각하면 설움이 더욱 북받쳐 올라온다. 그래서 일부러 생각을 하지 않으려고 다른 생각을 하면서 지냈다. 시냇가에는 느릅나무 숲이 있다. 약용은 틈이 나면 그 숲을 거닐었다.

> 쓸쓸히 여관에 혼자 앉아 있으니
> 대나무 그늘에 하루 해가 느릿하게 간다
> 향수가 일어나면 억지로 눌러 앉히고
> 시구가 떠오르면 가만히 매만지네.
> 날아갔다가 금방 돌아오는 꾀꼬리 신의롭고
> 제비는 조잘대다가 갑자기 입 다문다.
> 다만 한가지 후회되는 것은
> 소동파 잘못 배워 바둑을 안 익힐 걸세.   (독좌)

장기에 도착해서 지은 시이다. 시간은 느리게 흘러가고 대나무는 미동조차 없다. 종일 앉아 있으니 고향 가족 생각만 저절로 올라온다. 하지만 곧 생각을 눌러 버린다. 꾀꼬리는 노래를 잘 부르더니 어디론가 날아가 버리더니 금새 돌아왔다. 제비도 재잘거리다가 무슨 생각인지 순간 입을 다물었다. 소동파는 바둑을 못 두었는데, 그가 여산의 백학관에서 사람들이 바둑 두는 소리에 마음이 즐거웠다고 했다. 그 모습이 자신의 모습이다. 예전에는 필요 없다고 여긴 그것이 가장 요긴하게 필요할 때는 배우지 못해서 못써 먹는다. 적막한 골짜기에 머무른 약용은 정작 할 줄 아는 것이 아무 것도 없었다.

약용은 표현력이 아주 뛰어났다. 그래서 집 생각나면 억누르고 싯구가 생각나면 표현할 방법을 생각했다. 그래야만 살 수 있었다. 매우 긍정적이다. 시를 지으면 막연한 두려움이 사라지고, 분명하고 뚜렷해진다. 약용은 장기에 유배 사는 220일 동안 60여 편 130여 수의 시를 지었다. 3, 4일에 한 편씩 지은 셈이다.

약용은 40 평생을 간단하게 3가지로 분류해서 요약한다.

"나는 자신을 잘못 간직했다가 나를 잃은 자이다. 어려서는 과거 시험 공부에 빠진 것이 10년이었다. 마침내 처지가 바뀌어 조정에 나아가 검은 사모쓰고 비단 도포입고 미친듯이 대낮에 큰 길을 뛰어 다녔는데 12년이다. 또 처지가 바뀌어 한강을 건너서 조령을 넘어 친척과 선영을 버리고 아득한 바닷가의 대나무 숲에 와서야 멈추게 되었다." (수오제기)

어려서는 과거 시험 공부하느라 세월을 보냈고, 젊어서는 벼슬하면서 뛰어다니느라 세월을 보냈고, 이제 여기에 와서 멈추었다는 말이다. 자신의 사명이 막다른 골목에 도달했음을 직감한다. 하지만 약용은 또 이런 말을 한다.

"내가 어려서 학문에 뜻을 두었으나 어언 20년간 선왕의 도를 알지 못했더니, 이제 여유가 생겼구나 하고 흔연히 기뻐하며 육경과 사서를 취하여 들춰보기 시작했다."

약용은 선량한 지식인이다. 약용의 목적은 여기에서 끝나는 것이 아니라 오히려 지식 추구의 시간이 열리게 되었음을 기뻐한다. 약용은 언제나 긍정적이다. 그래서 자신을 다독거렸다.

비록 시골 황폐한 땅에 혈육 하나 없는 마을에 잡혀서 빌어먹는 신세이지만, 이것이 전부가 아니기에 평소와 같이 마음을 고요히 하고 정신을 깨끗이 하고자 마음먹었다.

약용은 "이제야 조용하고 한가한 시간을 얻었구나!" 하고 스스로를 위로하였다.

그리고는 보따리 싸서 가져온 먹과 붓을 붙들고 양반 자세를 하고 앉았다. 눈을 감고는 무엇을 해야 하는가를 가만히 생각했다. 이제까지 배운 것이 글 쓰는 재주밖에 없는데 선비가 시골에 앉아서 무엇을 할 것인가?

사실 이곳은 자신을 고소하는 무리도 없고 단죄하는 자들도 없다. 하지만 친구도 없고 가족도 없다. 먹을 것과 잠자리는 불편하기 이를 데 없지만, 한가지 좋은 것은 밤과 낮은 일정하게 돌아가고 한가한 시간은 넘쳐난다. 이곳은 누가 알아주든 알아주지 않든 관계없이 스스로 공부하기에는 아주 좋은 환경이다.

취한 듯이 깬 듯이 반평생을 보내면서
간 곳마다 이 몸의 이름만 넘쳐났다.
진창 모래 천지인데 갈기 늦게 흔들었고
하늘 가득 그물인데 경솔하게 날개 폈다.
제산에 지는 해를 누가 잡아맬 것인가

초수에 풍파치니 마음대로 어찌 가랴
형제라도 운명이 다 같지는 않는 법
세상 물정 어두운 자신을 홀로 비웃는다.
많은 입이 쇠도 녹이는 것을 나이든 자는 다 알아서
뭇 주먹과 돌팔매를 이상하게 여길 것 없다.
사람들이 두려워서지 날 미워함 아닐러니
하늘의 뜻인데 그 누구를 원망하겠는가.
차가운 북극 별들은 어제와 똑같은데
서간의 풍랑은 어느 때나 그칠 것인가
막다른 길에서 이 가슴이 좁아질까봐.
바닷가 사립문에서 한 참을 우두커니 서있다. (자소)

이제까지 삶을 돌이켜보면 가는 곳마다 '정약용' 이라는 이름을 알아주는 이들이 많았다. 하지만 정작 자신은 어리석은 인생을 살아왔다. 너무 어린 나이에 날개를 일찍 펴고 날다가 그만 그물에 걸려들고 만 것이다. 그만큼 세상 물정 모르고 살아온 지난 날을 생각하면서 자신을 탓하고 있다.

약용은 길게 한 숨을 내쉬고는 책을 보았다. 이런 때는 한지눌, 이유수와 같은 친구가 있으면 아주 좋은 곳이다. 그들과 달 빛을 맞으며 술 한잔이 그리운 시간들이다.

약용은 자신이 학문을 하겠다고 결심하도록 이끌었던 성호 선생을 떠올렸다. 이럴 때는 그분의 가르침으로 돌아가야 되겠다고 생각했다. 성호 선생의 고고한 모습에 비하면 자신의 삶은 아직도 초라한 모습뿐이다.

눈 앞에 성호 선생께서 모아놓으신 속담집이 보였다. 그 책을 보니 성호 선생께서 약용 자신에게 뭔가를 말씀하시는 듯이 느껴졌다. 비스듬히 누워서 책을 보노라니 시름이 걷혀지기 시작하였다. 속담 하나 하나에서 깊은 맛이 우러났다.

속담을 음미하면서 그 속에서 우러나오는 깊은 진리의 맛이 느껴졌다. 약용은 일반 백성들이 일상적으로 쓰는 말에 이런 깊은 진리가 있다는 생각에 놀랐다.

"내가 너무 높은 데만 마음을 두고 살았구나. 내가 천하다 여기는 그 속에 귀한 것이 들어 있구나. 내가 장기에 붙잡혀 왔지만 하늘이 분명 나를 이 곳에 보낸 이유가 있을 것이다."

약용은 적극적으로 성호의 속담 집을 읽으면서 하나하나 곱씹기 시작했다. 그리고 습관대로 바로잡아야 할 곳은 바로잡고 운을 달기 시작했다. 이렇게라도 해야 학문에 몰입할 수 있고 과거를 잊어버릴 수가 있었다. 그렇게 책에만 몰두하니 아픔이 씻겨져 내려가는 듯 느껴졌다. 신기한 일이다. 절대로 이런 슬픔과 분노가 사라지지 않을 것이라고 생각했는데, 공부의 힘이 그만큼 크다는 것을 새삼 느꼈다. 약용의 유배살이의 공부가 이제 시작되었다.

— 백언시(百諺詩)

약용은 성호 선생의 속담집을 수정하고 완성했다. 그리고 서문에 이렇게 적었다.

"꼴 베고 나무하는 사람의 말도 성인이 택했으니, 시골 마을의 비루하고 저속한 말도 우연하게 이치에 맞을 경우에는 군자가 감히 소홀하게 여겨서는 안 된다. 옛날 성호 선생은 우리나라의 속담을 모았는데, 모두 백여 구절이다. 사리는 비록 밝았으나 도리어 운(韻)이 맞지 않아 옛 속담과 다른 점이 있었다. 신유년 여름에 내가 장기에서 귀양살이를 하면서 할 일이 없어 성호 선생께서 모아놓으신 것에 운을 달아 바로잡고, 이것을 '백언시' 라고 했다."

속담은 세속적이고 저속하지만 매우 현실적이다. 그 속에는 삶의 진리가 담겨 있다. 정밀하게 살펴보면 대부분 전후 이치에 맞는 말들이 많았다. 약용은 이 책에서 하찮은 삶이라고 여기는 그 속에 진리가 있음을 깨닫게 되었다. 약용에게 속담을 연구하면서 얻은 이득은 하늘의 비가 땅에 흡수되어 산천초목이 열매를 맺고 동물들이 살찌듯이 아무리 높은 지식이나 사상이라도 결국 낮은 데서 씨가 자라서 꽃이 피고 열매가 맺는다는 사실이다.

속담집을 새겨 보면서 약용은 이제야 자신을 보게 되었다. 자신은 언제나 남보다 뛰어난 삶을 살아왔다. 시를 지어도 누구보다 빨리 정확하게 묘사했고, 글을 지어도 즉각적으로 지었다. 모두들 어떻게 그렇게 빨리 시와 글을 자연스럽게 묘사할 수 있는가? 하고 감탄했다.

더구나 임금의 특별한 총애를 입고 살았다. 수원 화성에 성을 건축할 때도 정확한 셈 법으로 화성 건축 설계를 하였고, 무거운 돌을 들어 올리는 기중기도 설계했다.

어느 누구도 할 수 없는 일을 젊은 나이에 이루었지만, 하루 아침에 모든 것이 무너져 내렸다. 그리고 유배자가 되어 생전 듣도 보지도 못한 이곳에 와서 대나무 그늘에 시간 가는 줄을 느끼지 못하고 있다.

또 냄새나는 이불속에 누워서 잠을 자야만 하고 벼룩과 같은 벌레에 뜯기고 옷도 제대로 갈아입지 못하고 추운 밤을 떨어야만 한다. 가족은 멀리 떨어져 있고 아들들의 앞날이 걱정되고 현명한 임금 없는 이 나라에서 권력을 등에 엎고 미쳐 날뛰는 관료들의 한심한 작태가 걱정되었다. 이일 저일을 생각하면 모든 것이 걱정 되었지만 지금 당장 이곳에서 할 수 있는 일이라도 마저 해야 되겠다는 의무감이 생기기 시작했다.

이제는 마음을 비우고 자신의 몸과 마음을 다스리는 데서부터 시작해야 한다. 이벽이 가르쳐준 구절이 떠올랐다. 아기 예수는 추운 겨울 한밤 중 짐승이 사는 말구유에서 탄생했다고 하였다. 진리는 높은 데부터 출발하는 것이 아니라 낮은 데서 부터 출발함을 깨닫게 된다. 비천하고 낮은 곳에서부터 진리의 태양이 떠오르게 됨을 깨닫는다.

아직 죽지 않고 살아있으니 이는 뭔가 하늘의 뜻이 있는 것 아닌가 하는 마음이 들었다. 그렇다면 이제 할 수 있는 일을 찾자! 약용은 정조 임금께서 책을 주시면서 책을 교정하였는데, 그 일부터 하리라는 결심을 한다. 이런저런 생각을 하니 한결 마음이 가벼워졌다.

약용에게 성호의 속담 집 수정 작업은 낮은 데서부터 시작하라는 하늘의 뜻이라 여겼다.

속담을 통해 자신이 그간 너무 높은 데만 바라보느라 잃어버린 겸손함과 백성의 궁색한 삶을 잃어버린 자신을 발견하였다. 그것은 민초들의 삶의 이야기에서 보물과 같은 진리가 나온다는 사실을 발견했다. 이벽은 이런 구절도 말해주었다.

"저녁이 되고 아침이 되니 첫째 날이라"

아! 그래서 저녁부터 시작한다고 말했던 모양이구나! 만물의 깨달음이 어두움에서 시작되어 밝은 데 이른다는 진리를 발견하였다. 이는 고난을 통해서 얻은 진리의 즐거움이었다. 전에 약전 형에게 했던 말이 생각난다. 중들은 왜 즐거움도 없는데 이런 고행을 하는가? 물어보았는데, 그 의문이 스스로 풀려나는 듯 했다.

- 편지를 받고 답장을 하다

고향 땅에서 어린 종이 아들로부터 편지를 가지고 왔다. 편지를 받아본 약용은 몇 번이고 읽고 또 읽었다. 그리고 이렇게 답장을 썼다.

"무척 애타게 기다리던 중에 너희들 편지를 받으니 마음이 한결 놓이는구나. 학연의 병이 아직 덜 나았고 어린 딸 애의 병세가 악화되어 간다니 몹시 걱정스럽구나. 내 병은 약을 먹고 부터는 그런대로 나아지는 듯하고, 공포증으로 몸을 바로 세울 수 없던 증세도 아주 쾌해진다. 다만 왼 팔의 통증이 심상치 않았으나 점점 차도가 있는 것 같다. 이달 들어서는 공사 간에 슬픔이 크고 밤낮으로 그리움을 견딜 수 없으니 이 어인 신세인고. 더 말해서 무엇하겠느냐?"

편지를 보면 고통스러움과 절망적인 뉘앙스를 느끼게 된다. 현실에 체념하여 목숨을 부지하고 있는 그런 상태이다. 이제 4개월 째에 접어들었기 때문에 아직은 당시의 충격과 고통에서 벗어나지 못하고 있다. "더 말해서 무엇하랴"는 말속에 모든 할 말이 들어있다. 그렇지만 아무 소용이 없다는 현실적 절망감이 서려있다.

또한 지나온 과정이 이해되지 않는 부분이 많음을 의미한다. 공사 간에 생각하자면 슬픔이 크다고 했는데, 벼슬과 가족 모두 절망적임을 인식하고 있다. 특별히 약종 형님을 생각하면 말할 수 없는 슬픔이 더욱 밀려와 견딜 수 없다. 약종 형님은 완벽주의 성향이 있어서 일단 뜻을 정하면 최선을 다하는 성격이었다.

옥에서 나와 형장으로 갈 때 비웃는 자들을 향해 이렇게 말을 했다고 한다.

"당신들은 우리를 비웃지 마시오. 사람이 태어나서 천주를 위해 죽는 것은 당연한 일이오. 마지막 심판대 우리의 울음은 즐거움이 될 것이고, 당신들의 비웃음은 고통이 될 것이니 비웃지 마시오."

삼형제 모두 성호 선생의 유저를 함께 공부하였다. 자신과 약전 형은 학문을 활용해서 벼슬을 얻음으로 세상을 변화시켜 보고자 했고, 약종은 종교를 가지고 세상을 변화시키고자 그 길을 선택했다. 이제 약전 형과 더불어 자신은 초라하게 남아서 유배 자리만 지키고 있다. 아! 이게 무슨 일인가?

정조 임금을 생각하면 더 큰 아쉬움과 그리움만 생긴다.

"더 말해 무엇하겠느냐?" 이 한마디에 모든 것을 체념한 약용의 심사가 담겨있다.

"어찌하여 세상이 이렇게 돌아간다는 말인가?" 이미 저질러진 일이고 엎어진 물이니 돌이킬 수 없는 일이 되었다.

그물에 걸린 고기 신세가 되어 부엌의 도마에 올라갈 처지가 되어버린 지금에 와서 어찌 할 도리가 없다.

약용은 첫번 편지를 받고 82일이 지난 후, 두 번째 편지를 받고 다음과 같이 답장을 보냈다.

"날짜를 헤아려 보니 편지를 받은 지 82일 만에 너희들의 편지가 왔구나. 그 사이에 턱 밑에 준치 가시 같은 하얀 수염이 여덟 개나 길었다. 네 어머니가 병이 난 것은 그렇다손 치더라도 큰 며느리까지 학질을 앓았다니 더욱 초췌해졌을 얼굴 모습 생각하면 애가 타 견딜 수가 없구나...형수님의 정경 또한 측은하기만 하구나. 너희는 그분을 어머니같이 섬기고 사촌동생 육가(정약전의 아들 학초의 아명)를 친동생처럼 지극한 마음으로 보살피는 것이 옳은 일이다. 내가 밤낮 빌고 원하는 것은 오직 문장(학유의 아명)이 능히 선비 기상을 갖게 되는 것이니, 그렇게만 된다면야 무슨 한이 있겠느냐. 이른 새벽부터 밤늦게까지 부지런히 책을 읽어 이 아비의 간절한 소망을 저버리지 말아다오. 어깨가 저려서 더 쓰지 못하고 이만 줄인다."

첫 번째 편지보다는 조금 현실적이다. 아들의 선비 기상을 기대하고 있다. 마음의 상처가 약간은 벗어난 느낌이다.

그러나 난생 처음 겪어보는 귀양살이고 죄인된 입장이다. 지금은 정조 임금이 없기에 희망이 보이지 않는 입장이다. 자신도 더 이상 어쩔 수 없는 힘없는 존재에 불과하다.

그러나 사실 약용은 이제 40살이다. 아직은 젊은 나이이다.

속절없이 시간을 보내고 있지만 그럼에도 걱정되는 것은 당연히 가족들이다. 남은 것은 가족뿐이다. 특별히 형님의 아들을 잘 보살펴주라고 아들에게 부탁하고 있다. 며느리는 아직 어린 나이인데 학질까지 걸렸다는 말에 더욱 마음은 심란하다.

부지런히 책을 읽은 선비 기상을 가진 아들의 모습을 보고 싶다. 하지만 이런 희망은 아들을 통해서 자신의 모습을 보고 싶은 마음이 우러나온 것이다. 모든 아버지의 심정이다.

극악한 환경에서 의로운 마음을 잃지 않고 비굴하지 않는 선비의 기상을 세우고 싶었다. 약용은 성호 선생을 통해 이런 기상을 배웠고 이런 마음은 약용의 깊은 마음속에 자리잡은 가장 소중한 보물이다.

– 농민들의 궁색한 삶을 보다

약용은 장기에서 궁색하게 살아가는 농민의 모습을 보았다. 장기는 바다를 끼고 있어서 어업이 성행하였는데 약용은 그들의 생활상을 보면서 탄식한다.

 벼슬에 있을 때는 이들의 실정을 이해할 수 없었다. 지금은 이들의 현실을 직접 경험하고 있다. 그리고 실학자 답게 그들에게 농기구와 어업기구에 대해서도 조언을 아끼지 않았다.

　　보릿고개 험준한 태항산 같아서
　　단오 명절 지난 뒤에 풋보리 겨우 나와
　　풋보리 죽 한 사발은 누가 가져다가
　　비변사 대감께 맛보라고 나눠줄까
　　　　　　　　(장기농가/ 박석무, 다산정약용평전에서 재인용)

 보릿고개는 지난 겨울에 추수한 것을 다 먹어 버려 다음 추수까지 먹을 것이 없는 시기이다. 단오는 초여름이 시작되기 전이다. 이때 곡식을 거둘 수 없기에 풋보리 죽이라도 먹어야 살기 때문에 더 이상 대감께 가져다 줄 죽조차 없다.
 물론 대감들은 그런 보리죽은 쳐다보지도 않겠지만 말이다. 이는 관리와 농민이 빈부의 격차가 나는 것을 의미한다.
 약용은 당시 '보릿고개' 가 얼마나 어려운지 중국 태항산보다 높다고 표현했다. 농민들이 얼마나 어렵게 살고있는지를 실감나게 말해준다.

－이발기발변(理發氣發辨)
 약용은 긴장이 조금 풀려서 인지 더욱 온 몸이 아프고 쑤시다. 왼 팔은 아예 움직일 수도 없다. 매 맞은 다리는 더욱 부어올랐다. 하지만 가만히 누워있을 수도 없다. 누워있자니 더욱 오만 가지 잡념이 떠올라서 미칠 지경이 되었다. 억지로 몸을 일으켜서 글을 읽는 순간만큼은 고통을 잊어버릴 수가 있었다.

하지만 정조 임금을 생각할 때는 더욱 힘들고 고통스러웠다. 갑자기 왜 승하하셨을까? 하는 의문이 꼬리를 물고 생각이 났다. 정조 임금도 의학에는 일가견이 있는 분인데 무슨 처방을 했길래 갑작스러운 죽음을 맞이했나?

약용은 절대로 정조를 잊을 수 없다. 임금이 살아계시고 오회연교대로 잘 되었으면 오늘의 이 지경까지 변을 당하지 않았을 거라는 생각이 밀려왔다. 만약 그랬다면, 약종 형님은 전교 활동을 하고 있었을 것이며, 이가환은 재상에 앉아 임금을 도와 개혁을 논의했을 것이며, 이승훈도 판서 자리에 앉아 신문물을 도입해 새로운 세상을 가꾸었을 것이고, 약전 형님과 자신도 모든 것을 뜯어 고치는 개혁에 동참하였을 것이다.

그런데 어찌하여 정조 임금의 등에 있는 종기 치료를 '연훈방'(가루로 낸 경면주사와 다른 약재를 섞어 한지에 말아 불에 태워 연기로 쐬이는 치료법)으로 할 필요가 있었는가? 어찌하여 종기 하나에 급작스럽게 돌아가셨는지 의원으로써 도저히 이해할 수가 없다.

현재 노론 벽파들의 하는 짓거리를 보면 그간 그들을 너무 좋게만 인식하였다는 뒤늦은 후회가 밀려온다.

하지만 지금은 귀양온 처지에 누구에게 이런 말을 꺼낼 수도 없다. 약용은 정조를 떠올리면서 성균관에서 학문할 때마다 그때 정조가 주신 과제를 하느라 동분서주했던 일을 회상하였다.

돌이켜 보면 약관 23세의 나이로 임금의 특별한 은총을 받았던 것은 큰 행운이었고 그 때가 가장 행복했던 순간이었다.

약용에게 가장 즐거웠던 때를 꼽으라면 아마 이때였을 것이다.

약용이 정조의 지시로 '중용' 에 대한 보고서를 올렸을 때, 남인 계통의 생도들은 모두 퇴계의 학설이 옳다고 했다.

그러나 유독 약용은 남인이면서도 율곡의 이론이 옳다고 올렸다. 이 일로 남인의 비난을 받기도 했지만, 임금 앞에서는 절대로 거짓을 말할 수 없다는 확신을 갖고 있었던 약용으로서는 그 누구의 비난에도 아랑곳 하지 않았다.

임금 역시 거짓 없는 약용의 모습을 보고 가까이 하고자 했으며 따뜻한 위로와 격려를 해주었다.

17년이 지난 지금, 지난 날 정조와 논했던 시절의 즐거움을 회상하면서 '이발기발변' 을 다시 보고 싶었다.

대부분 노론은 율곡을 지지하고 남인은 퇴계를 지지하는데, 약용은 또 다른 관점으로 퇴계와 율곡을 보고 있다.

퇴계는 꼼꼼하고 상세한 반면 율곡은 큰 눈으로 리와 기 전체를 강조하여 만물의 근본 법칙을 말하고 있다.

부분과 전체를 보는 시각은 나무와 숲을 보는 것과 같다. 하지만 결국 같은 산에 있으며 하나의 목표를 가지고 있다. 즉, 이발론과 기발론의 학문적 견해는 같은 이론을 가지고 강조한 면이 다를 뿐이라는 것이다.

약용의 통찰력은 둘을 모두 아우르고 있다. 이 논리가 학자들이 떼를 지어 싸움까지 가야 하는 것은 타인의 시각을 수용하지 않는 양반들의 고집스런 편견일 뿐이다. 여기서 약용의 합리성이 빛을 발한다. 약용의 합리성은 둘 사이에 다리를 놓는다. 이쪽과 저쪽의 공통분모를 발견해야만 그 사이를 합리성이 연결할 수 있다. 다른 이들에게 없는 합리적 정신은 약용에게 돋보이는 부분이다.

- 의원 약용

당시의 백성은 못 먹고 못 배웠다. 그래서 질병이 많았고 치료법에도 무지하였다.

의학은 산과 들에 널려있는 약초를 다려 먹게 하는 기술이다. 의학 지식에 무지했던 불쌍한 백성들은 민간 의학에 의존하여 오히려 병이 더욱 도지기도 하였다. 그러니까 사이비 의원에게 목숨을 맡기는 꼴이었다.

약용은 비록 귀양살이 중이지만 사실 당대에 최고의 의학적 지식을 가진 의원이다. 이미 곡산 부사 시절에는 홍역과 장티푸스 치료법에 대해 기록한 '마과회통' 책을 기록한 일이 있으며, 사이비 의원이 많으므로 정책적으로 의원을 제대로 길러야 한다고 주장하기도 하였다.

약용이 장기에 온지 몇 달이 지나서 약용이 병들었다는 소식을 듣고 아들이 의서와 약초 한 상자를 보내왔다. 약용이 병에 시달리는 것을 보고 아들이 아버지를 위해 보내왔다. 객관지기 아들이 약용의 책을 보고는 이런 말을 했다.

"이곳 장기의 풍속은 병이 들면 무당을 시켜서 푸닥거리를 하고 그래도 효험이 없으면 뱀을 잡아먹고, 뱀을 먹어도 효험이 없으면 죽기를 기다립니다. 선생님은 어찌하여 선생님이 보신 의서로 이 궁벽한 고장에 은혜를 베풀지 않으십니까?"

이 말을 들은 약용은 그 말이 옳다고 여겨 "그대의 말에 따라 의서를 만들겠다"고 대답했다.

그래서 의서 가운데서 뽑아서 민간에 활용할 수 있도록 40여 장에 해당하는 간편한 처방책을 기록하였다.

이를 두고 "촌병혹치" 라고 이름을 붙였다. 이 책은 40여 장의 분량으로 간결하면서 실용적인 의학 서적이다. 현재 이 책은 서문만 남아있다.

이 책에서 '본초강목' 에서 희귀한 약재를 빼고 서민들이 쉽게 구할 수 있는 것을 선택하여 활용할 수 있도록 했다. 그 지역 병에 걸린 백성들의 입장에서 보면 약용은 목숨을 살리는 은인이기도 한 것이다. 병에 걸린 이들은 지푸라기라도 잡는 심정으로 의원을 찾는다. 약용이 의원으로 소문이 나면서 오랜 병에 시달리는 사람들이 찾아오기 시작하였다.

사람들에게 도움을 주면서 외부 세계와 소통을 하게 되었고 또한 백성들이 베풀어주는 인정으로 위로를 받게 되었다. 이런 소문은 삽시간에 퍼졌다.

- 평 -

고문을 당한 후 가족을 뒤로 한 채 한양에서 장기 유배지까지 걸어가는 심정을 상상해 보았다. 약용에게는 불과 얼마 전까지 벼슬에 있었는데, 대역 죄인으로 버림받은 신세가 된 것은 천당과 지옥의 차이라고 여겨졌을 것이다. 그래서 약용은 유배 초기에 스스로 각성하는 시를 많이 지었다. 약용은 자신을 두고 이렇게 말했다.

"꼴좋다! 미인박명이라더니 꼭 날 두고 한 말이다...뱀 허물과 매미 날개 같은 재주만 믿고 한 치 앞도 내다보지 못하더니 의침린(蟻侵鱗) 개미가 용의 비늘을 침범하더라도 이제는 아무 것도 할 수 없는 처량한 신세이다."

혼자 똑똑한 척은 다하더니 결국 자신의 몸 하나도 감당하지 못하는 바보라고 말한다. 이제는 어쩔 수 없는 신세가 되어 버렸다. 어려서부터 책을 읽어서 마음을 바로 세우는 것까지는 좋았는데, 작은 재주 하나 믿고 까불더니 그야말로 "화살 맞은 새와 그물에 걸린 고기 신세" 이다.

예전에 잘 나갈 때는 천하가 자기 편에 있었는데, 한번 고꾸라지니 온 세상이 한꺼번에 달려들어 물어뜯었다. 세상 인심이 사납고 강퍅하다.

약용은 조선 선비들의 잔인함을 실감하였다. 겉으로는 맹자를 들먹이면서 선한 척 하다가도 남의 작은 허물이라도 발견하면 자기 논리를 내세워 무자비하게 처벌하였다. 유배지에 도착한 약용은 육체적 고통과 함께 의욕상실이었다.

그럼에도 불구하고 우리가 관심있게 살펴보는 것은 그의 정신 세계이다. 한 알의 씨가 땅에 떨어지면, 씨는 땅과 접촉해서 변화가 일어 땅을 뚫고 새 싹이 터져 나온다.

심지어 벌레 속에 씨가 들어가면 벌레를 뿌리삼아 동충하초가 된다. 중요한 것은 정신 상태이다. 씨가 살아있다면 또 살아서 다른 변화를 이룬다.

약용의 육체는 말할 수 없이 고통스럽지만 신기하게도 머리속에 들어있는 지식은 그대로 살아 있다. 그 지식이 진리의 씨가 된다면 비록 땅에 떨어졌다고 하더라도 반드시 열매를 맺을 수 있다. 왜냐하면 씨 안에 생명이 있기 때문이다.

중요한 사실은 약용이 이제까지 공부하고 실천하고자 했던 학문이 진리였느냐? 아니냐? 하는 문제이다. 만일 그간 공부한 사상이 죽은 것에 불과했다면 유배와 함께 파묻혀 버릴 것이다. 하지만 그 지식이 약용의 가슴속에 살아있는 진리라면 살아서 뿌리를 내려 변화를 일으켜 싹을 피울 것이다.

그것이 문제이다. 이렇게 각박하고 처절한 환경에서 약용의 정신이 살아있다면 그가 배운 진리가 살아있다는 증거이다.

약용은 어려서부터 사서육경을 배우면서 살아왔다. 약전, 약종 형님도 마찬가지이다. 비록 어쩔 수 없는 사정으로 뜻을 이루지는 못했지만, 또 다른 땅에 심겨서 싹이 나온다면 살아있다는 증거이다.

 이벽, 이승훈, 이가환과 같은 좋은 씨앗이 옥토를 만나지 못해 결국 큰 나무로 성장하지 못하고 힘없이 쓰러지고 말았다. 하지만 그들도 역시 어느 한 부분 자기 몫을 감당하였으리라!

 지금의 조정은 온통 간악한 무리들 천지이다. 조정이라는 땅은 길가와 같이 단단해서 씨가 들어가지 않는다. 씨를 뿌려도 새들이 쪼아먹고 말 것이다. 다른 말로 해서 아무리 좋은 사상과 진리를 말해도 그들의 헛된 생각과 쓸데없는 편견과 망상이 좋은 사상을 덮어버리고 말 것이다.

 조선이라는 땅은 너무도 단단해서 아무리 좋은 씨가 바람결에 날아온다고 하더라도 결국 말라 버리고 만다. 청나라로부터 불어오는 신문물의 바람에 실려, 좋은 인재들이 밭을 가꾸어 새로운 옥토를 일구어 보고자 땅을 서서히 갈구고 있었는데, 갑자기 거센 폭풍이 불어와 모든 것을 삼키고 말았다.

 지금 길가와 같이 강팍한 마음의 소유자들, 자신에게 다가오는 불이익은 절대로 못 참는 소인배들이 수준 낮은 편견과 오만에 사로잡혀 아름답고 순수한 학자를 모두 죽였다. 가슴의 뜨거운 열정은 하나도 없고 봉급에만 눈독 들이는 소인배들이 득실거리는 곳, 그곳이 조선의 조정이다.

이기론에 대한 평

 조선시대 학자들의 머리를 지배했던 이(理)와 기(氣)는 무엇인가? 퇴계는 말했다. 이는 본연지성(本然之性), 도심(道心), 천리지공(天理之公)이고, 기는 기질지성(氣質之性), 인심(人心), 인욕지사(人慾之私)이다. 사단(四端, 인仁, 의義, 예禮, 지智)은 이발이요 칠정(희노애락애오욕, 喜怒哀樂愛惡欲)은 기발이 된다고 하였다.

퇴계의 이 말은 조선 사회의 파장을 일으켰다. 퇴계는 사단과 칠정을 분리해서 사단은 이가 발하며 기는 이를 따르는 것이고, 칠정은 기가 발하여 이가 기를 올라탄 것이라고 말했다.

그러나 율곡은 퇴계의 이런 견해에 반대한다.

율곡은 기는 능동적이고 자발성을 가진다는 기본 원칙을 세운다. 그래서 '기발이이승지(氣發而理乘之)' 라고 말했다.

인간의 행동은 기에서 출발하며 그 까닭은 이가 있기 때문이다. 기가 아니면 출발할 수 없고, 이가 아니면 또한 출발할 까닭이 없다. 성인이 다시 나온다 하여도 이 말은 고칠 수 없다고 말했다. 율곡의 이런 이론을 '기발이승일도설(氣發理乘一途說)' 이라고 부른다.

약용은 퇴계와 율곡은 부분과 전체에 대한 시각 차이일 뿐이고, 실제 둘은 같은 의미를 말한 것이라고 말한다. 즉, 둘 사이에서 공통 분모를 찾아낸다.

그러면 이기론에 대한 내 생각을 말하고자 한다.

우선 이와 기는 인간의 마음을 말하며 마음에는 하늘과 땅의 높은 차이가 있는 것처럼 높이와 깊이가 있다.

예컨대, 사과 열매에는 껍질이 있고 속살이 있는데, 껍질과 씨까지는 거리가 있는 것과 같은 이치이다. 껍질과 속살까지는 아주 가까워 보이지만 인간의 마음은 한없이 깊은 계층이 존재한다. 쉽게 설명하자면 이는 속살에 해당되고 기는 겉껍질에 해당된다.

그렇다면 결국 퇴계와 율곡의 논쟁은 속살과 껍질의 논쟁이라고 할 수 있다. 속살에는 기본적으로 씨가 들어있다. 그것은 퇴계가 말하듯이 본연지성이다. 변하지 않는 본래의 성(性)이다. 성은 마음속에 들어있는 천리, 도심을 말하는데, 이는 곧 선을 말한다.

고로 이는 속사람에 해당되고 기는 겉사람에 해당된다. 바울도 속사람을 추구했지만 그렇지 못한 자신을 두고 탄식했다. 이에 도달하지 못하는 기를 두고 안타까워했던 것이 된다.

그리고 기는 기질지성, 인심, 인욕지사라고 말했는데, 오늘날의 용어로 말하면 기억과 욕망과 욕구 등을 말한다. 과일로 말하자면 껍질 부분에 해당되는데, 세속과 접촉하는 마음이며 가장 외적 부분에 위치해 있다. 그래서 기질이 드러나기에 기질지성이라고 말한 것이다.

퇴계는 사단칠정론을 이(理)와 기(氣)를 분리해서 설명했으며 기대승은 현상으로 이해했으며 율곡은 전체적인 마음으로 이해했을 뿐이다.

퇴계의 이론에 의하면 사단(四端)은 이(理)에 해당하기 때문에 근본적으로 선한 것이고, 칠정(七情)은 기(氣)에 해당되므로 선과 악이 섞여 있다고 하였다.

 이에 대해 기대승은 말하기를 "사단이 이(理)이고 칠정이 기(氣)에 해당된다고 하면서 또 칠정은 이와 기가 섞여있다면, 그렇다면 결국 칠정속에 있는 이(理)는 사단(四端)의 것이 아니냐?" 고 말하면서 앞뒤가 안 맞는다고 반박하였다.

 그러나 사실 이것을 과일의 겉껍질과 속살로 이해하면 쉽게 풀릴 수 있다. 예컨대, 이를 순수 선이라고 말하고, 기를 선과 악이 등급에 따라 섞여 있는 상태를 한다면 퇴계가 기대승의 반박에 대해 설명이 가능했을 것이다. 기의 상태는 빛과 어둠이 섞여 있는 상태라고 보는 편이 낫다. 고로 기는 사람마다 정도 차이가 있을 수밖에 없다.

 그러니까 이와 기는 둘 다 마음이지만 수준 차원이 다른 마음의 깊이를 이해하지 못했기 때문에 퇴계는 그의 이론에 반박하는 자들에 대해 해답을 주지 못했던 것이다.

 사람마다 선과 악의 상태가 다르다는 사실을 생각하면 기를 단편적으로 누구에게나 적용하여 말하기 어렵다는 사실을 알 것이다.

 이를 과일 열매로 설명했다면 퇴계이든 율곡이든 기대승이든 모두 수긍을 했을 것이다.

 이런 연구는 인간의 근원됨과 사람을 움직이는 원리를 알고자 하는 노력들이다. 우리 선조들의 노력도 대단하다.

황사영 백서사건

중국 북경에 있는 구베아 주교는 1790년에 조선 천주교회에 제사 금지령을 내린다. 하지만 북경에 있는 자신의 교구에는 그런 명령을 내리지 않았다. 바로 이런 장면이 안타깝고 분통이 터지는 장면이다. 이로인해 제사를 중시하던 조선의 양반층 신자들은 교회를 떠나기 시작하였다. 권철신, 이승훈 등이다. 관혼상제 중에 제사 드리는 것에 일생의 목표를 두고 살아가는 조선인에게 이는 파격적인 결정이다.

교회의 지도층으로 활약하던 윤유일과 최창현, 최인길, 지황, 강완숙은 지황을 북경으로 파견한다. 지황은 구베아 주교를 만나 성직자 파견 약속을 받았다. 이때 구베아 주교가 선발한 사람이 북경 신학교의 첫 졸업생인 중국인 주문모 신부였다.

그는 1795년 1월 4일, 주문모 신부는 마침내 지황, 윤유일 등의 안내를 받아 서울에 도착한 뒤 정동에 있는 집에 머무르며 조선 말을 배웠다.

1795년 4월 5일, 한국 땅에서 최초로 정동 최인길의 집에서 부활절 미사를 집전하였다. 그러나 밀고자에 의해 주 신부의 거처가 포도청에 알려졌고, 5월 11일에는 체포령과 함께 포졸들이 정동으로 파견되었다. 을묘박해가 시작되었다. 주문모 신부는 강완숙의 집으로 피신하였지만, 집주인 최인길이 체포되고 이어 윤유일, 지황도 체포되었다.

이때 포도대장은 주문모 신부의 거처를 알아내려고 무서운 형벌을 가했다. 1795년 6월 28일, 세 명은 포도청에서 매를 맞아 죽임을 당한다. 밀사로부터 이 소식을 전해들은 구베아 주교는 다음과 같이 그들의 행적을 기록하였다.

"지황, 윤유일, 최인길 세 교우는 그리스도교를 믿고 십자가에 못박힌 자를 공경하느냐는 질문에 그들은 용감히 그렇다고 대답하였다. 그리스도를 저주하고 모독하라고 하자 그들은 그렇게 할 수 없다고 말하고 예수 그리스도를 모욕하고 모독하기보다는 차라리 천번 죽을 각오가 되어 있다고 단언하였다. 재판관들은 격분한 나머지 죽을 때까지 그들에게 고문을 가하도록 지시하였다."

1801년 여름, 주문모 신부가 자수하였다. 주문모 신부는 새남터에서 5월 31일에 죽임을 당했다. 그의 나이 49세였다.

새남터는 군인들의 연무장으로 이용되던 곳으로 모반 죄인과 같은 중죄인을 처형할 때 쓰던 형장이다.

1801년 9월 29일, 황사영의 백서(帛書)가 발각되었고, 10월 3

일 충청도 제천 베론 산속에 숨어있던 황사영이 체포되었다.

황사영은 1790년(정조 14년) 16세의 나이로 뛰어난 답안으로 사마시에 합격하여 진사가 되었고, 19세에 장원 급제를 하였다. 정조는 인물을 알아보고는 그를 불러 손목을 잡으며 "네가 20세가 되거든 나를 만나러 오너라. 어떻게 해서든지 네게 일을 시키고 싶다."고 하면서 공부하는 비용으로 사용하라고 내탕고에서 임금의 재량으로 지급금을 하사하였다. 임금이 손목을 잡아준 것도 영광인데 지급금까지 준다고 하는 것은 매우 이례적이다. 그래서 그는 오른손에 비단을 감고 다녔으며 사람들은 이에 대해 예를 표했다. 그는 임금이 감탄할 정도로 천재적 재능을 가졌으며 정약종의 제자가 되어 천주교 신앙을 배워 교리를 전파했다.

황사영은 박해가 심해지자 백서에 천주교 신도들의 신앙 활동과 희생된 신도들의 행적을 소상하게 기록하여 북경의 천주교회 주교에게 보고하면서, 박해의 경과와 재건책에 대한 의견을 길이 62cm, 너비 38cm의 흰 비단에다 한 줄에 110자씩 121행, 도합 1만 3311자를 검은 먹글씨로 깨알같이 써서, 옥천희(玉千禧)로 하여금 중국으로 떠나는 동지사(冬至使) 일행에 끼어서 북경 주교에게 전달하게 하려고 하였다. 백서의 내용은 1785년(정조 9년) 이후의 교회의 사정과 박해의 발생에 대하여 설명한 다음, 신유박해의 상세한 전개 과정과 순교자들의 간단한 약전(略傳)을 적었다. 그리고 주문모 신부의 활동과 자수와 그의 죽음에 대하여 증언하였다. 끝으로, 폐허가 된 조선 교회를 재건하고 신앙의 자유를 획득할 수 있는 방안에 대하여 언급하였다.

백서에는 중국 정부와 서양의 힘을 빌려 조선 정부를 압박하여 천주교 금압 정책을 해소시키고 신앙의 자유를 얻을 수 있도록 군대를 파견해 달라고 청원하였다. 그러나 이는 천주교에 반대하는 세력이 볼 때는 아주 흉칙스러운 글에 불과하였다. 이는 반대 세력에게 또 하나의 빌미를 제공해 주었다.

조정에서는 백서가 원본 그대로 중국에 전달되어 주문모 신부의 처형 사실이 알려질 것을 염려하여, 신유사옥의 정당성을 설명하는 토사주문(討邪奏文)과 함께 황사영 백서의 내용을 16행 923자로 대폭 축소하여 청나라 예부(禮部)에 제출하여 청나라를 거짓으로 무마시켰다.

이로인해 황사영은 능지처참 형을 당하였고 처 정명련은 노비로 제주도 대정으로 유배가게 된다. 정명련이 유배 갈 때에 명련은 두살 자리 아들 황경헌을 데리고 갔는데, 배가 추자도 예초리에 잠시 정박할 때에 명련은 뱃사공을 매수하여 아들을 물새울 황새 바위에 두고 떠난다.

이대로 아들을 데리고 제주도로 가면 평생 노비로 클 수밖에 없었기 때문이다. 아들을 바위 위에 두고 떠날 때 명련의 가슴이 어떠했겠는가?

황경헌은 마침 소를 방목하던 오씨 어부의 아내에 의해 발견되어 길러진다. 황경헌은 이 섬에서 어부로서 일생을 마쳤고, 그의 후손들은 6대까지 이어져 추자도에 살고 있다.

오씨가 황씨를 아들처럼 길렀기 때문에, 지금도 추자도에서는 황씨와 오씨는 서로 결혼을 하지 않는다고 한다.

장기에서 어느 정도 마음을 조금 놓고 있던 약용에게 10월 20일에 한양에서 금부도사가 들이 닥쳤다. 금부도사는 문 사립문 밖에서 크게 소리쳤다. "죄인 약용은 왕명을 받으라!"

약용이 놀라서 눈을 들어 보니 다행히 사약은 없었다. 느릅나무 숲으로부터 불어오는 차거운 바다 바람이 얼굴을 스쳐 차가운 느낌이 느껴졌다.

약용은 아무 영문도 모른 채 7개월여 만에 장기에서의 유배생활을 마치고 한양으로 압송되었다. 한양에서 내려올 때의 심정보다 한양으로 올라갈 때의 약용의 심정은 더욱 참담하였다.

가을 단풍은 아름다웠지만 약용의 마음은 더욱 두려웠고 걸음걸이는 천근만근 무거웠다. 무슨 일인지 알 수는 없지만 일이 앞으로 어떻게 전개 될른지 아무도 알 수 없는 형편이었다.

약용은 이제 앞으로 될 일을 하늘에 맡길 뿐이었다.

10월 27일, 한양의 의금부 감옥에 갇혔다. 이곳에 와서야 비로소 사건의 내막을 알 수 있었다. 이 일로 이치훈, 이관기, 이학규, 신여권 등이 함께 체포되었다. 신지도에서 귀양살이하던 약전 형님도 한양으로 압송되어 감옥에서 만났다. 보고 싶었던 약전 형님을 8개월 만에 보게 되었다. 약용은 형님을 보는 순간 막내 동생이 형께 의지하듯이 서글프게 울었다. 형님에게 큰 절을 올리고 손을 붙들고 눈물을 흘리며 말했다.

"형님 얼마나 고생이 많으셨습니까? 저 때문에 형님까지 고생을 하게 만들었네요."

"무슨 말을 하는가? 자네가 무슨 죄가 있는가? 얼굴이 많이 수척해졌네 그려. 자네나 나나 이 일에 혐의가 없으니 별 일이야 있겠는가? 너무 걱정하지 말게나. 마음을 굳게 먹게나."

약용은 형님을 뵙게 된 감격과 더불어 지난 날 약종 형의 처형과 더불어 온갖 불안한 생각이 스쳐 지나갔다. 황사영은 약현 형님의 딸의 남편이기에 일의 심각성을 알만 했다. 형제는 조사받는 시간외에는 꼭 붙어서 잠시라도 떨어져 있기가 아쉬웠다. 형님이 형틀에서 매를 맞고 초죽음이 되어 오는 모습을 보자니 더욱 마음이 찢어질 듯이 아팠다.

동문 수학했던 이기경은 길길이 뛰면서 약용을 죽이지 못해 안달이었고 홍낙안 등의 무리들은 공갈 협박을 하면서 약용을 황사영 백서사건에 연류시키고자 갖은 계략을 꾸미고 있었다.

그러나 황사영은 비록 약용의 조카 사위이기는 하지만 이미 연락이 끊어진 지 오래이다. 위관들은 황사영 백서를 보여 주면서 소리쳤다. "반역이 이 지경에까지 이르렀으니, 조정에서 어떤 생각인들 하지 않겠소? 천주교 서학에 관한 서적을 한 자라도 본 사람이면 있다면 살아남지 못할 것이오."

이때 황해 감사에서 돌아온 정일환이 이렇게 말했다.

"정약용은 곡산 부사 시절에 베푼 선정(善政)에 대해 백성들의 칭송이 아직까지 자자한데, 그런 어진 수령을 사형하면 반드시 잘못 재판 했다는 비난을 살 것이오."

교리 윤영희(약용의 친구)가 약용의 생사를 알고자, 대사간 박장설을 찾아가 재판 과정을 물었다. 이때 마침 홍낙안이 와서 옆 방으로 피했는데, 홍낙안이 말에서 내려 방에 들어와 발끈 화를 내며 소리쳤다.

"천 명을 죽여도 아무개 한 사람을 죽이지 못하면 아무도 죽이지 않는 것만 못한데 그대는 왜 힘쓰지 않소?"

"저 사람이 스스로 죽지 않는데 내가 어떻게 죽이겠소?"

홍낙안이 떠난 뒤에 박장설은 이렇게 말했다.

"참 답답한 사람이다. 죽여서는 안 될 사람을 죽이려고 두 번이나 큰 난리를 일으키고서(정미반회사건,신해박해사건) 또 나더러 싸우지 않는다고 나무라니, 참으로 답답한 사람이로다."

여러 위관들이 약용의 시와 책, 문서를 뒤져 보고 조사했지만 황사영과 연류된 흔적은 없고, 그간 장기에서 지은 예설(禮說)과 이아설(爾雅說) 뿐이었다. 모두 황사영과 내통한 흔적이 없었다. 위관들은 약용과 약전을 측은하게 여기고, 어전에 들어가 무죄임을 아뢰었다. 정순대비도 그들이 모함이었음을 알고는 정약전, 정약용, 이치훈, 이관기, 신여권, 이학규를 정상을 참작하여 석방하라고 명했다. 그러나 호남 지방에는 서학에 대한 남은 근심이 있다고 하여 약용을 강진으로 옮겨 사학을 진정시키게 하고, 약전은 흑산도로 유배시켰다.

최근 "이게 나라냐?" 라는 말이 유행이다.

외국 문물을 들여왔다고 해서 왕은 아들 소현 세자를 독살로 죽이더니, 그 전통은 아들을 뒤주에 가둬 죽였다. 그리고 천주 교도를 멸망한다는 격문을 내고 새를 낚아 채듯 사람을 잡아 고 문하고 죽이는데 혈안이 되었다.

유교는 이제 그 본질을 잃어버리고 거대한 집단이 뭉쳐진 강박 중독적 괴물을 탄생시켰다. 도그마에만 빠진 조선이라는 나라 의 관료는 강박 중독적 질병에 걸린 괴물의 하수인이 되어서 권 력의 칼을 휘두르고 있었다.

거짓의 사람들이라는 책을 쓴 '스캇 펙'은 강박 중독적 신경증 을 두고 '악' 이라는 질병이라고 말했다. 그는 말하기를 악은 전 통적인 강박증의 옷을 입고 온다고 말했다. 이들의 특징은 포장 을 잘하고 자신의 악을 남에게 투사하는 특징이 있다고 하였다.

에리히 프롬도 '마음' 이라는 책에서 집단 악의 요소에 대해 말 하기를 "극단적 나르시즘(자기애), 죽음에 대한 사랑, 근친상간 적 공생 관계" 를 말한다. 그는 이 세가지가 결합할 때 파괴 증 후군이 생긴다고 말한다. 그리고 이것은 오랜 기간 서서히 악 해져 간다고 하였다. 그래서 자신이 잘못된 길에 들어서 있다 는 사실조차 인정하기 어려워지는 상황에 들어선다고 하였다.

그는 전형적으로 독일의 히틀러가 유대인을 600만 명이나 죽일 때 이 세가지가 결합한 까닭이라고 설명했다.

 이미 조선도 자신도 모르게 이와 비슷한 지경에 떨어졌다. 조선은 성리학이라는 허울좋은 옷을 입고 포장했지만 이미 속은 곪을 대로 곪은 상태이다. 근본적인 문제가 썩은 것이다.

 아! 조선은 이미 강박신경증에 걸린 자처럼 악이라는 어두움의 질병에 사로 잡힌 나라가 되어 버렸다. 강박증 상태는 이미 자유를 잃어버린 기계적인 상태이다. 고로 진리를 붙들려는 이들을 결코 가만 둘리가 없다. 강진에 간 지 1년이 안 돼서 7개월 만에 또 다시 국문을 위해 한양으로 압송되는 일은 참으로 고역이다. 한 번은 어리둥절하게 당한다고 하더라도 두 번째는 참을 수 없는 고통이다.

 황사영은 강화도 사람으로 정약종을 스승으로 천주교를 사사받고 주문모 신부에게 영세를 받았다. 그리고 정약현의 딸 명련과 결혼했다. 그는 정조의 특별한 사랑을 받았다.

 하지만 천주교 신앙으로 인해 진산사건을 계기로 친척들의 탄압을 받고, 출세 길을 포기하고 토굴에 피신해 있던 황사영은 백서를 작성하고 그 일이 발각되었다. 아! 정조 임금이 반갑게 손목을 잡아주는 조선 최고의 영광을 안은 한 천재 젊은이, 토굴에 숨어서 간악한 무리들의 꾀를 이겨보고자 막다른 골목에서 구베아 주교에게 희망을 걸고 방안을 냈지만, 어두움의 세력은 기어코 이를 찾아내서 그의 사지를 갈기갈기 찢어서 가장 고통스럽고 잔인하게 죽였다.

조선이라는 나라와 사회는 글 잘하고, 시를 읊는 선비도 학자도 왕도 있었지만 경직된 사상(도그마)은 모든 이를 눈멀게 하여 잔인하며 무정하고 무지막지하게 만들어버렸다. 막다른 골목에서 누구든 살기위해서 무슨 생각인들 못하겠는가?

황사영 백서를 읽어보라. 신앙의 자유를 목말라 했던 피끓는 젊은 선비의 애절함을 느껴보라! 토굴에 숨어서 극단의 위기 속에서 더 이상 피해자가 나오지 않기를 기대하고 난국을 헤쳐 나가기 위해 복안을 내서 정성스럽게 한자 한자 깨알같이 글을 적어 내려갔던 역관 26세의 젊은 선비 황사영의 안타까운 마음을 이해하는가!

조선은 도그마에 빠져서 천주학쟁이를 씨를 말려버릴 작정으로 옥에서 죽이고 신장으로 때려죽이고 사람들과 가족이 보는 앞에서 목 베어 죽이고 사지를 찢어 죽이고 생매장하고 끝까지 찾아가서 색출하여 죽여 버렸다. 또 전에는 천주교도 였으나 지금은 신앙이 없다고 하더라도 가차없이 죽여버렸다. 단지 천주교 서적을 보았다는 죄명으로 죽이거나 귀양 보내고 그 일가족도 관비로 보내버렸다. 심지어 두 살 배기 아이조차 귀양을 보냈다. 그야말로 천주교를 입에 담은 것이 멸문지화, 집안이 멸망에 이르게 된다. 이것이 조선의 모습이다. 아! 어두움은 극에 달해서 날아가는 새를 잡아채는 사냥꾼처럼 포악하게 천주교도를 잡아들였다. 강박신경증에 걸린 악의 괴물은 무서운 독을 내뿜으면서 사람을 잡아먹는 기계처럼 사방을 휘저으면서 삼킬 자를 수도 없이 삼켜 버리고 있었다.

5
두 번째 유배지
(1801–1817)

형님과 유배가는 길

 1801년 11월 5일, 약전과 약용은 차디찬 감옥에서 나왔다. 둘
다 반쯤 넋이 나갔고 초 죽음이 된 상태이다. 권력의 힘으로 죽
이겠다고 덤벼드는 자들 앞에서 살아남기는 쉽지 않은 일이다.
그러나 하늘의 도움으로 살아 남았다. 약용은 보름 이상을 국
청장과 감옥을 오가며 취조 받았다.
 한 때는 절에 들어가 함께 토론하고 의기투합 했던 형제였다.
그러나 지금은 함께 감옥에 앉아서 또 함께 귀양가는 처지가 되
었다. 운명의 장난이다. 둘은 무거운 발걸음으로 동작나루 쯤
에 도착했는데, 그날 따라 하늘에는 별이 많았고 더욱 뚜렷하
게 보였다. 이제 더 이상 눈물도 말라서 나오지 않고 그저 가슴
에 맺혀 있을 뿐이다. 막내 아들을 등에 업은 아내와 큰 아들과
과천에서 헤어지고 형님과 함께 세상에서 가장 서글픈 여행을
떠나야만 한다.
 약용은 가슴이 먹먹하고 쉰 목소리는 기어 들어갔으며 어깨

는 한없이 처지기만 한다. 그저 앞 날이 걱정되기만 할 뿐이다.

때는 11월 달 추운 날씨에 간혹 눈발이 날리는데, 형제는 남태령 고개를 넘어 과천을 향해 가고 있다. 과천현 관아는 정조 임금과 함께 현릉원에 오갈 때 쉬어가던 곳이다. 그러나 이제는 죄인된 몸으로 감히 쳐다볼 수도 없다. 인덕원에 주막집에서 유배 첫 밤을 보낸다. 목숨은 건졌지만 형님과 헤어질 생각은 더욱 처량하기만 하다.

그리고 11월 21일, 정읍을 지나 나주(羅州) 북쪽 율정점(栗亭店)에 도착하였다. 이곳 주막에서 하룻밤을 함께 묵고 나면 형제는 기약없는 이별을 해야 한다.

> 초가 주막 새벽 등잔 가물거려 꺼지려는데
> 일어나 샛별을 보니 이제는 이별인가
> 두 눈만 말똥말똥 말없이 마주보니 둘이 다 할 말을 잃어
> 애써 목청 다듬으니 목이 메어 울음 터지네
> 흑산도 아득하여 바다와 하늘 뿐인데
> 형님은 어찌하여 이 속으로 들어가시는가.
> 고래는 이빨이 산과 같아서
> 배를 삼켰다 뿜어냈다 하고
> 지네는 쥐엄나무 만큼 크며
> 독사가 다래 넝쿨처럼 엉켜있다네
> 내가 장기곶에 있을 때는
> 낮이나 밤이나 강진을 바라보며
> 깃 날개 활짝 펴고 청해를 가로질러
> 바다 중앙에서 그 사람을 보려 했네
> 지금 나는 높이 큰 나무에 올랐으나

진주 빼버린 겉껍질만 산 것 같고
바보스런 아이가 멍청히 무지개 잡으려는 것 같네
서쪽 언덕 바로 앞에서
아침에 뜬 무지개를 분명히 보고는
아이가 좇아가면 무지개는 더욱 멀어져 버리니
서쪽 언덕이 가도가도 서쪽인 것과 같네.

(栗亭別, 탁양현.다산정약용귀양살이 시문학에서 재인용)

약용은 한 글자 한 글자 고통 중에 적어 내려갔다. 어제 밤 피곤해서 곧바로 쓰러지고, 새벽에 일어나보니 적막한 고요 속에 벌레 울음소리만 들린다. 형님도 잠을 못 이루고 약용만 쳐다 보고 있다.

이제 형님과 작별해야 하는 순간이 다가오고 있다. 장기에서 바다 높은 곳에 솟아올라 형님을 찾아보고자 했는데, 이제 또 헤어져야만 하고 다시 만날 기약이 없으니 하늘이 원망스럽다. 이제는 다만 어쩔 수 없는 밑바닥 인간의 한계를 느낄 뿐이다. 지금 헤어지면 죽기 전에 과연 볼 수 있을까? 하는 유배자의 안타깝고 처량한 마음만 요동친다.

그나마 조금 안심이 되는 것은 자신은 강진이고, 형님은 흑산도여서 바다 사이를 두고 그래도 아주 멀지는 않다는 점이다.

그렇게 형제가 머문 율정 주막집은 이별의 장소가 되었다. 약전도 역시 동생을 걱정하느라 그날 한 숨도 잠을 이루지 못했다. 지금 이 순간은 잠을 자기도 아까운 시간이고, 다만 이 시간이 이대로 멈추어졌으면 하는 바램이다.

정조 임금이 약전에 대해 말하기를, 형이 아우보다 낫다고 칭찬할 정도로 약전은 덕이 높고 심오한 학문과 정미한 지식을 갖춘 지식인이다. 약용은 언제나 형님에 대해 사람들에게 말하기를 "이 세상에 그런 인품의 소유자는 다시는 없을 것"이라고 자랑해 왔다.

아침이 되자 율정점에서 형님과 가슴 아픈 이별을 하게 되었다. 이제는 억지로 참고 있던 눈물이 터져 나왔다.

"형님 어찌하오! 어찌하오! 이제 가시면 언제 형님을 뵐 수 있겠습니까? 강진과 흑산도가 멀지 않다하니, 여건이 되면 꼭 서신을 보내겠습니다. 부디 몸을 보존하세요."

"여보게 내 걱정하지 말고 자네 몸이나 잘 간수하게. 앞으로 자네의 죄가 다 씻어지고 좋은 날 뵐 날이 있을거네. 그때 보세. 잘 가게나!"

둘은 붙잡은 손을 놓치지 않고 떨어지기를 아쉬워했다.

약용은 불안했고 서글펐다. 그만큼 몸도 마음도 약해진 탓이다. 11월 22일 아침, 눈 발이 흩날리는 영하의 추운 날씨에 둘은 사립문 밖에서 한동안 서러움의 눈물을 쏟다가 형님은 영산포로 향하는 샛길로 가고, 약용은 곧바로 강진으로 발걸음을 옮겼다. 그리하여 약전은 흑산도로, 약용은 영암 월출산을 넘어 도둑이 들끓는 누릿재를 지나서 강진 읍으로 무거운 발 길을 옮겼다.

- 평 -

약전과 약용이라는 진리의 덩어리가 북풍 바람 결에 휘날려 강진과 흑산도를 향해 구도의 길을 떠나고 있다.

길을 걷는다는 것은 무엇을 의미하는가?

모든 인간은 제마다 다르지만 인생 길을 걷는다. 인생 길은 곧 진리를 찾아가는 여정이다. 길은 '깨달음'을 의미한다. 결국 인생은 진리를 찾아 떠나는 구도의 나그네 길이다.

왜냐하면 인간은 어디에서 누구를 만나든 또 무슨 경험을 하든지 간에 배우고 깨닫기 때문이다. 올바른 진리를 배워서 선한 삶에 이르고, 거짓을 배워서 악에 이른다. 그리고 인간의 마음속에 열매를 맺어 상태를 이룬다. 그리고 저 세상에 갈 때는 그 결과물을 가지고 가야만 한다. 그것이 나그네 인생 길이다. 고로 인간은 바르게 살아야 하고 선하게 행동해야 한다.

약용은 정조 죽음 이후 많은 것을 깨달았다. 약용의 깨달음은 그간에 자신이 똑똑하고 현명한 줄 알았는데, 알고보니 진주 알갱이가 빠져버린 빈 껍질이라는 사실이고, 그간 자신의 머리속에 들어있는 지식은 허황된 무지개 잡는 꿈에 불과했음을 알게 되었다. 이제 고통을 겪다보니 아주 미약한 자신을 발견하게 된다. 사실 진정한 깨달음은 여기서부터 시작한다.

하늘은 약용을 북풍한설에 휘몰아 강진에 이르게 했다. 약용은 지금 구도의 싹을 생성하기 위해 또 다른 세계 속으로 들어가는 중이다.

약용이 이렇게 보고 싶은 형님과 떨어져서 유배를 가야만 하는 근본 이유는 무엇인가?

중병에 걸린 조선을 치유하기 위해서이다. 조선은 이미 중병에 걸린 환자가 되었다. 안과 밖 모두 젊잖은 선비들에 의해 썩고 썩었다. 썩지 않은 곳이 하나도 없을 정도로 중병에 걸렸다. 반계와 성호 선생의 말대로 모두 싹 뜯어 고쳐야만 살 수 있다. 어느 것 하나도 고치지 않고서는 살 길이 없다. 썩은 초가 지붕을 뜯어 버려야만 새 지붕을 씌울 수 있다. 하나도 남기지 않고 전체를 뜯어 고쳐야만 온 몸에 피가 돌고 균형잡혀 일어설 수가 있다. 속으로 곪은 종기는 칼로 농양을 제거해야만 해결된다. 그것이 살이 되지 않는다. 다른 방법이 없다.

약용은 병을 잘 고치는 의원이다. 약용은 몸의 세균과 싸우는 백혈구처럼 원정 길에 나서야만 한다. 약용은 이제 약을 조제하기 위해 강진으로 들어가는 중이다. 물론 원치 않는 걸음이다. 하지만 이곳에서 진리의 갓난아이가 탄생할 것이다.

정신과 의사 빅터 프랭클은 '죽음의 수용소'라는 책에서 "삶은 고통이고 산다는 것은 고통속에서 의미를 찾는 것이다"고 말했다.

약용은 고통속에서 의미를 찾기 위해 차가운 눈 발을 맞으며 깊이 빠지는 눈 길을 허치며 약전 형님과 떨어지기 힘든 발걸음을 옮겨 거칠고 투박하지만 진리의 산실로 걸어간다.

주막집에 거처하다

약용은 형님과 눈물의 이별을 하고는 강진 읍내 남서쪽 역리에 도착했다. 강진은 제주도로 가는 포구가 있었고, 지금의 완도 도 당시에는 강진에 소속해 있었다. 강진 읍성은 북쪽에는 산에 의지해 있고 삼면이 앞 마당처럼 바다에 둘러 쌓여 있다. 이곳 강진 사람들은 유배자를 매우 천대해서 마치 무슨 독이라도 묻은 사람처럼 피했다.

유배자를 보는 눈초기가 매우 따갑고 차가웠다. 강진 읍성 서문에 들어서서 읍내를 가로 지르는 동안 약용의 초라한 행색과 의금부 서리가 함께 지나가면, 금새 유배자인 것을 알아보고는 마치 무엇이라도 묻을 것처럼 겁에 질려서 문을 차고 담장을 무너뜨리고 뛰쳐 달아났다. 역적 죄인과 접촉했다는 이유로 자신들이 피해를 입을 것이 두려웠기 때문이다.

해는 서산에 지고 날은 어둡고 추웠다. 서리들이 쉴 곳을 찾아보았지만 매몰차게 거절 당해서 쉽게 거처를 찾지 못했다. 아무도 다가오는 사람이 없었다. 천주학쟁이 대역 죄인을 거두어 주려고 하지 않았다.

약용은 이런 백성들의 모습을 보면서 자신의 신세가 더욱 한탄 스러웠다. 지난 날 곡산에서 유배자를 잘 대접해 주었던 그 때를 생각하면 이 모습이 더욱 민망스러웠다.

보통 유배자들은 읍성과는 멀리 떨어진 벽지나 외딴 섬에 자리 했는데, 약용은 '반드시 읍성 인근이어야 한다'고 명시되어 있 었다. 이는 감시를 쉽게 하기 위해서이다.

허기를 달래기 위해 마침 동문 밖 샘물 옆에 있는 술과 밥을 파는 허름하고 초라한 토담으로 지은 초가 주막집, '동문매반 가'라는 곳에 도달해서 마루에 걸터앉았다. 눈보라가 몰아치 는 추운 밤, 밖에서 사람의 인기척이 나자 안에서 늙은 노파 가 나왔다.

"무슨 일이오? 야심한 이 밤에 드릴 것이 없소."

"주모, 나는 이곳에 한양에서 유배살기 위해 이곳에 왔는데, 갈 곳이 없구료. 잠시 추위를 피할 수 있게 해 주시오."

그러자 지치고 아파 보일 뿐 아니라 추위에 떨고 있는 약용과 의금부 서리를 보고는 불쌍한 마음이 들었든지 노파가 말했다.

"이렇게 눈보라가 치는데 피할 곳이 없을텐데... 뒤에 안 쓰 는 골방이 있기는 한데... 불도 안 때고 해서 눅눅해서 불편할 텐데, 우선 눈보라라도 피할 수 있으니 그 곳이라도 괜찮다면 거처로 쓰시오."

방을 보니 오랫동안 쓰지 않은 아주 비좁은 방이었고 방을 열고 보니 퀴퀴한 냄새와 더불어 온갖 잡동사니 벌레들이 우굴 거렸다. 노파는 급하게 아궁이에 불을 지펴 주었다.

방안에는 연기와 함께 점점 온기가 돌아왔다. 이렇게 해서 약용의 유배생활 보수 주인은 주막집 노파가 되었다. 보수 주인이 되면 유배인을 감시하고 한 달에 세 말 양식을 내어 먹여 살릴 책임이 있었다.

약용은 이곳에 거처를 두고 생활했다. 문을 걸어 두고 밤낮 혼자 앉아 지냈다. 몸도 아프고 아는 이가 없으니 누구와도 이야기 할 수도 없었다. 하루하루 앉았다가 눕기를 반복하였다.

가끔 가져온 책을 읽을 뿐이었다. 그리고 자신도 모르게 지난 일들이 머리에 떠오르고, 가족들과 흑산도로 간 형님은 어찌 되었을까? 하는 걱정뿐이었다.

지난 일이지만 형님의 가족과 자신의 가족은 폐족이 되어 아이들의 과거 길이 막혔고, 자신은 가족과 떨어져서 이곳 주막집에 내 던져진 신세가 되었다. 약용은 밤이면 술 없이는 잠을 이루지 못할 지경이 되었다. 그런데 사방이 꽁꽁 얼어붙은 섣달 전인데도 불구하고 동백 꽃이 붉게 피었다. 차가운 눈 속에서도 꽃을 피우고 있는 것을 보니 마냥 신기하였다.

> 북풍에 흩날리는 눈처럼 날리어
> 남녘 땅 강진 땅 주막집에 밀려왔네.
> 작은 산이 바다를 가려주어 다행이요
> 대숲에 둘러서 있어 꽃처럼 아름다워라

장기 땜에 겨울옷은 덜 입지만
수심 많아 밤마다 술만 느는구나.
그나마 나그네 근심 녹여주는 것은
섣달 이전에 붉게 핀 동백꽃인가. (客中書)

– 새해 편지를 받다

강진에 와서 해가 바뀌었다. 모든 것이 바닥났을 때 남는 것은 가족에 대한 그리움뿐이다. 그리움으로 가장 힘든 경우는 아침 물레 짓는 소리를 들을 때였다. 덜컥 찌익 탁! 하는 소리를 들으면 고향 생각이 나서 견디기 힘들었다. 약용은 어린 딸이 물레에 손을 넣고 나사 축을 건드리는 것이 생각났다.

골방 문을 걸어 잠그고 이불 펴고 누워 자고 깨는 일만 했는데, 천리 길을 마다하지 않고 어린 종이 먼 곳까지 심부름을 왔다.

너무 고맙고 반가웠다. 아이를 방에 들여놓고, 고향 소식 이것저것을 물어보았다. 어린 종도 큰 주인 약용의 모습을 보고는 길게 한 숨을 쉬었다. 어린 종이 보기에도 주인의 행색이 가련해 보였던 모양이다. 이때 약용은 장기에서 입던 옷을 4개월이 지났지만 그대로 입고 있다. 옷이 한 벌 밖에는 없었기 때문이다. 종이 다녀갈 때 들려준 편지에 이렇게 기록했다.

"내가 입고 있는 옷은 지난 해 10월 1일에 입은 것이니 어찌 견디겠는가?" (1802년 2월 17일)

보내온 편지에는 아들이 농사를 배우고 있다고 했다. 그 말을 들으니 더욱 민망하다. 어린 종이 가져온 물품은 편지, 약술한 단지, 옷, 붉은 찰밥이다. 지아비 생각해주는 마음이 고마웠다.

먹고살 길이 막막해서 화살을 던져 넣는 쇠 투호를 팔았다고 했다. 아들은 아버지의 병을 알고는 의서를 베껴 동봉해서 편지에 보내왔다. 못난 아비를 생각하는 아들의 마음이 기특하고 부끄러웠다. 약용은 고향에서 누에칠 것을 예상하여 뽕나무 수백 그루 심으라고 답장했다.

– 아이들을 가르치다

동문매반가 거리는 하루종일 북적거리고 시끄러웠다. 낮에는 읍성을 오고가는 행인과 관아에 사정하고 매달리는 주민, 유세하는 아전들, 노는 아이들의 떠드는 소리, 좌판 상인들, 취객들, 샘 곁의 아낙네의 수다와 방망이 소리가 어우러져 떠들썩했다.

한밤 중에는 외 방망이가 서두를 잡아서 탁탁탁하고 장단을 놓다가 어느 순간에 쌍 방망이가 장단을 놓는다. 이 방망이 소리가 더욱 구슬프게 그리움을 끌어낸다.

약용은 죄인된 신분으로 죽은 사람처럼 움직이지 않았다.

약용은 마음속에 있는 한과 분노를 삭이고 있는 중이다. 분노가 있다는 것은 상처를 멀리 떠나보내지 못한 증거이다.

이제 벼슬에 대한 욕심도 없어진 지 오래이다. 하루하루 보내는 일은 책을 보거나 오직 붓대를 놀리는 것뿐이다. 오로지 글 쓰는 일밖에는 자신에게 위로가 되는 일이 없다. 글을 쓰지 않으면 이미 죽은 자와 방불하다.

겨울은 약용에게 적막하고 무료한 시간이다. 화로 곁에만 앉아 있다가 밖에 나와서 따뜻한 햇살을 쬐였다. 고양이도 처마 밑에서 햇볕에 등을 쬐이고 있다. 외상후스트레스 장애 후유증에는 5단계를 거쳐 현실로 돌아온다. 부인─분노─슬픔─협상─현실이다. 약용도 처음에는 이게 현실이 아닌 듯 여겼지만 이제는 마음이 바닥에 가라앉은 느낌이고 그로 인해 우울하기만 하였다.

하지만 약용은 곧 현실을 인정한다. 약용이 이 고통을 이겨내고 현실로 돌아오는 방법은 육경사서를 꺼내서 읽는 것이다. 뒷 방에서 글 읽는 소리를 듣고는 주막집 노파가 말을 건넸다.

"한양 양반, 한양에서 글공부를 하신 듯한데, 내가 아는 아전 자식들 글 공부라도 가르치려오? 아이들을 가르치면 소일거리라도 할 수 있으니 말이오."

주막집 주모는 주막집에 들리는 단골 아전에게 소문을 내서 말을 전했다. 주모는 뒷방에 계신 한양 양반은 박식하며 정조 임금의 총애를 받은 분이었다고 소문을 내었다.

그러자 아전들은 대역 죄인이어서 혹시라도 자신들에게 피해 입을 것이 두려웠지만 그럼에도 불구하고 자식을 제대로 공부시키고 싶은 마음이 부모 마음이다. 학동이 몰려오면서부터 약용은 현실로 돌아오게 되었고 굶주림에서 벗어나게 되었다.

사실 약용은 아이들에게 글을 가르쳐 본 일은 없었다. 어려서 아버지에게 글을 배운 기억이 있을 뿐이다. 처음에는 외롭고 적막한 이곳에서 소일거리와 밥 값이라도 할 의향으로 시작했다. 그러나 아이들을 보고 예와 글을 가르치면서 오히려 이들과 동화되기 시작하였다. 아이들을 가르치면서 아이들이 약용에게 주는 보상은 더욱 컸다. 그들의 웃음 소리와 활기와 전라도 억양이 섞인 순수한 말투가 약용에게 스며들기 시작했다.

약용의 마음은 배신의 고통으로 인해 단단한 쇠 갑옷을 입은 것처럼 방어적이었는데, 아이들을 가르치면서 봄 눈 녹듯이 서서히 녹아내리기 시작했다. 새 가족을 만난 느낌이다.

초롱초롱 빛나는 눈동자와 배우고자 하는 자세를 보면서 자신의 어린 시절을 떠올리기도 하였지만 무엇보다 소중한 것은 아이들의 순수함을 통해 약용의 순수한 마음이 되살아났다.

백성을 위해 깨끗하고 순수한 마음으로 성호 선생의 가르침으로 시작하였는데, 지금은 강진에 내동댕이 쳐졌다.

진흙 속에서 연꽃이 피듯이, 차가운 눈 속에서 동백 꽃이 피듯이 고난속에서 순수함의 싹이 올라오기 시작했다.

비록 유배 죄인이지만 벼슬까지 했던 약용에게 자식을 맡긴 부모는 이런 기회가 어디 있는가 싶어서 고마워 했다.

그래서 혹시라도 약용이 필요한 것이 있지 않은가 하고 이 모양 저 모양으로 보살펴주었다. 옷가지며 먹을 것을 정성껏 싸서 담아 주었다.

당시 학동들은 손병조, 황상, 황경, 황지초, 이학래, 김재정 6명이고 그밖에 김세준, 김종, 오정해, 정사욱, 황봉욱, 황지하 등이 있었다.

낭낭한 학동들의 책 읽는 소리, 자식의 앞날을 걱정해서 약용에게 찾아오는 아전, 약용에게 먹을 것을 가져오는 학동들, 주막집 작은 골방이 북적거리기 시작했다.

약용은 서서히 적응해 나갔다. 약용은 아이를 가르치는 것에 재미를 느끼고 마음의 안정을 얻으며 책을 읽는 즐거움을 갖기 시작했다. 제자 황상이 남긴 글을 보면 약용은 제자들을 친아들 이상으로 의지하며 살았다고 했다.

약용은 비록 낡고 비좁은 방이지만 '사의재(四宜齋)' 라고 이름을 지었다. 즉, 담백한 생각, 장엄한 용모, 과묵한 언어, 신중한 행동 4가지로 자신을 단속했다. 비록 유배중이지만 품격을 잃지 않겠다는 결의이다.

약용은 아들에게 편지를 보내면서 4월에 말을 사서 타고 오라고 부탁했다. 큰 아들 학연이 4월 중순에 찾아와서 함께 공부에 동참했다.

사의재에서 아이들을 가르치던 약용은 공부하는 천자문 교과서에 문제가 있음을 보았다. 아이들이 이해하기 어렵게 되었기 때문이다. 약용은 천자문의 문제점을 지적하면서 연상해서 줄줄 외울 수 있도록 2,000자 아동용 천자문을 냈다.

그리고 글자마다 훈과 음을 달았다. 이 작업은 대단히 창의적인 능력이 있어야 가능한 작업이다. 한자의 지식과 상상력과 함께 응용하는 능력으로 교과서를 만들었다.

이는 우주의 이치에 대한 연상이 가능해야 하고 그에 맞는 한자를 모두 알고 있어야 배열이 가능하다.

"우리나라 사람들은 양나라의 주흥사가 지은 천자문으로 어린아이들을 가르쳤다. 그 책은 어린아이들을 가르치기에 적당한 책이 아니다. 하늘 천(天)과 따 지(地)의 글자를 배우고 나면 일월(日月) 성신(星辰) 산천(山川) 구릉(丘陵) 등 족류를 다 알기도 전에 오색(五色)을 배우라고 하고 현황(玄黃)의 글자를 가르치고 청적(靑赤), 흑백(黑白), 홍자(紅紫), 치록(緇綠)의 다른 점을 분별하기도 전에 우주(宇宙)를 배우라 하니 이것이 무슨 교육 방법인가?"(천문평)

– 넷째아들이 죽다

한양에서 헤어질 때 등에 업고 따라온 네 살짜리 귀여운 아들 농장이 죽었다는 소식이 왔다. 약용은 가슴이 쿵! 하고 무너져 내렸다. 북받치는 서러움과 함께 상실감이 올라와서 눈물을 흘릴 수밖에 없었다. 부모는 자식이 죽으면 가슴에 묻는다고 했다. 그만큼 잊기가 어렵고 고통스럽다는 말이다. 처지가 어려워서 제대로 아비로서 사랑을 주지도 못했는데, 죽었다는 소식을 듣고 미안하고 불쌍했다. 약용은 아들에게 편지를 쓰고 무덤 앞에서 읽어 주도록 하였다. 약용은 6남 3녀를 낳았다. 그중 살아남은 자식은 2남 1녀뿐이다.

"농장은 곡산에서 잉태하였으며 1799년 12월 2일에 태어나 1802년 11월 30일에 죽었다. 발진이 나서 마마가 되더니 마마가 헐어서 죽었다. 내가 강진에 유배 중이어서 그의 형에게 무덤 앞에서 읽어주도록 했다. 농장에게 부치는 글이다. 네가 세

상에 태어나 세상을 떠나기 까지는 겨우 세 돌인데 나와 이별해

산 기간은 두 돌이나 되었다. 사람이 60년을 산다고 할 때 40

년이나 그 아버지와 이별하여 살았던 셈이니 정말 애닯은 일이

로다. 네가 태어날 때 나는 깊은 근심을 하고 있던 시기라, 너

의 이름을 농(農)이라고 했는데, 이미 고향집에 돌아와 있을 때

너를 살게끔 하는 일은 농사 뿐이라고 여겨 그렇게 하는 것이

죽는 것보다야 현명한 일이라 여겼기 때문이다. 그래야만 내가

죽더라도 흔연하게 황천 고개를 넘어갈 수 있고 한 강을 건너

갈 수도 있을 것 같아서였다. 죽음은 사는 것보다 현명하리라

고 여겼다. 죽음이 사는 것보다 현명한 일인데도 살아있고 너

의 살아있음은 죽는 일보다 현명한 일이었지만 죽어 버렸으니

나의 능력으로는 할 수 있는 일이 아니었나 보다. 내가 네 곁에

있었다고 하더라도 꼭 살 수 있었던 것은 아니지만 너의 어머니

가 보낸 편지에서 너는 '아버지가 나에게 돌아와 주셔도 발진이

나고 아버지가 돌아와 주셔도 마마에 걸렸을까?' 라고 말했다

더구나. 네가 무얼 헤아리는 바가 있어서 그런 말을 했겠느냐

만 너는 내가 네 곁에 돌아가면 의지할 수 있을 거 같아 그런 말

을 했을 것이니, 너의 소원을 이루어 주지 못한 게 참으로 슬픈

일이 되고 말았구나. 신유년 겨울에 한양에서 강진으로 떠나던

때 과천 주막에서, 네 어머니가 나를 가리키면서 저분이 네 아

버지다 라고 하니 너도 어머니를 따라서 저분이 우리 아버지다

고 했다. 이는 아버지가 어떻게 아버지라는 것인지 너는 실제로

알지도 못하면서 한 소리였으니 슬픔을 자아내는 일이다. 이웃
사람이 가는 편에 소라 껍데기 두 개를 너에게 전해 주도록 했
는데 너의 어머니 편지에 너는 강진 사람이 올 때마다 소라 껍
데기를 찾다 못 찾으면 몹시 섭섭해 했다고 하더구나. 이제 네
가 죽고 나서야 소라 껍데기가 다시 오고 보니 슬프기 그지없
다. 너의 얼굴 모습은 빼어나고 깍은 듯 했고 코 왼쪽에 조그마
한 점이 있고 네가 웃을 때에는 양쪽 송곳니가 유난히도 툭 튀
어나오곤 했다. 슬프다! 나는 오직 너의 모습이나마 생각하며
잊지 않고, 네가 아비 생각하던 정에 보답해 주마."(농아광지)

– 아들이 강진에 찾아오다

1805년 10월3일, 약용이 유배온 지 5년만에 큰 아들 학연이
수염을 덥수룩하게 길러서 찾아왔다. 아들을 본 지 5년만이다.
아들은 새끼 당나귀를 타고 먼 길에 왔다. 당나귀도 상처가 있
고 아들의 옷도 흙 범벅이 되어서 왔다. 모습이 안쓰러웠다.
혹시 아들이 다치지 않았는가 하여 살펴보았는데, 마음이 아퍼
서 나무라지는 못했다. 약용은 집안 형편을 물었다.
학연은 집에서는 배추, 겨자, 마늘 농사를 지었다고 했다.
집 안에는 정조로부터 물려받은 국조보감, 병학통, 주서백선,
사기영선, 팔자백선, 한서선, 춘추좌씨전 등이 있는데 모두 잃
어버리고 다만 한서선만 있다고 말했다.
아들이 먼길을 왔지만 당장 이 추운 날에 잠잘 곳이 없었다.
하는 수 없이 약용은 보은산방으로 가서 기거하게 된다. 약용

은 눈이 얼어붙은 겨울에 보은산방에서 기거하면서 큰아들에게 주역과 예기를 가르쳤다. 그리고 아들과 제자가 문답한 52개 항목을 문답집으로 남겼다. 약용은 공부를 마치고 고향으로 올라가는 아들에게 "집에 돌아가서 네 아우의 스승이 되라"고 당부했다.

1808년 4월 20일, 둘째 아들 학유는 15세의 나이로 8년만에 아버지를 찾아왔다. 학유가 백일이 되었을 때 그 모습이 눈썹과 눈이 수려하고 눈망울이 맑았다. 학유는 한참 자랄 때 환란으로 인해 아버지께 재롱을 피워보지 못했다.

아버지를 오랜만에 보았지만 어려워서 말도 제대로 꺼내지 못하고 있다. 약용은 학유에게 "형의 과수원이나 채소밭을 소홀히 하는 동생은 나중에 분가해도 자기 것도 제대로 가꾸지 못한다"고 말해주었다.

보통의 아버지같으면 아들들에게 미안해서라도 할 말을 못할 텐데, 약용은 아들에게 우리 집안이 살 길은 독서라고 강조하고 있다.

학유의 재주와 역량은 큰 아들보다는 주판 알 하나쯤 부족할 듯하지만 성품이 자상하고 무엇이든지 생각해 보는 사고력이 있으니 진정으로 열심히 책 읽는 일에 온 마음을 기울이면 어찌 형님을 따를 수 없다고 하겠느냐고 말한다.

그러면서 인생의 행복을 그림 그리듯이 행복한 삶의 모델을 그려준다. 약용의 현실적이고 구체적인 성격이 그대로 드러난다.

"자녀들과 효제를 숭상하고 화목 하는 일에 습관이 들게 하고 3000-4000권의 책을 서가에 진열하고, 1년 정도 먹을 양식이 있고, 꽃나무를 심어놓고 마루에 거문고를 놓고 붓과 벼루, 책상이 있어서 깨끗하고 품위 있는 집안을 정리해 놓고 손님이 오면 닭 한 마리에 생선회 안주 삼아 탁주 한 잔에 맛있는 풋나물을 먹으면서 고금의 일을 논하면서 흥겹게 살면 폐족이라도 안목 있는 사람이 부러워 할 것이다. 그러다보면 세월이 흘러서 중흥의 여망이 비칠 것이다."

– 혜장과 만나다

1805년 4월 17일 약용이 강진에 귀양온 지 5년째 되던 해의 봄에 백련사(白蓮社)에서 사람이 와서 급히 약용을 만나자고 했다. 백련사 주지 혜장선사(1772-1811)가 약용을 보고 싶다는 것이다. 혜장은 30세에 해남 대흥사의 강석(講席)을 맡았던 탁월한 승려이다. 백련사는 다산 초당과 산자락이 같아서 능선을 타면 쉽게 갈 수 있는 거리에 있다.

하루는 시골 노인을 데리고 신분을 숨기고 그를 만나보았다. 그와 더불어 한나절 이야기했는데 혜장은 약용이 누군지를 알아채지 못했다. 작별하고 돌아와 북암 즈음에 이르니 해가 막 지려고 했다.

혜장스님이 종종걸음으로 뒤쫓아 와서 머리를 조아리고 합장하여 말하기를 "선생은 어찌하여 이렇게 사람을 속이십니까? 정대부(丁大夫) 선생이 아니십니까? 저는 밤낮으로 선생을 뵙고 싶어 했는데 어찌 차마 이러실 수가 있습니까." 라고 했다.

그리고 혜장은 약용의 손을 잡고는 그의 방에 데리고 가서 그 날 함께 잤다. 밤이 깊어 주변이 고요해졌는데, 약용은 조용하게 말을 했다.

"혜장! 그대가 주역에 대해 아주 잘 안다고 들었는데, 참으로 의심나는 게 없소?"

"정자의 역전, 소강절의 역설, 주자의 주역본의나 계몽에 대해서는 의심나는 게 없지만 오직 경전의 본문에 대해서만은 알 수가 없습니다."

약용이 '역학계몽' 수십 장에 대해 그 의미를 물어보았더니 혜장은 그 책에 대해서는 귀신처럼 통달하고, 입에 익어 한 차례에 수십 수백 마디까지 외워버려 유탄이 판대기를 뒤엎듯 술 부대에서 술이 쏟아지듯 도도하게 토해 내는데 막힘이 없었다.

약용은 깜짝 놀라서 그 사람이 과연 학문이 깊은 유학자임을 알았다. 약용은 엉겁결에 학문의 지기를 만났다. 약용이 보기에도 혜장의 학문 수준이 깊은 경지에 도달했음을 알았다.

약용은 혜장 덕분에 강진 읍내 주막집에서 거처를 옮겨 보은산 고성사 절에서 1년을 머물 수 있었다. 혜장과 약용은 자주 만나 시를 짓고 학문을 논했다.

사람은 누구를 만나느냐에 따라 삶의 질이 달라진다. 좋은 학교에 들어가고자 애를 쓰는 이유는 좋은 선생을 만나기 위해서이다. 인생에 좋은 부모를 만나거나 좋은 선생을 우연찮게 만난다면 그는 복있는 자라고 할 수 있다.

약용은 혜장을 만나서 학문을 토론할 상대가 생겨 숨통이 트이게 되었다. 이제 유배자의 외로움을 덜 수 있었다. 둘은 주역을 담론하였는데, 후에 '주역사전' 이 나오게 된다.

약용은 혜장에게 차를 배워 즐겨 마셨다. 약용은 유배 생활의 지루함을 달래고 쇠약해진 몸을 치료하기 위한 처방으로 차를 즐겨 마셨다.

이때 혜장이 소개해준 다선(茶仙) 초의 선사와 만남은 사제지간으로 발전한다. 초의는 다도(茶道)를 일으킨 인물이다. 그는 다산 초당에 자주 찾아와서 배웠으며 스승 약용을 늘 그리워했다.

좋은 친구는 삶의 즐거움과 여유를 준다. 인생이란 모를 일이다. 한양의 막역한 친구들은 볼 수 없었지만, 강진에 와보니 새 친구가 준비되어 있었다.

새로운 이들과 교유하면서 약용의 유배 생활은 좀 더 여유를 갖게 되었다. 후에 약용은 해배되어 고향으로 돌아온 후에도 초의나 강진 다신계의 선비들이 보내주는 차를 마셨으며, 막역한 벗들과 차를 나눔으로 교유하였다.

초의는 약용이 유배에서 풀려 고향으로 돌아간 뒤에도 스승을 찾아왔고 아들 학유와 시를 주고 받으며 막역하게 지낸다.

약용은 젊은 시절 천주교를 받아들임으로 강진 유배를 살게 되었고, 불교에 대해서는 허망한 교설이라고 비판했지만 불교의 학승과 교우하면서 학문적 교류를 하였다. 조선의 유학자보다 종교인들과 더 많은 교류를 하게 된 셈이다. 약용은 혜장에 대해 이렇게 시를 지었다.

> 어질고 호탕한 굳은 의지의 사람
> 이따금 표연히 산속을 나간다네.
> 눈 녹은 비탈 길 미끄러운데
> 모랫가의 집은 깊이 잠겨있네
> 얼굴에는 산중의 즐거움 가득하고
> 변하는 세월에도 몸은 편하다네.
> 말세의 인심 대부분 비루하고 야박한데
> 요즘에도 그런 진솔한 사람 있다네.
>
> (혜장지, 박석무.다산정약용평전에서 재인용)

- 친구 김이재 방문하다

 김이재는 시파로 약용과는 같은 시기에 벼슬을 했던 친구 사이이다. 약용이 강진에 온 다음 해에 그가 고이도(완도군 고금도)에 귀양 왔다가 귀양살이가 풀려 한양으로 가는 도중에 강진 읍내에 와서 약용을 만났다. 둘은 반갑게 맞이하면서 서로를 위로하였다. 이때 약용이 김이재를 떠나보내며 다음과 같은 송별시를 지었다. 서울로 돌아가는 친구와 유배지에 남아있는 자신의 처지를 비교한다.

> 역사에 가을 비 내려 송별이 늦어지지만
> 누가 다시 이 외딴 곳을 찾아 주리오.
> 반자(김이재를 지칭)는 선선이 되지만
> 이릉의 귀향이야 기약이 없네.
> 규장각에서 붓을 휘날리던 생각을 하면

경신년 임금님 승하하신 날 차마 말 못하겠네.
대나무 숲에 걸린 달빛 밝으니
그 옛날 궁중 뜨락을 회상하며 눈물 흘리네. (송별)
　(이릉은 전한 시대 명장으로 흉노에 붙들려 죽은 인물이다)

 그는 조정에 가서 약용에 대해 감시가 너무 심하다고 강력하게 지적해준 덕분에 약용에 대한 감시가 많이 풀리게 되었다.
 약용이 김이재의 부채에 써준 송별 시가 인연이 되어, 당시 최고 세력가 김조순이 잊혀진 유배자를 기억해서 약용이 해배되었다는 일화가 있다. 김이재는 후에 이조판서까지 오르게 된다.

- 사상의 발전

 약용의 위대한 점은 거센 폭풍의 와중에도 사상이 발전하고 있다는 점이다. 먼 훗날 시간이 흘러 되돌아보면 그가 사상의 발전을 위해서 유배를 오게되었는가 하는 이유가 되기도 한다.
 한 송이 국화 꽃을 피우기 위해 그렇게 소쩍 새는 울었나 보다는 시가 있는 것처럼, 그에게 유배의 풍랑이 일어난 것은 결국 그의 사상이 더욱 정교해지도록 하기 위함이라고 여겨진다. 그러기에 우리는 그를 구도자라고 하는 것이다. 약용은 유배기간을 하늘이 자신에게 주신 기회라고 여기고 학문에 심혈을 기울인다. 다산초당에서 이룬 저술은 경전과 연관된 것이 232권이고 경세론은 96권으로 328권에 이른다. 이후 해배되어 경세론과 지리, 의학을 합친 문집이 267권으로 전체가 499권에 이른다. 그의 사유의 세계는 한국 사상사에 뿌리깊은 영향을 준다.

약용은 강진에 도착한 이후, 먼저 예(禮)에 대해 관심을 두고 집필하고 있다. 그 이유는 아마도 조선은 예법을 중요하게 생각했고 그 예법이 중구난방이어서 이로인해 당파 싸움으로 발전해서 수많은 사람들이 희생이 되었기 때문이다. 또한 서학이 들어와 진산 사건이 생기고 부모에게 절하는 것을 우상이라고 하는 문제에 대해 확실한 선을 긋고 싶어서 이기도 하다. 이는 예법의 혼란에서 벗어나지 못하는 조선의 근본적인 문제를 안정시키고 싶어서이다. 약용은 제일 먼저 예기의 단궁(檀弓) 편을 붙잡았다. 단궁은 예기편 가운데서 문장이 정밀하고 아름답기 때문에 가장 좋아한다고 하였다. 약용은 다음과 같이 말한다.

"내가 생각하건대, 옛 학문이 폐해지면서 인심이 가려졌고 대의가 혼미해지면서 온갖 이치가 문란하게 되었다. 비유컨대, 하나의 누에고치에서 실이 손을 따라 술술 풀려나와야 하는데, 천 가닥 올이 어지럽게 얽히고 설킨 것과 같으니, 비록 총명하고 준걸한 선비라 하더라도 문을 바라보고 달아나지 않는 사람이 없게 되었다. 세 성인이 이전 사람들에 대해서 입이 아프도록 말씀하신 뜻이 마침내 수천 년에 이르러 어두워지니, 이에 도술은 갈기갈기 찢어지고 이단만 어지러이 일어났다. 큰 소리로 어리석은 사람들을 속이고, 기이한 행적으로 대중을 의혹시키고, 허물이 있으면서도 고칠 줄 모르고 앞으로 나아갈 줄만 알지 물러날 줄은 모르게 되어 세상에 가르침이 상실됨이 극에 달했다."

예기(禮記)

조선 사회는 상례와 제례 의식이 엄격하였다. 하지만 본래 공자가 말하고자 하는 의도를 잘못 해석하면 자기 나름대로 판단해서 본래의 예와는 전혀 다른 방향으로 갈 위험도 있다.

공자는 하, 은, 주나라 삼대 이래 문물 제도, 의례, 예절을 집대성하고, 체계화하는 것을 자신의 책무로 삼았다. 제자들을 가르칠 때 예를 익히고 실천하도록 하였다.

공자의 제자들은 각 나라에 공자의 가르침을 전했는데 그들은 스승께 들은 학설, 대화를 문자로 기록하였다. 그 후 대덕과 대성이 이를 '대대예기'와 '소대예기' 라는 이름으로 정리한 것을 한나라 때 정현이 주례, 의례와 함께 '삼례' 라고 하였다.

예의 영역은 국가 통치 제도부터 사회적 도리의 규정, 개인에 이르기까지 중국 고대 사회의 생활 의식에 대해 다양하게 기록되었다. 이것이 중요한 이유는 조선 사회에 예의 영향이 매우 크기 때문이다. 이것을 바로 정리하지 않으면 서로 자기의 방법이 옳다고 주장해서 풍습이 서로 배치된다.

예기는 여러 사람이 기록한 것을 모아놓은 책이기 때문에 저자는 정확하게 알려져 있지 않으므로 체계가 없다. 약용은 정현의 주석에도 오류가 있기 때문에 그 주석을 성인의 말로 받드는 것은 문제가 있다고 하였다. 그래서 약용은 고증을 통해 상례 사전 50권을 편찬한다.

약용은 '상례사전' 을 저술하면서 먹고 자는 것도 잊을 정도로 몰입하였고 이를 통해 경전의 세계와 만남을 즐거워 했다.

약용은 제사 지내는 법에 대해 고증하여 제례고정(祭禮考定)을 편찬하였다. 상례사전 50권에는 사대부의 상례에 대한 저술로 상의광 17권, 상구정 6권, 상복상 6권, 상기별 21권이 있다.

약용은 상례사전을 집필하는 동기로 그동안 누적된 오류를 바로잡아 공자의 정신을 되살려보고자 하는 데 있다고 하였다.

먼저 약용은 복상의 제도가 예에 맞는가를 검토했다. 장례, 소상(小喪), 대상(大喪), 담제(3년 상을 마치고 평상으로 돌아감을 고하는 의례) 때 입는 제반 의례이다. 예컨대, 상복을 입을 때 머리에 두르는 짚과 삼으로 만든 띠를 맞잡아 매는 것은 마땅히 목 뒤로 가게 해야 한다거나 상복을 입을 때 허리에 매는 띠는 칡을 섞어 넣어 세 가닥으로 하고 상복에 쓰는 삼 띠를 세 겹으로 하는 것은 예의에 어긋난다는 것 등을 기록했다.

또 상기별에는 1년 상에는 1년이 아니라 11개월 만에 제사를 지내는데, 이는 조부모나 백부모, 숙부모, 형제, 조카에게도 모두 해당된다는 것을 말한다.

여기에 제후나 대부의 제사는 3대를 넘길 수 없으며, 태조는 별도의 사당에 옮겨서는 안 되고, 맏아들 이외의 아들들은 제사를 받들지 않는다는 등이다.

약용은 조전고(弔奠考)에 조문하는 예절 23칙을 말했다. 제1칙에는 시체를 입관하여 매장할 때까지 해야 할 것이다. 또 졸곡이 지난 뒤에는 조문하지 말아야 한다는 것, 여러 주인들이 빈

객에게 절하지 않는다는 것, 주인의 위치가 서쪽 계단에 있어야 한다는 점, 빈객은 답배를 하지 않는다는 것을 논했고, 조문하는 의복과 조문을 받는 의복에 대해서도 논했다. 또 부인이 조문할 경우와 사람을 시켜 조문할 경우를 기록했다.

정체전중변(正體傳重辨)

약용은 효종 때 당파 싸움의 원인이 되었던 예법의 문제를 정리하였다. 이는 대단히 중요한 주제이다. 이로인해 당파 싸움으로 이어져 유배가는 일까지 있었기 때문이다.

효종의 상에 대해 대비가 어떤 복장을 입어야 하는 가에 대한 문제이다. 효종이 죽은 후, 어머니가 입어야 할 옷을 두고 남인 계열의 허목 등은 3년을 주장했고, 서인 계열 송시열 등은 1년을 주장했다.

또 인조의 장자였던 소현세자가 임금의 지위에 오르지 못하고 세상을 떠났는데 그 어머니 대비는 3년 상복을 입었다. 그런데 인조의 둘째 아들 효종이 임금이 된 지 10년 째 세상을 떠나게 되자 대비의 복장이 문제가 되었다. 한번 3년 복을 입었으니 1년으로 마쳐야 한다는 것이 송시열의 주장이고, 효종은 임금이므로 당연히 3년 복을 입어야 한다고 윤선도가 주장하였다.

이로 인해 계열간에 싸움이 극렬했다. 약용은 이런 논쟁에 대해서 이렇게 답한다.

"누구든지 일단 임금이 되었으면 '서자' 취급받은 예는 역대에 없었다. 효종의 제사 때 종묘에서도 '효증손(孝曾孫)' 이라고 했다. 효증손은 '맏증손자'라는 뜻이다. 고로 효종은 서자가 아니다. 우암 송시열은 이 문제에 대해서 꽉 막혀 깨닫지 못했다. 그의 말은 꾸밈이 없었지만 이 때문에 임금을 깎아 내리려고 한다는 죄명이 더해졌다. 당파 싸움이 그러한 폐단을 낳았던 것이다. 개인적으로 보면 애석함을 금치 못하겠다. 주(周)나라 문왕의 장자 백읍고는 태사의 궁에서 태어나 자랐지만 '주종(周宗)'이라 할 수 없으며, 한나라 문제는 한 고조의 측실인 박희의 소생인데도 '유씨의 서자'라 할 수 없는 것과 같은 이치이다. 중요한 이유는 대통을 이어 왕위를 계승하는 선후에 달려 있는 것인데, 세자 자리만 가지고 다투는 것은 너무 부질없는 짓이 아니겠는가? 적손이 대통을 이었다가 불행히 먼저 죽었을 경우에도 태비의 복은 3년에 해당하고, 서손이 대통을 이었다가 불행히 먼저 죽었을 경우에도 태비의 복은 3년에 해당되며, 어진 동생이 대를 이었다가 불행히 먼저 죽었을 경우에도 태비의 복은 3년에 해당되고, 종실의 먼 후예가 들어와 대통을 이었다가 불행히 먼저 죽었을 경우에도 태비의 복은 3년에 해당된다. 일체 대를 이어 왕이 된 사람의 상에는 태비의 복이 3년이 되니, 어째서인가? 그것은 모자의 경우와 한가지이기 때문이다. 어머니는 장자를 위해 본래 삼년 복을 입는데, 하물며 천자·제후의 상에 어찌 일년 복을 입겠는가? 뒤를 이은 왕이 직전 임금의 상에 삼년 복을 입는 것은 아버지로 여기기 때문이다. 이미 전왕을 아버지로 여기면 전왕의 비는 자연히 어머니에 해당되니 삼년복을 입어야 할 것이다. 이와 같다고 여긴다면 전왕의 비는 뒤를 이은 왕의 상에 또한 삼년 복을 입지 않을 수 없다. 이와 같은 문제를 물을 필요도 없이 쉽게 알 수 있는 것이다."

약용은 언제나 현실적이고 논리적이고 합리적이다. 그리고 자신의 논리를 펼 때에는 언제나 고증을 중심으로 한다. 그래서 약용의 말에는 설득력이 있다.

이미 왕이 되었는데, 서자 논의가 무슨 소용이 있는가? 하고 반문한다. 약용은 이처럼 간단하게 해답이 나오는데, 이전의 선비들은 이 일에 대해 꽉 막혀서 고집스러운 주장을 했다고 책망한다.

약용은 더 높은 가치와 덜 낮은 가치의 기준이 명확하다.

이미 네 살 때 작은 산이 큰 산을 가린다는 원근 계산은 성인이 되어 더 중요하고 절 중요한 것에 대한 가치 기준을 설정하는데 있어서 뛰어나다.

사실 약용의 이런 평가는 권력에서 비켜났기 때문에 할 수 있는 말이기도 하다. 권력의 자리에 있으면서 이 말을 했다면 어느 당파에 편들었다고 누군가 말할 수도 있기 때문이다.

역경

약용이 주역에 본격적으로 뛰어든 것은 상례 연구를 하다가 춘추를 읽게 되었는데, 춘추를 읽다가 당시의 관점을 연구하면서 주역 사전에 몰두하게 되었다고 한다.

약용은 주역을 하면서 주역앞에서 자신이 느껴왔던 높은 벽을 허물어내었다. 주역 사전은 43세(1804)에 시작하여 4차례에 걸쳐 수정하면서 47세(1808)에 완성했다.

약용은 주역에서 상수학적 가능성을 제시한다. 그러니까 우연의 세계를 필연의 세계로 설명하는데, 이를 논리적이고 수리적으로 설명하였다. 보이지 않는 우주 변화와 운명의 장난을 수리적으로 설명했다는 자체가 총명한 학자의 풍미이다.

약용은 서문에 "주역은 무엇을 위하여 지어졌는가? 이는 성인이 하늘의 명을 청하여 그 뜻을 순응하기 위한 것이다. 주역사전은 내가 하늘의 도움을 얻어 지은 책이요 절대로 사람의 힘으로 소통시킨 것이 아니다."라고 말했다.

상례를 연구하다가 주역에 관심을 기울인 이유는 변화무쌍한 현실에서 일어나는 운명의 법칙을 이해하고 싶어서이다. 아마 자신의 삶을 객관적이고 전체적으로 이해하고 싶어서 더욱 깊이있게 연구했다고 보여진다.

공자도 말년에는 역(易)을 좋아했으며 십익(역의 뜻을 알기 쉽게 설명한 책)을 지었다. 약용은 괘를 다음과 같이 설명했다.

"성인이 아침부터 저녁까지 깊게 생각하여 우러러 하늘을 관찰하고 우러러 땅을 관찰해서 하늘의 밝음을 이어받아 그 명을 청할 것을 생각하다가 하루아침에 갑자기 기쁘게 나에게 방법이 있다고 말했다. 그것은 손으로 땅바닥에 그어 기우(奇偶, 기이하게 우연히 만남)와 강유(剛柔, 강하고 부드러움)의 형상을 만들어 놓고 이는 천지와 수화(물과 불)가 변화하여 만물을 생장시키는 형상이다. 즉, 이는 팔괘라 하고, 이로인해 진퇴(進退, 나아감과 물러감)와 소장(消長, 사라지고 오래남음)의 형세를 만들어놓고는 이는 사시(四時, 춘하추동)의 형상이다. 즉, 십이 괘라 하고, 이를 취하여 승강(昇降, 오르고 내림)과 왕래(往來 , 가고 옴)의 형상을 만들어놓고는 이는 만물의 형상이다. 즉, 오십연괘이다."

그러니까 주역은 성인이 우주 자연 현상의 변화를 관찰해서 괘의 형태로 상징하였다. 그러므로 이 속에는 천지의 조화가 담겨있다. 인간의 길흉 화복과 변화의 상태가 괘 안에 들어있다. 따라서 인간의 미래가 괘 가운데 어느 것에 해당한다.

약용이 예를 들어 설명한다.

들판에 나가서 꽃다운 풀 줄기를 취하여 승강과 왕래와 더불어 수를 합하여 서로 응하게 하여 방안에 간직하였다(시책 오십). 그리고 일이 있으면 손에 움켜쥐고 이를 나누어 넷으로 만들어(사시) 이리저리 섞는다(만물의 형상) 그리고 수를 헤아려 형상을 나타내므로 형상이 이루어지고 체가 성립된다. 이는 점을 쳐서 일괘를 얻은 것이다.

그리고 나서 말, 소, 수레, 왕실, 창과 칼, 활과 화살 등의 형상을 취하고 승강하고 왕래하는 자취를 살펴서 형상 혹은 완전 혹은 이지러지고 서로 부합되고 어긋난 것, 펴지고 위축되는 것, 기쁘고 근심되는 것, 믿을만 하고 두렵고, 편안하고 위태한 것, 그런 비슷한 것으로 길흉을 아는 것이다.

그것이 길하면 하늘이 명하여 나에게 시행하게 한다 하고 길하지 않으면 시행하지 못하는 것이다. 이것이 주역을 지은 까닭이다. 성인이 하늘의 명을 청하여 그 뜻을 순응한 것이라고 말했다. 약용은 필연적 운명의 하늘의 세계를 알고자 하였다.

고로 괘에는 자연의 변화의 상징적인 의미가 들어있다. 약용은 강진 유배지에서 44세부터 주역을 연구하였다. 그리고 메모해 놓았던 것을 큰 아들 학연이 왔을 때 우두봉 아래 자리 잡은 보은산방에 함께 기거하면서 아들에게 주역과 예기를 가르쳤다. 이때 병인본 16권을 만들었고 이를 기초로 이청으로 하여금 개정하여 정묘본 24권을 완성했다.

그리고 정묘본을 둘째 아들 학유로 하여금 탈고하게 해서 무진본 24권을 완성했다. 약용의 주역을 가지고 자연 현상의 변화를 찾아서 상징성을 찾고자 무진 애를 썼다.

눈에 보이는 자연 세계는 마음속에는 상징성으로 존재한다. 마음속에 거대한 우주와 자연 세계가 존재하는 것이다. 마음속 자연세계의 변화에 따라 운명 또한 결정된다. 종교에서는 이후의 삶까지 결정된다고 보았다. 그러니까 마음의 선택과 결단은 인간이 하는 것이지만 그것은 하나의 어떤 상태를 이루어 결과를 만들어 낸다. 인간의 선택과 조화를 이루어 결과를 나타낸다고 볼 수 있다. 이런 하늘과 땅의 비밀을 아는 자는 하늘과 자연의 조화를 이룬 영적인 철학자이다.

- 평-

약용은 조선의 칸트라고 말할 수 있다. 독일의 철학자 임마누엘 칸트는 약용보다 38년 앞서 태어났고 약용이 유배를 시작하려는 무렵에 죽었다. 둘은 동시대 사람이다.

칸트는 지인에게 보내는 서신을 통해 그의 사상을 기록하였지만 약용은 아예 강진에 자리를 잡고 그의 사상을 책으로 편찬했다. 칸트는 "과감하게 알려고 하라!", "따져 보라!" 는 모토를 가지고 선험적 지식 즉, 순수한 양심을 가지고 이성을 비판했다.

약용은 조선 시대의 이성이라고 할 수 있는 성리학을 따져보고 순수한 본질을 추구하면서 끊임없이 수정해 나갔다. 이런 약용의 방법도 역시 양심에 기초한 수정 작업이다.

약용은 먼저 하늘의 원리를 알고 싶었다. 인간의 자력으로 할 수 없는 불가항력의 일을 경험했기 때문이다. 그래서 그가 가장 먼저 찾은 것이 '주역'이다. 자신이 이곳에 올 수밖에 없는 필연의 의미를 알고 싶었다.

주역은 상과 괘의 자연 현상과 상징 연구이다. 당시에는 주역을 통해 내면 세계의 변화와 상징을 이해하고 점술을 가지고 시대 변화를 짐작하였다. 중요한 것은 이런 식으로 하늘의 뜻을 알려고 하는 시도는 반드시 순수한 의도가 없이는 진정 하늘의 뜻을 알 수 없다는 사실이다. 나는 약용의 연구에 덧붙여, 마음의 세계를 거대한 우주로 여기고 동물과 식물, 광물이 마음속에서 어떤 상징을 의미하는가를 책으로 펴냈다.(김군의 마음, 동물편,식물편,광물편) 이 부분에 대해 설명하고자 한다.

마음의 세계는 거대한 소우주이며 영원 불멸한 세계이다.

사람은 보이지 않는 마음의 세계와 보이는 물질 세계에서 살아간다. 사람은 두 세계의 주민이다. 마치 땅에 씨앗이 심겨지듯이 육체속에 마음이 심겨져 있다. 그리고 그 마음의 씨앗이 나무가 되고 열매를 맺음에 따라 육체의 행위로 나타난다.

마음의 세계는 본질적이고 하늘과 연결된 세계이다. 사람들이 마음을 등한시 하는 것은 마음을 보지 못하기 때문이다.

마음에는 자연속에 짐승이 살듯이 동물, 식물, 광물의 상징성이 존재한다. 나는 이 부분이 약용이 말하는 성(性)이라고 생각한다. 약용은 성을 경향성으로 보았다. 이는 마음의 상태가 변하기 때문이다.

그러니까 사람을 평가할 때 "개같은 놈, 여우같은 년" 이라는 표현은 개, 여우가 상징하는 성품을 갖고 있음을 의미한다. 그러니까 인간은 짐승의 행동 방식의 어떤 부분을 취하고 있는 것이다. 사나운 개의 행위를 사람도 하기 때문이다. 개의 사나운 부분과 사람의 사나운 부분은 목적이 다르지만 그러나 그것을 성품으로만 분류한다면 결국 같은 것이다.

결국 사납다는 개의 성품은 사람의 마음 안에 어떤 형태로 있는 것이다. 고로 자연세계도 사람의 상징의 형태로 마음속에 존재한다. 고로 인간은 외부의 자연 변화를 통해서 내면의 깨달음을 얻어야 한다. 약용이 주역을 공부하는 이유는 그런 자연 현상의 변화를 통해 인생을 깨닫고자 함이다.

그러면 동물, 식물, 광물이 마음에 어떻게 존재하는 지를 찾아야 한다. 좀 더 자세하게 알아보면 다음과 같다.

동물들은 대체로 활동적이고 민감하며 즐거움과 고통을 느낀다. 반면에 식물은 고통과 기쁨은 느끼지 못하지만 무럭무럭 성장한다. 광물은 고정되고 굳어 있다. 굳어있기 때문에 식물과 동물이 생을 유지할 수 있는 기초 터전을 제공한다.

동물은 사람의 마음에서 이해와 의지를 이룬다. 사나운 호랑이, 온순한 양, 높이 나는 독수리, 땅을 기는 뱀, 숨어있는 표범 등 마음의 동물은 다양하다. 그중 짐승은 의지, 새는 이해력을 상징한다. 성경에 아담이 각 생물의 이름을 지었다고 하는데, 그것은 아담이 마음속 이해와 의지를 알고 있었다는 것을 의미한다.

약용도 역시 방법은 다르지만 주역을 통해서 만물의 변화하는 이치, 즉 하늘의 뜻을 이해하고자 하였다. 그것은 결국 내면 세계에 존재하는 성을 이해하는 것이다. 약용은 주역은 곧 허물을 고치고 선으로 나아가는 것이라고 하였으며, 성인이 하늘의 명을 청하여 그뜻에 순응하기 위한 것이라고 하였다(주역사전). 그는 하늘을 경외하고 천 명을 받드는 방법으로 이치에 순응하는 법을 배우기 시작하였다. 칸트나 약용 모두 내면 세계의 질서를 심도있게 연구한 철학자의 공통점을 가지고 있다.

다산 초당으로 거처를 옮기다

- 다산 초당

약용은 혜장의 배려로 약 1년 동안 '고성사'에 머물렀다. 이 절 능선하나 넘어 다산이라는 산이 있는데, 이곳은 해남 윤씨 집성 촌 마을이 있는 곳이다. 해남 윤씨는 약용의 외가이다.

그 마을 산자락에 윤단이 세운 다산 산정(山亭)이 있다. 윤단은 그곳에서 천여 권의 책을 비치해 두고 이곳에서 손자들을 가르 치고 있었다. 윤단은 성균관 진사시에 합격하고 대과에 응시했 다가 떨어졌다. 윤단은 손자를 가르칠 스승을 찾았다.

약용은 이미 강진에서 박학한 지식으로 소문나 있었다. 그래서 선비들이나 관리들이 약용을 찾아와서 문의를 했다.

1808년 3월 16일, 윤단은 약용을 다산 산정으로 초대했다. 약 용은 이곳에서 이틀간을 머물려다가 10일을 더 머물게 된다.

이곳이 강진 유배 후반기에 10년을 머물렀던 다산초당(茶山草 堂)이다.

약용은 샘물이 흐르고 연못과 정원이 있는 산 중턱에 자리 잡은 다산 초당에 기거하게 된다. 그곳에서 멀리 내다보면 바다가 보이고 차나무, 담장의 꽃이 만발하여 지내기가 좋은 곳이다. 약용은 이곳에 머물면서 주역을 음미하면서 마음의 평안을 얻고자 했다.

약용은 이곳에 작은 정원을 꾸미고 채마밭을 일구어 여러 종류의 야채를 심었다. 약용에게 다산초당은 선비가 꿈꾸던 공부하기 좋은 지성소와 같은 곳이다.

이제 약용에게는 학교와 도서관이 생긴 셈이다.

사암재는 너무 시끄럽고 비좁아서 학문하기가 적당하지 못하고, 고성사 또한 불공을 드리는 곳이라 사람들이 드나드는 것이 미안하였다. 세 번째 거처로 제자 이청의 집으로 옮겨 머물러 겨울을 두 번 넘겼다. 이렇게 세 곳에서 8년을 지냈다.

그리고 네 번째로 47세(1808) 봄에 윤단의 산정으로 옮기게 되었다. 이곳은 산 중턱에 있기 때문에 마음껏 소리를 내서 글을 읽어도 누가 나무랄 사람이 없다. 이곳에 두 칸짜리 집을 짓고 동암에서는 약용이 기거하고, 서암에서는 제자들이 머물렀다. 약용은 솔바람 소리가 좋아 '송풍루(松風樓)' 라 이름을 붙였다.

약용은 이곳에 애착을 가지고 아름답게 꾸몄다. 제자들과 함께 연못을 파기도 하고 꽃나무를 심고 채소밭도 가꿨다.

약용은 하늘이 자신을 이 동산으로 보냈다고 하였다.

사암선생연보에는 "약용은 다산에 와서 대(臺)를 쌓고, 못을 파고, 꽃나무를 열 지어 심고, 물을 끌어 폭포를 만들고, 동쪽 서쪽에 두 암자를 짓고, 서적 천여 권을 쌓아놓고 글을 지으며 스스로 즐기고 석벽에 정석(丁石) 두 글자를 새겼다"고 했다.

약용은 8년 가까이 읍내 주막집 골방에 지내다가 다산 초당으로 거처를 옮겼다. 약용은 "남은 해를 살라고 하늘이 백련봉 한 떼기 집 빌려줬지"라고 하면서 기뻐하였다.

인생이란 계절의 변화가 있는 세상에 잠깐 머물다가 떠나는 나그네의 삶이다. 다산 초당에 백련사의 중이 수발하기 위해 왔다. 약용의 식사를 정성껏 마련해 주었다. 그런데 어찌나 정성껏 수발하였든지 머리도 깎지 못하고 불교의 살생 계명까지 어기면서 생선을 잡아서 음식을 마련했다.

> 대밭 속의 부엌 살림 중에게 의탁하니
> 가엾은 그 중 수염과 머리털 날마다 길어지네.
> 불가 계율 팽개친 채
> 싱싱한 물고기 잡아다가 생선국 끓인다오.

– 이중협과 이별, 대흉년

1810년 9월 큰아들 학연이 순조 임금의 능행 길에 징을 쳐서 부친의 억울함을 호소하였다. 이에 형조판서 김계락의 요청에 따라 정약용을 고향에 돌려 보내도록 임금의 결재가 내렸다.

약용은 곧 해배되리라는 답을 듣고 곧 해배될 것을 기대했다. 약용은 곧 해배될 것을 기대하고 친구들과 이별주까지 마셨다. 하지만 감감무소식이었다. 이 일은 홍명주와 이기경의 반대로 실현되지 못했다.

그 후 1811년 9월 혜장이 죽었다. 1812년에는 중풍에 걸려 한 차례 죽을 고비를 넘겼는데, 1813년 여름에 더위로 인해 문을 열고 자다가 중풍이 와서 불쌍한 모양이 되었다고 한다.

1811년에는 동갑내기 전라도 병마우후(병마절도사를 보좌하는 종 3품 관직) 이중협이 병영에 근무하는 동안 매달 찾아와 사귀었다. 그는 돌아간 뒤에도 하루도 거르지 않고 편지를 주고 받았다. 그는 3년 동안 작은 배로 오거나 말을 타고 왔는데, 함께 봄을 감상하기도 하였다. 그가 임기가 차서 떠나가게 되었다. 약용은 친구와 작별을 아쉬워한다.

"말 방울을 울리면서 이 적막한 골짜기로 찾아오는 사람이 또 있겠는가? 아무리 나에게 종이와 먹이 있은들 누구와 더불어 편지를 주고 받을 것인가? 이것을 생각하면 서글퍼지니, 괴로움은 즐거움에서 생겨난 것이다. 친구여 슬퍼하지 말게나. 만일 우리 두 사람이 옛날 우리가 바라던 대로 말 고삐를 나란히 하고 두루 돌아다닌다면, 마음대로 노닐다가 끝간 데없이 가고 편안하게 즐기다가 싫증이 나면 즐거운 줄도 모르게 될 것이다. 거센 여울물과 잔잔한 물결이 서로 섞여 무늬를 이루고, 완만한 곡조와 빠른 곡조가 서로 어우러져 문채를 이루는 것이니, 벗이여 슬퍼하지 말게나." (이중협에게 준 증별시첩의 서)

다산 서당에 처음 문을 열 때에는 학동이 수십 명에 이르렀는데, 과거 시험에 합격하는 학생이 없게 되자 제자들이 서서히 줄어들었다. 제자들이 떠나버린 다산 초당은 쓸쓸해졌다.

더구나 약용은 중풍으로 손이 떨려 진귀한 고기가 눈 앞에 있어도 찍어서 입에 올리기도 힘들었다.

다산 초당에서 1년쯤 머물게 되었을 때, 대흉년이 들었다.

"기사년(1809년) 나는 다산 초암에 있었다. 겨울, 봄부터 서서히 가물더니 입추까지 새빨간 땅 덩이가 천리에 이어지고, 들판에는 풀 한 포기 없었다. 6월 초순에 떠도는 유민들이 길을 메우자 마음이 쓰라리고 보기에 처참하여 살고 싶은 의욕마저 없어졌다. 나야 귀양 와서 바짝 엎드려 있어서 인류의 대열에도 끼지 못해 흉년 타개책인들 건의할 지위에 있지도 못하고, 백성들의 처참상을 그림으로 그려서 임금께 바칠 수도 없는 형편이다. 그러나 때때로 본대로 기록하여 시가집으로 철해 놓았다. 이는 귀뚜라미들과 더불어 푸성귀 속에서 함께 애달프게 읊어대는 울음이리라...오랫동안 써 내려가다 책으로 되었기에 이름을 '전간기사' 라고 했다."(田間記事).

> 무엇하려고 쑥을 캐나
> 눈물만 쏟아지네.
> 독에는 쌀 한 톨 없고
> 들에도 풀 하나 없는데   (采蒿)

들판에 풀 한 포기 없을 정도로 기근이 심했고, 먹을 것이 떨어졌다. 이렇게 되니 인심도 더욱 사나와 졌다. 약용은 백성들의 이런 모습을 보고는 살 의욕마저 없어져 버렸다. 이런 사정을 임금이 알고 있는 지 조차 모르는 형편이다.

약용으로서는 타개책을 내놓고 싶은 마음 간절했지만 지금은 아무 것도 할 수 없는 입장이다. 가뭄으로 모판에 모가 다 말라 죽었다. 모를 뽑아내면서 통곡하는 농민의 한 숨과 울부짖는 소리가 들판에 가득했다.

– 두 아들 교육

약용은 자녀 교육에 유난히 관심이 많다. 더욱이 유배살이 하는 자신의 처지로는 자식들의 길을 열어줄 형편이 못된다. 그저 자식들에게 미안한 마음만 가슴에 안고 있을 뿐이다. 그래도 편지로 나마 아버지의 마음을 담아 간곡하게 교훈을 한다. 약용이 자녀들에게 한 말이 많지만 두 가지만 말한다면 물질관과 거짓말에 관한 부분이다.

"재물은 자손에게 전해 준다 해도 끝내 탕진되고 만다. 다만 가난한 친척이나 가난한 친구들에게 나누어 준다면 영원히 없어지지 않을 것이다...왜 그런가 하면 형태가 있는 것은 없어지기 쉽지만, 형태가 없는 것은 없어지지 않는다. 스스로 자신의 재물을 사용함은 형태를 사용하는 것이고 재물을 남에게 나누어 주는 것은 정신적으로 사용하는 것이다. 물질로서 물질적인 향락을 누린다면 닳아 없어질 수밖에 없고, 형태 없는 것으로 정신적인 기쁨을 누린다면 변하거나 없어질 이유가 없다."

(두 아들에게 일러 주는 가계)

약용은 아들들에 물질은 닳아 없어지지만 정신적 기쁨은 없어

269

지지 않음을 말한다. 그 방법은 곧 남에게 베푸는 것이다. 그러면 도적에게 빼앗길 염려도 없고 불에 타버릴 걱정이 없다고 이야기한다. 이 교훈은 그가 이벽을 통해 배운 성경 구절에서 온 사상이다. "재물을 땅에 쌓아 두지 말라...하늘에 쌓아 두어라. 거기는 좀이나 녹슬지 않는다(마6:19)."

또 약용은 거짓말을 하지 말 것과 손님 대접을 당부한다.

"이제까지 살아오면서 고관대작을 많이 보았는데 열마디 중에 일곱마디가 거짓말이었다. 평소 주고 받는 말 중에 한마디도 사실 아닌 것이 없도록, 단단히 반성해야만 조상들의 모범을 본받는 길이 된다... 손님이 오면 기쁜 마음으로 대접하고 하룻밤이라도 주무시고 가게 하여 마음을 흐뭇하게 해주어야 한다. 만약 안부도 묻지 않고 웃지도 않고 무뚝뚝하게 대하면 손님을 어색하게 만들어 평생 복을 망치는 일이 될 것이다." (기이아)

약용은 비록 폐족이 되었지만 거짓말을 하지 말고 손님 대접에 힘쓰라고 당부한다. 그러면 머지않아 복이 온다고 강조한다.

- 하피첩

약용이 49세(1810)에 다산초당에 있을 때 아내 홍씨는 10년째 남편의 얼굴도 못보고 지냈다. 그녀는 시집올 때 입었던 빛바랜 여섯 폭 다홍 치마를 보냈다. 다홍 치마를 보내온 이유는 남편이 책을 제본할 때 책 표지를 만들 때 사용하라고 보냈다.

하지만 남자들에게 여인의 치마폭은 고향과 같다. 약용은 이를 잘게 잘라 훈계하는 말을 적어 '하피첩'이라는 작은 책자를

만들어 두 아들에게 주었다. 남은 조각은 딸이 시집갈 때 딸을
위해 시를 쓰고 매화 가지에 한 쌍의 새가 앉은 매조도(梅鳥圖)
를 그렸다.

> 새 한마리 날아와
> 우리집 뜨락 매화 가지에 쉬네
> 매화 향기에 끌려
> 즐겁게 날아왔도다.
> 이곳에 머물고 여기에 깃들어서
> 너의 보금자리 즐기누나
> 꽃도 이미 한창이니
> 그 열매 탐스러우리라.

– 혜장의 죽음

 약용의 친구로 가깝게 지내면서 학문을 논하던 혜장이 마흔의
나이에 세상을 떠났다. 그는 약용보다 열살이 어림에도 불구하
고 짧게 인생을 하직한다. 약용은 산 과일 한 접시를 손수 따
고, 마을에서 술 한 사발을 사다가 혜장의 제자 자홍을 시켜서
혜장의 영전에 올리게 하고 자신이 지은 제문을 읽게 하였다.
 약용은 혜장의 일생을 시로 서술하였다.

> 빛나는 우담발화
> 아침에 피었다가 저녁에 시들고
> 펄펄 나는 금시조가
> 잠깐 앉았다가 날아갔네
> 슬프다, 이 아름답고 깨끗함이
> 지은 글 있어도 전할 사람 없네.

나와 더불어 함께 가서는
손으로 도의 문을 열었네.
조용한 밤에 낚시 거두니
맑은 달이 배에 가득했네.
지난봄에 아암이 입 다무니
산속 동네 너무 쓸쓸해
이름이야 나이든 아이였는데
하늘은 그 나이에는 인색하였네.
이름은 스님, 행실은 유자(儒者)
선비들이 어여삐 여김 바라네.

(박석무.다산 정약용평전에서 재인용)

– 정약전의 죽음

약용과 약전은 매우 가까운 형제이다. 둘은 학문을 논하는 지기이기도 하다. 약전 형님과 율남정에서 기약없이 헤어진 것은 너무나도 큰 고통이었다. 둘은 서로 신뢰하는 옥 도장을 새겨서 서신으로 왕래하였다.

약용은 해가 서산에 기울 무렵, 토성으로 된 읍성 북쪽 맨 꼭대기에 올라 강진만이 한눈에 들어오는 곳에서 한참을 통곡했다.

약용의 통곡 소리를 듣던 사람은 "저 이가 살기가 힘들어서 저렇게 우는구나. 얼마나 맺힌 게 많았으면 저렇게 울까?" 하면서 불쌍하다는 표정을 지었다.

율정 주막이 미운 것은
문앞 길목이 두갈래로 나뉜 때문이라네
원래 한 뿌리에서 태어났는데
떨어진 꽃잎처럼 뿔뿔이 흩어지니

북풍이 나를 몰고 오는데
가고 또 가다가 바다를 만나 멎었네
우리 형님은 더 거센 바람을 맞아
깊은 바다 속까지 들어갔네
두고 온 아내는 과부가 되고
이별한 자식은 고아가 되었구나.

약용이 강진에 머무는 동안 큰 아들 학연이 장손(대림)을 득남하였다는 소식을 듣게 되었다. 후에 대림은 진사과에 합격하여 참봉 벼슬까지 한다.

그러나 약전 형님의 아들 학초는 아버지의 얼굴도 뵙지 못하고 17세의 나이로 요절한다. 약용은 이를 매우 비통하게 여겼다.

학초는 아버지를 닮아 경학에 뛰어났으며 매우 영특했다고 한다. 약전은 평소 약용의 학문의 깊이를 이해하고 격려해 주었다. 약전은 약용에 대해 이렇게 높이 평했다.

"약용은 스승에게 가르침을 받지 못하고 혼자 보고 혼자 깨달았으나 조그만 칼로 자르고 베는 그 기세가 대를 쪼개는 것과 같다. 구름과 안개가 걷힌 뒤에는 무지한 노예라 하더라도 하늘을 볼 수 있을 것이니, 이제부터는 약용을 성인이 아니라고 할 수 없다. 아! 형제가 된 지 44년인데, 그의 지식과 역량이 이러한 경지에 미치리라고는 생각도 못했다. 내가 듣건대, 천하 사람들을 위해서 혼미함을 열고, 의혹을 타파하며, 난리를 평정하고, 어지러운 세상을 바로잡아 바른 데로 돌아가게 할 때에는 부득불 남의 힘을 빌린다 하니, 이로 말미암아 말한다면 내가 약용을 알지 못한 것이 아니고 약용이 자신을 알지 못한 것뿐이다."

평생을 지켜보았던 형 약전이 동생 약용에 대한 평가이다. 세상에 이런 평을 할 수 있는 형이 얼마나 될까? 또한 그는 약용의 도를 들었으니 이제 죽더라도 아무 유감이 없다고 까지 말했다. 약용을 경지에 이르렀다고 극찬한다.

이렇게 학문적으로 칭찬해주었던, 약전 형이 1816년 6월에 결국 고향에 돌아가지 못하고 흑산도에서 죽었다. 약용은 집에 보낸 편지에 형에 대해서 다음과 같이 말했다.

"6월 6일은 내 어진 중씨(仲氏)가 세상을 떠난 날이다. 아, 어질고도 궁하기가 이 같은 분이 있었겠는가! 돌아가심이 원통하여 울부짖으니 나무와 돌도 눈물을 흘리는데 다시 또 무슨 말을 하리요. 외로운 천지 간에 다만 형님만이 나를 진정하게 알아주는 지기였는데, 이제 돌아가셨으니 내 비록 터득한 것이 있다 한들 어느 곳에서 입을 열어 말하겠는가? 사람에게 지기가 없으면 죽는 것만도 못하다. 아내도 지기가 아니고 자식도 지기가 아니고 형제, 친척도 지기가 아니다. 지기인 형님이 돌아가셨으니 또한 슬프지 않겠는가. 율정(栗亭)에서의 이별이 천고에 애통하여 견디지 못할 일이 되어버렸구나! 이렇게 큰 덕행과 도량, 깊고도 정밀한 학문과 식견을 너희들은 알지 못하고 오직 그 실상 없이 큰 소리만 치는 면만 보고서 세상 물정을 모른다고 여겨 조금도 흠모하는 뜻이 없었다. 아들과 조카들이 이러한

데 다른 사람들에게 무슨 말을 할 수 있겠는가. 이 점이 지극히 애통할 뿐이지 다른 것은 슬퍼할 바가 없다. 요사이 수령(守令)으로서 한양으로 전임되었다가 다시 내려가면 그 고을 사람들이 길을 막고 못 오게 한다. 귀양살이하는 사람이 다른 섬으로 옮기려 할 때 본래 있던 섬의 백성들이 길을 막고 만류했다는 얘기는 들어보지 못했다. 집안에 큰 학덕을 갖춘 분이 계시는데도 그 자질들마저 알아주지 못했으니 원통한 일이 아닌가."

약용은 이굉보에게 주는 편지에 이렇게 말했다.

"돌아가신 형님은 덕행과 도량이 넓고 학문과 식견이 깊고 밝아 내가 감히 견줄 수 없지만, 부지런하고 민첩한 것은 나보다 못했다. 그래서 저술한 것은 많지 않다. 지금 세상에 이 같은 분은 다시는 없을 것이다. 이는 내가 사사롭게 하는 말이 아니다. 신문받은 죄인으로서 압송하던 장교들을 울며 작별하게 한 사람은 오직 돌아가신 형님 한 분 뿐이었고, 유배된 죄인으로서 온 섬사람들이 길을 막고 머물기를 원한 사람도 오직 돌아가신 형님 한 분뿐이었다. 온 섬의 사람들이 모두 마음을 다하여 장례를 치러주었으니, 이 마음 아프고 답답한 바를 어떻게 말할 수 있겠는가."

- 다산초당과 사의재 제자들

약용은 강진 주막 집 골방에서 제자들을 가르칠 때는 주로 지역 아전의 자제들이 글을 배우러 찾아왔다. 그리고 다산 초당으로 옮긴 후에는 외가 친척 자제들을 중심으로 한 사대부 집안

자제들이었다. 이들 중에서 다산 초당까지 따라간 제자로는 황상과 이청뿐이었다. 황상은 시에 탁월하였고 이청은 매우 총명했다고 한다. 제주도에 유배되었던 추사 김정희는 황상의 시에 감탄하여 귀양이 풀려 서울로 올라가던 길에 강진의 황상을 찾아갔다고 전해진다. 추사는 과천에 있는 자기 집에 찾아온 황상에 대해 이별시를 적었다. "이별의 슬픔이 너무나 커서 문 밖에 나가 배웅도 못했네. 오늘 당신과 헤어진 시간을 헤아려 보니 당신은 이미 월출산을 넘어 갔네."

약용은 하늘이 사람을 내릴 때는 귀천을 두지 않았고, 멀고 가깝고의 구분도 없으며, 가르침은 모두 같다고 말했다. 오히려 약전 형에게 이렇게 편지한다. "읍내에 있을 때 아전 집안의 아이들 중에 어떤 아이 하나는 단정한 용모에 마음도 깨끗하고 필재는 상급에 속하며 글 역시 중급 정도의 재질을 가졌는데, 꿇어앉아서 이학을 공부하였습니다. 그러나 귀족 자제들은 모두 기운이 쇠약하고 대부분 비루하며 책만 덮으면 금방 잊어먹는 정신 상태에다 의지와 취향은 수준 이하에 안주하고 있습니다."고 하였다. 당시의 조선의 신분에 따른 정신 상태 수준을 말하는 듯이 보여진다. 황상은 자신의 저서 '치원소고'에 15세 때 약용과 만남을 이렇게 기록했다.

"1802년 가을 이 제자는 천한 몸으로 두세 명의 아이들과 객사 앞 길가에서 공놀이를 하고 있었는데, 스승님께서 사람을 시켜 공놀이를 하고 있던 아이들을 불렀다."

약용에게 황상은 강진에서 유배를 버틸 수 있도록 해 준 든든한 힘이었다. 약용이 고향으로 돌아간 뒤에 황상은 집과 전포를 아우 황경에게 물려주고 백적산 일속산방으로 들어가 소식을 끊고 은둔생활에 들어갔다. 약용이 황상에게 보낸 편지가 30여 편이 된다. 약용은 황상에게 치원이라는 호를 지어주었고 무척 보고 싶어했다. 그러나 마재에 찾아오지 않는 황상에게 섭섭하여 이렇게 직설적으로 편지했다. "내가 죽거든 올 생각 말고 다산에 가서 황지초와 함께 한 번 울고 말거라."(1828년 11월 12일) 이 편지를 받서고도 발 길을 뚝 끊었던 제자 황상은 스승의 회혼 잔치 소식과 건강이 좋지 않다는 소식을 듣고 10여년 만에 스승의 집에 와서, 탕약을 직접 다리며 스승의 곁을 떠나지 않았다. 그리고 1836년 2월 19일 새벽에 큰 절을 하고 고향을 향해 길을 나섰다. 가는 도중에 스승의 죽음 소식을 전해 듣고 다시 마재로 향했다. 그는 아버지 황인담이 죽자 스승이 장례에 대해 일일이 조언해준 것처럼 스승의 모든 장례 절차와 함께 했고 상복을 입은 채 고향으로 돌아갔다. 이후로 황상은 정황계를 조직하여 학연, 학유와 교류하면서 지냈다. 다른 제자들은 약용이 해배되자 자신들의 앞날이 열릴 거라고 생각했다. 약용이 정계에 복귀하면 자신들도 등용될 것을 기대했다. 하지만 약용의 정계 진출은 없었다. 일말의 기대를 했던 제자들은 실망했고, 실망은 원망으로 변했다. 이학래는 발길을 끊었고 윤종심과 김종은 스승을 비난까지 했다.

두 번째 한양에 압송되어 고초를 겪고난 이후, 시간이 8년이 지나 다산 초당에서 자리를 잡게 되었다. 혹독한 고통을 치룬 약용은 현실에 적응하는 법을 배웠다.

그는 이웃에게 친절하게 대하고 그들과 함께 호흡하는 비결을 배운다. 그것은 인(仁)의 삶을 실천하는 것이다. 인간은 욕심에서 멀어지는 만큼 인을 실천할 수 있다. 세상 부귀를 쫓아가면 그 만큼 인은 점점 멀어지고 만다.

태양의 빛과 열기는 동시적이다. 열기가 없는 빛은 겨울철의 빛과 같다. 이는 차가운 지식을 소유한 자의 마음과 같다.

또 빛이 없는 열기는 분별력을 잃어버린 한심한 자들이 세상 모르고 날뛰는 것과 같다.

빛과 열기가 동시에 비춰질 때 따뜻한 봄날의 햇빛이 되어서 온 세상을 녹이게 된다. 그때 모든 생물이 움트고 성장한다.

약용은 열정을 잃어버린 봉급쟁이 벼슬아치를 보았고 또 무분별하게 날뛰는 관리들도 보았다. 그는 하나가 풍족하면 다른 하나가 부족한 인생사를 보면서 혼자 웃었다.

"재산이 많아서 먹고 살만한 데 식구가 없고, 아들이 많은 데 양식이 떨어져 사는 사람도 있다. 조정의 벼슬아치들은 어쩌면 저렇게 무능한지 모르겠고, 재주 있는 선비는 재주를 펴볼 기회가 없이 초야에 썩고 있다. 두루 살펴보아도 모든 복을 다 갖

춘 집안이 없다. 인색하게 모은 재산은 방탕한 아들이 한 입에
다 털어버리고, 보름달을 구경하려고 하는데 구름이 끼고, 꽃
이 피니 바람이 꽃잎을 다 떨어뜨렸다. 참 야릇하다. 세상 일이
어쩌면 이렇게 반대로 갈까? 하도 어이가 없어 혼자 웃는다.”

약용은 인생사를 보면서 모든 것을 내려놓고 하늘의 이치에 따
라가기로 결심한다. 이것이 강진에 와서 터득한 지혜이다. 그
러자 혜장과 같은 좋은 친구들이 하나 둘씩 생기기 시작했다.
그리고 제자들도 모이기 시작했다.

자신이 먼저 포기하는 법을 배우게 되자 새로운 시작이 열리
게 되었다. 버릴 때 얻게 되고 낮아질 때 높아진다는 법칙이다.
이로써 그의 사상은 한 걸음 더 나아가게 된다.

약용은 다산에서 마음의 안정과 여유를 찾았다. 다산 초당에
서의 삶은 번득 번득 깨달음의 연속이고 진리가 번성하는 시기
라고 할 수 있다.

진리에는 세 종류가 있다. 첫째는 하늘의 진리 둘째는 이웃과
관계된 진리 셋째는 사회에 관련된 진리이다.

첫째로 약용은 하늘의 진리를 알고자 주역을 공부했다.

그래서 약용은 천하의 모든 책을 다 읽고 나서 마침내 주역으
로 토하려 했다. 경전 공부의 끝은 주역이라고 여겼기 때문이
다. 그는 모든 경전을 섭렵하고 주역 공부에서 남김없이 펼치
고자 했다. 약용은 하늘이 자신의 이런 뜻을 알고 자신에게 귀
양살이를 허용해 주었다고 까지 말했다. 귀양살이 아니고서는

어찌 주역을 공부할 겨를이 있겠는가를 말한다.

둘째 이웃과 관계된 진리이다.

약용은 흉년을 맞이하는 백성의 굶주림을 보았다. 농사를 지어도 죽조차 먹지 못하는 백성들의 고통을 경험했다. 그러기에 목민관 시절에는 조금이라도 관청에서 세금 때문에 백성이 고통당하는 일이 없도록 노력했다. 약용은 부귀함을 가지고 악을 행하면 호랑이에 날개가 달린 것이라고 말했다. 호랑이가 날개까지 달렸다면 못할 짓이 없는 것이다.

약용에게는 가슴속에 애민의 불덩어리가 있다. 그 불은 아직도 가슴속에 타오르고 있어서 관리들이 목민심서 책을 읽고 백성들의 고통을 덜어주기를 바랬다.

약용의 사상을 전수받은 제자들이 과거에 급제하지 못하고 벼슬을 하지 못한 점이 가장 아쉽다. 만일 그 제자들이 약용의 사상을 이어받아 관료가 되었다고 한다면 어쩌면 이 나라는 또 다른 나라가 되어 있을지 모른다. 그러지 못한 점이 가장 아쉽다. 사실 약용도 이 점에 대해 제자들을 추천하기도 하고 여러 노력을 했다고 한다. 하지만 역사는 그렇게 순탄하게 흘러가지는 않는 모양이다.

셋째 사회에 관련된 진리이다. 즉, 제도적인 문제이다.

가난한 자, 소외된 자에 대한 제도적인 구제이다. 이는 성호 선생의 사상과 맥을 같이 한다. 사회의 제도적인 문제가 해결되지 않으면 근본적으로 백성을 도울 수 없다고 판단했다.

왕을 비롯해서 관료들이 사회 제도 개선을 하지 않으면 결코 백성들의 생활이 나아지지 않음을 알기에 경세유표, 예기와 같은 책을 펴냈다. 약용이 심혈을 기울여 쓰는 책이 적극 활용 되어서 세상을 바꾼다는 보장은 없다. 하지만 글을 쓴다는 자체만 해도 이미 변화는 시작되었다.

변화는 새로운 원리를 재검토하면서 시작된다. 그리고 진정으로 그 원리의 필요성을 느낄 때 변화가 시작된다.

즉, 약용의 순수한 외침이 사람들의 가슴속에 크게 울려 퍼지는 날이 올 것이다. 약용은 이렇게 외친다.

"조선의 백성들이여! 나의 말을 들어보시오. 단단하게 굳어진 풍습에 속지 마시오. 순수하게 본질로 돌아갑시다. 조선의 관리들이여! 재물에 욕심내지 마시오. 순수한 마음으로 백성을 위해 애민합시다! "

약용과 온양 봉곡사에 모여 뜻있는 선비 13명은 요순 임금시대와 같이 세상을 선하게 만들고자 결의하였다.

목표는 선이고 방법은 진리이다. 그러기위해서 관리의 마음속에 애민 정신과 사회 제도의 변화가 있어야 한다고 믿었다.

약용은 고난을 당할수록 더욱 이성적이 되었으며 그 정신은 살아서 고난 속에서도 진리를 위한 불덩어리를 꺼뜨리지 않았다.

그래서 우리는 그의 삶을 두고 진리를 추구하는 삶이라고 말한다.

사상의 발전

약용이 형 약전에게 보내는 편지는 이런 말이 있다.

"고금 학설을 두루 고찰해 보면 도무지 이치에 합당하지 않은 것이 있는데, 이때는 책을 덮고 눈을 감은 채 앉아서 밥 먹는 것도 잊고 더러는 잠자는 것도 잊노라면 반드시 새로운 의미나 이치가 번뜩 떠오릅니다."

– 시경강의보(詩經講義補)

시경은 2,500년 전에 중국에서 가장 오래된 시가를 모아놓은 경전이다. 사마천은 사기에서 이렇게 말했다.

"옛날부터 전해오는 시가 3,000여 편이 있었는데, 공자가 그중에서 인간 예의에 합당한 시 305편을 골라 시경을 편찬하였다." 약용은 시경강의를 순서대로 12권을 편집했다. 주로 질문에 대한 답변이었다. 질문이 없는 것은 전에 들은 적이 있다고 할지라도 기술하지 않았다. 약용은 이때 중풍으로 힘든 상태였다. 하지만 성균관 시절에 정조의 명으로 시경 연구를 했기 때문에 시경은 끝까지 저술하고자 했다.

관혼상제 연구

관례작의(冠禮酌儀)

약용은 머리말에 이렇게 말했다.

"제례(祭禮)를 쉽게 바로잡지 못하는 이유는 나라의 풍속이 변화를 어렵게 여기기 때문이요, 상례(喪禮)를 쉽게 바로잡지 못하는 것은 부형, 종친 가족이 의론이 많기 때문이요, 혼례(婚禮)를 쉽게 바꾸기 어려운 것은 양가가 좋아하고 숭상하는 것이 다르기 때문이다. 하지만 관례(冠禮)는 개정하기에 편리하니, 이것은 주인에게 달려 있는 문제이므로 누가 막을 수 있겠는가? 옛날 관례는 번거롭고 글을 갖추어야 하므로 사람들이 쉽게 따를 수 없었다. 그러나 주자가례(朱子家禮)를 활용할 경우 비록 과거에 비해 간략하다고 할 수 있지만, 관복(冠服)은 제도가 달라 사람들은 오히려 어렵게 여긴다.

성호 선생께서 간략하게 만든 관의(冠儀)가 있지만 너무 간략한 것이 아닌가 걱정이 되어 내가 다산에 있을 적에 마침 주인의 아들이 가관례(加冠禮)를 치르기에 삼가 의례(儀禮), 가례(家禮)를 취하고 아름다운 풍속을 참작하여 다음과 같이 삼가지문(三加之文)을 갖추는 바이다. 공자는 '가난하면서도 예(禮)를 좋아한다.' 고 했다.

가례작의(嘉禮酌儀)

약용은 머리말에 이르기를 "혼례(婚禮)에서 친영(親迎)이란 말은 양(陽)이 가고 음(陰)이 온다는 뜻이다. 동양 풍속에 혼례는 여자의 집에서 치르는데, 한(漢), 위(魏)의 여러 사적을 뒤져보니 펌하하고 있어 그것을 읽을 적에 부끄러움을 금할 수 없었다. 선배들이 풍속에 따라 예를 만들어 글로 써 놓았다.

내가 생각하기에, 양가의 의견이 어긋나 한 곳으로 쉽게 귀결되지 못하면 구차하게 풍속을 따르면서 부끄러운 기색도 없으니, 반드시 말을 세워 후세에 남겨서 법이 되게 하기에는 어려울 것 같다.

서울 귀한 집에서는 하루 안에 신랑은 날짐승을 폐백으로 바치고, 신부도 폐백을 바치는데, 이를 일러 '당일 신부(當日新婦)' 라고 하니, 이 어찌 친영이 아니겠는가? 단지 합환주를 마시는 것이 여자의 집에 있을 뿐이다. 만약 이 점에 대해서 점점 고쳐 나간다면 고례에 우뚝하게 될 것이다."

소학주관(小學珠串)

1811년에 '아학편' 과 함께 아동의 교재로써 좋은 구슬을 꿰어서 보물을 만들듯이, 오래된 경전에 나오는 것 중에 학문에 도움이 되는 300조를 골라 정리하였다.

아방강역고(我邦疆域考)

1811년 봄에 고조선에서 발해에 이르기까지 우리나라 역사를 각종의 문헌에서 기록을 뽑아 고증하고, 마한, 진한, 변한의 위치를 다루고, 옥저, 예맥, 말갈, 발해의 순으로 북방 여러 나라의 위치와 역사도 함께 검토하였다. 또한 지리 고증에만 그친

것이 아니라 고조선 이래의 역대의 강역과 수도, 하천 등의 위치를 새롭게 밝혀 잘못 기록된 지리서에 수정을 가했다. 조선의 정통성을 바로 잡아 보려는 목적에서 10권을 편찬하였다.

예전상기별(禮箋喪期別)

약용은 1811년 가을에 상복에 대한 책을 만들었다. 여기서 기(期)라는 것은 어머니 계통의 상복, 아버지 계통의 상복에 대해서 입어야 하는지 입지 말아야 하는지에 관한 것을 말한다.

민보의(民堡議)

민보는 농민 자위 조직에 의한 국방 체계를 세운 책이다.

약용이 가상한 침략군은 왜군이다. 군인들의 업무에 관한 일을 민간에 인식시켜 위기가 올 때 계책으로 삼고자 했다. 현실에 맞게 보태기도 하고 빼기도 했다. 모두 3권이다.

서경(書經)

서경은 상고시대의 정치 기록이다. 고대 사관이 나라 안에 일어나는 모든 정치적 상황이나 사회 변동, 문물 제도 등을 문자로 기록하였다. 약용은 '서경'의 난해구를 체계적으로 고증하고 의미를 해설하여 대의를 파악하였다. 상서지원록 7권이 있다.

춘추에 대한 연구

춘추는 고대 역사를 기록한 책이다. 고대 춘추전국 시대에는 각 나라마다 춘추가 있었지만 다만 노나라 춘추만 전해진다.

고로 춘추는 노나라를 중심으로 여러 주변국들의 주요 사건, 군주의 즉위, 개원, 조빙, 회맹, 사망, 전쟁, 제사, 천재 등의 일들을 기록하였다.

공자는 세상이 쇠란해지고 정도가 희미해져서 사악한 논설과 폭행이 일어났으니 신하가 임금을 죽이고 자식이 아비를 죽이는 일이 생겼다. 공자가 이를 두려워 해서 춘추를 지었다.

맹자는 이런 공자의 뜻을 이해하고는 "춘추가 있으니 난신과 적자가 두려워하게 되었다"고 말했다.

공자는 춘추를 편찬하면서 연대기를 기록하지 않고, 정사의 선악의 가치 판단을 가지고 시비를 가리었다. 고로 춘추는 유학 경전 중에서 중요한 위치를 차지한다.

공자는 말하기를 "나를 알아줄 자도 춘추요 나에게 죄를 줄 자도 춘추뿐이다"고 말했다. 공자는 춘추를 통해 역사 비판을 하였다.

약용은 이렇게 말했다. "춘추의 도는 곧 하늘을 받들고 선왕을 본받는 일이다. 귀로 살피는 방법을 가졌더라도 악기로 연주해 보지 않으면 음을 정하지 못하고 사물을 파악하는 능력을 가졌더라도 선왕들의 경험을 살펴보지 않으면 천하를 평정하지 못한다."

약용은 51세에 12권의 춘추고징(春秋考徵)을 편찬했다. 다음은 약용의 말이다.

"춘추는 육예(六藝)의 하나이며 임금의 말을 기록한 사관이다.

왕도가 행해지게 되면 말 한마디, 행동 한 가지가 모두 경(經)이 될 수 있다. 그래서 서경과 춘추가 육경에 드는 것이다. 그러나 왕도 정치가 사라지게 되면 왕이 하는 말과 일은 무너지게 된다. 그러므로 왕의 행동을 기록한 사관이 지은 것은 문사이고, 좌사가 기록한 것은 전기라고 이름 한다.

고로 경서와 사서가 나뉘어 두 가지가 되어 존귀함과 비천함의 정도가 현격해지게 되어서 사실 사서도 경서 아닌 것이 없었다. 그러나 노은공(BC 712년) 이전의 사서는 없어지고, 공자께서 지으신 '춘추' 도 지금은 백분의 일 정도만 남아 있을 뿐이고 단지 의례만 상고할 따름이다.

이제 '춘추' 의 의례를 보니 오직 사실에 의거하여 선과 악이 저절로 나타나 있다. 찬양하거나 깎아 내리거나 덧붙이거나 박탈하는 일은 애초부터 집필자가 능히 조종하거나 신축성 있게 쓸 수 있는 것이 아니다.

선유(先儒)들 가운데서 춘추를 이야기하는 사람들은 한 글자 한 마디에 집착하여 공자의 정미한 뜻이라 여겨, 주(誅)니, 폄(貶)이니, 상(賞)이니, 포(褒)니 하였고, 빠진 글자나 문장을 끝까지 파고들어 평범한 고사(故事)를 멋대로 견강부회했다.

돌아보건대 나는 몽매하고 고루하여 바야흐로 그런 것들을 받아들일 겨를이 없는데 하물며 그 파란을 조장하겠는가?

초본은 아들 학유가 받은 것이고(1808년) 겨울에 완성한 초고본이다. 재고본은 이굉보가 도운 것이다."

논어, 맹자, 중용, 대학 연구

– 논어(論語)

논어는 공자와 제자들의 말과 행동을 기록한 책이다. 논어는 공자 사후 70여년 후에 편찬되었다고 한다. 현재 전해지는 논어는 노나라 사람들이 전해온 '노논어' 이다. 논어는 공자의 사상을 담고 있으며 그를 추종하는 후학들이 저술했다.

약용은 여러 해 동안 자료를 수집하여 논어에 대한 주석서로 논어고금주(論語古今註) 40권을 완성했다. 이 책은 다산초당에서 51세에 완성하였으며 제자 이강회, 윤동이 도와 주었다.

약용은 논어라는 책이 워낙 이의가 많기 때문에 '원의총괄(原義總括)' 을 만들어 학이(學而)에서부터 요왈(堯曰) 까지 총 520여장 중 본래의 의미 175칙(則)을 새롭게 총괄하였다.

당시 조선 사회에는 주자의 '논어집주' 가 많은 영향을 끼쳐서 조선은 성리학 일변도로 가고 있었다. 고로 논어를 재해석하지 않고서는 개혁은 있을 수 없다.

공자는 인(仁)이 없이는 예를 말할 수 없다고 하였다. 공자의 사상은 한마디로 '이웃 사랑' 이다. 즉, 생명을 가진 모든 것을 사랑하라 이다.

약용은 '논어고금주' 를 기존의 해석과 다른 해석을 한다.

예컨대, 학이편에 보면 '군자는 근본에 힘써야 한다. 근본이 서야 도가 생긴다. 부모에 대한 효도와 형에 대한 효제가 바로 인을 이루는 근본이다.' 라는 말이 있다. 주자의 집주에는 효제와

인에 대한 풀이가 다양하다. 이를테면, '효제는 인을 행하는 근본이다.', '효제는 순덕이다.', '인은 효제의 뿌리이다.', '인의 실천은 효제에서 실천된다.', '효제는 인의 쓰임이다.' 등이다.

약용은 이 대목에서 인은 전체를 통칭하여 붙인 말이고, 효제는 세부사항으로 보았다. 인이 효제로부터 비롯되므로 효제가 인의 근본이라고 하였다.

또 위정편 첫 구절에 "정치를 덕으로 하면 북극성이 제자리에 있으면서 별들이 함께 도는 것과 같다"는 말이 있는데, 이는 북극성이 제자리에 있음으로 정치 지도자가 마음을 바르게 하는 것이다. 정치 지도자의 마음이 바름으로 관리와 백성이 함께 움직이며 본분에 맞게 되어가니 이는 여러 별들이 함께 돈다고 표현한 것이다.

그러나 약용은 주자가 '함께 돈다'는 의미의 공(共)을 '향하다'의 향(向)으로 해석했다.

또한 학이편 맨 처음에 등장하는 "학이시습지불역열호(學而時習之不亦說乎)" 즉, 배우고 때로 익히면 기쁘지 아니한가? 에서 주자는 습(習)을 습관으로 보았는데 약용은 행(行)으로 보았다. 그 이유는 학이란 아는 것이요 습이란 행하는 것이므로 학이시습(學而時習)은 지(知)와 행(行)이 함께 발전하는 것을 의미한다고 본 것이다.

또 옹야편에 "공자가 위나라 영공의 첩실 남자(南子)를 한 발 빼고 만나자, 자로가 탐탁하게 여기지 않았다. 이에 공자가 말했다. "나에게 잘못이 있다면 하늘이 미워할 것이다." 라는 구절이 있다.

주자는 이에 대해 "남자에게 음일한 행동이 있었으므로 공자가 위나라에 이르자 남자가 뵙기를 청했지만 공자가 사양을 하다가 부득이 만나 보았다" 고 풀이했다.

그러나 약용은 공자가 남자를 만나본 이유는 영공의 아들 괴외를 불러 어미와 아들의 관계를 온전히 하도록 하기 위함이었다고 말한다. 즉, 괴외가 태자로 있을 때, 아버지의 첩실인 남자를 죽이려다가 진나라로 도망간 일이 있었는데, 공자는 자로가 오해했듯이 음탕한 짓을 하려는 것이 아니라 오히려 "내가 그렇게 하지 않으면 하늘이 미워할 것이다" 고 했던 것이다.

당시에는 대부가 한나라를 방문해 제후의 부인을 만나보는 일이 관례였기 때문이다.

양화편에는 "공산불요가 비읍에서 반란을 일으키고 공자를 불렀다. 이에 공자가 가려고 하자 자로가 불쾌해 하면서 말했다. 가지 마십시오. 하필이면 무도한 공산불요에게 가시려고 하십니까? 그러자 공자가 말했다. 나를 부르는 자가 어찌 헛되게 부르겠는가? 그가 나를 등용하려고 한다면 나는 주나라의 도를 동쪽에서 행하려고 한다" 는 구절이 있다.

이 부분에 대해 약용은 이렇게 말한다. "여기서 동주(東周)라는 말이 나오는데, 주자는 동쪽에서 주나라의 도를 일으킨다" 라고 했지만 이는 오해의 소지가 있다. 동주는 '동쪽의 노나라' 라는 의미를 지닌 은어이다. 공산불요가 계씨를 배반하고 나라를 유지하려 했으므로 공자가 나라의 도읍을 옮기고 비읍에 웅거해 노나라를 주나라처럼 부흥시키려고 한 것이다."

약용은 사서오경 등 경전 주석 작업을 통해 이론적 토대를 다졌다. 그중 논어 고금주는 가장 심혈을 기울여 완성한 것으로 그는 중국학자들의 성과를 바탕으로 새롭게 논어를 재해석하였다. 불변의 가치를 지닌 것으로 떠받들어 오던 주자의 해석을 170군데나 바로잡아 자신의 사상을 밝혔던 것이다.

결론적으로 주자는 인(仁)을 단지 심성적 차원에 머물렀지만 약용은 실천 윤리의 결과로 인식하였다.

주자의 심덕설에서 한걸음 더 나아가 행동으로 나타나는 결과론적 덕(德)을 주장했다. 결국 마음의 덕은 마음에만 머무는 것이 아니고 실천이 본질이라는 것을 주장했다.

이는 조선 사회의 대단한 발견이다. 왜냐하면 학문을 벼슬의 수단으로 활용하고 자신에게 적용하기보다는 학문을 아는 것으로 유세를 삼던 시절이기 때문이다.

그리하여 결국 조선 사회는 가난한 자와 굶주린 백성들에게는 한없이 잔인하고 자신에게 너그러운 사회가 되었던 것이다.

약용의 실천적 철학과 학문이 적용되었더라면 아마도 조선 사회는 새로운 국면에 접어들었을 것이다. 약용은 1791년 정조 15년에는 '논어대책' 을 지어 월과 때 바치기도 하였다.

— 맹자(孟子)

맹자는 맹자와 제자들, 당대 정치 지도자들과의 문답을 엮은 책이다. 맹자는 기원전 372년 추나라에서 태어났고 공자가 태어난 노나라의 곡부와 인접해 있다. 맹자는 공자의 손자 자사로부터 학문을 배웠다고 한다.

맹자라는 책은 만장, 공손추와 같은 제자들이 기록했다고 한다. 그 후에 주자가 사서에 삽입하고 집주를 달아서 맹자를 연구하는 사람들이 많아졌다. 맹자도 공자의 인(仁) 사상에 추가하여 인의(仁義)를 주장하였다.

맹자는 '성선설' 을 주장하였다. 맹자는 인간은 본래 착한 마음을 가지고 태어나며 누구나 인의예지를 가지고 있다. 남을 불쌍히 여기는 마음은 인의 근원이 되고, 불의를 미워하는 마음은 의의 근원이 되고, 양보할 줄 아는 마음은 예의 근원이 되고, 옳고 그름을 가리는 마음은 지의 근원이 된다고 하였다.

하지만 이 네 가지 마음을 갈고 닦지 않으면 '인의예지' 가 줄어들어 소인배가 되고 이를 잘 기르면 성인이 될 수 있다고 하였다.

맹자에 의하면 학문은 본래 착한 마음을 바로잡는 것이고 이런 마음으로 정치를 하면 백성을 존중하는 정치를 하게 된다고 보았다. 만일 군주가 폭정으로 다스리면 백성은 혁명을 일으켜 교체하게 된다고 하였다.

약용은 맹자를 재해석한다. 고자에 나오는 인간 본성에 대한 논쟁에서, 고자가 "본성은 버드나무와 같고 의는 나무로 만든

그릇과 같다. 사람의 본성을 가지고 인의를 행함은 버드나무를 가지고 그릇을 만드는 것과 같다"고 하였다.

이에 맹자는 "그대는 버드나무의 성질을 따라서 그릇을 만드는가? 그렇다면 버드나무를 해친 뒤에야 그릇을 만들 것이다. 버드나무를 해쳐서 그릇을 만든다면, 사람을 해쳐서 인의를 행한다는 말인가? 천하 사람을 몰아서 인의를 해치는 것은 반드시 그대의 말일 것이다"고 하였다.

약용은 본성을 "내 마음이 좋아하는 것"으로 보았다. 고자가 말한 대로 사람의 성품이 인과 의를 행할 수 있다고 한다면, 바로 잡는데 그런 마음이 생길 수 없다는 것을 말한다.

약용은 성(性)을 기호라고 보았다. 즉, 경향성으로 본 것이다. 약용은 성에는 두 가지 기호가 있다고 보았다. 하나는 영지(靈知) 기호이고 다른 하나는 형구(形軀) 기호이다. 영지 기호는 영성적, 지성적으로 좋아하는 것이고, 형구 기호는 감각적, 육체적으로 좋아하는 것을 말한다. 둘 다 차원은 다르지만 성으로 보았다.

약용은 "시경에 성을 절제한다, 예기에 백성들의 성을 조절한다, 맹자에 마음을 움직여 성을 참는다. 이목구체(耳目口體)가 좋아하는 것이 성이라"고 말한 부분을 가지고 형구 기호라고 말했다.

영지 기호는 "하늘이 명한 성, 천도와 함께 한다, 성은 선하다, 성을 다한다"라는 부분으로 영지 기호의 근거로 삼았다.

고로 약용은 본연지성(本然之性)이라는 말은 원래 불경에서 나온 것으로 유가에서 말하는 천명지성(天命之性)과는 얼음과 숯처럼 서로 양립할 수 없다고 말했다. 즉, 만물이 모두 나에게 갖추어져 있다 라는 말은, 다시 말해서 서(恕)에 힘써 인(仁)을 구하라는 훈계라고 재해석했다.

진심편에서 맹자는 "마음을 기르는 일은 욕심을 적게 하는 일보다 좋은 것이 없다. 그 사람됨이 욕심이 적으면 본심을 보존하지 못한 것이 있다 하더라도 매우 적고, 사람됨이 욕심이 많으면 본심을 보존하는 것이 있다고 하더라도 매우 적다"고 하였다.

주자는 "욕심은 입, 코, 귀, 눈과 사지 감각 기관이 바라는 것과 같다. 이것이 없을 수는 없지만 많은 데 절제하지 않으면 그 본심을 잃기 쉽다"고 말했다.

이는 사람의 자식이 되고, 사람의 아비가 되고, 사람의 형제, 부부, 손님과 주인 되는 도리는 경례(經禮)가 3백 가지, 곡례(曲禮)가 3천 가지가 자신에게 갖추어져 있다.

즉, 자신을 반성하여 성실하다면 논어에서 말한 것처럼 극기복례, 자신의 욕망을 이기고 예로 돌아가 천하 사람들이 인(仁)으로 돌아갈 것이다. 고로 단순하게 만물일체니, 만법은 하나로 돌아간다는 만법귀일의 뜻이 아님을 분명하게 제시한다.

약용은 맹자도 역시 성을 논하면서 이목구체까지 언급하여 이(理)만 논하고 기(氣)는 논하지 않는 병통은 없었다고 주장한다.

약용은 인을 실천하는 길은 자신에게 비롯되며 극기복례, 스스로 사사로운 욕심을 버리고 다른 사람과 더불어 예를 회복하는 작업, 이것이 공자 이후 유학이 지향하는 바른 뜻이라고 하였다.

또한 성(誠)은 서(恕)를 성실히 행하는 작업이고, 경은 예를 회복하는 일이므로 결국 인을 실천하는 것은 성과 경으로 보았다.

신나라를 세웠던 왕망(BC 45-25년)과 후한 때 헌제의 승상이 되었던 조조(155-220)는 기질이 대체로 맑았지만 소인배의 상징으로 남았고, 한고조 때 개국공신인 주발과 석분은 기질이 대체적으로 흐린 사람들이었지만 공손함과 근면함으로 성실함의 대명사가 되었다.

이런 점으로 미루어볼 때 선악은 얼마나 노력하느냐, 선을 향해 힘써 행하느냐에 달려있지, 타고난 기질에 달려있는 것이 아니라고 설명하였다.

약용은 공손추 편에 등장하는 호연지기에 대해 말한다.

공손추가 "맹자께서 호연지기를 잘 기른다고 하셨는데, 무엇을 호연지기라고 하십니까?" 라고 물었다.

맹자가 대답하기를 "말하기 어렵다. 그 기됨이 매우 크고 강하니 정도로 길러서 해침이 없다면 호연지기는 하늘과 땅에 가득차게 된다. 그 기됨이 의와 도에 짝하니 의와 도가 없으면 호연지기는 쪼그라든다. 호연지기는 의를 모아서 생겨나는 것이다."

호연지기가 의와 도가 짝한다는 부분에 대해서 여러 해석이 있었다. 주자는 호연지기가 없으면 몸이 쪼그라든다고 했고 여조겸은 '기(氣)는 의와 도를 짝하는데 의와 도가 없으면 기가 시들게 된다.'라고 말했다.

여조겸과 율곡 이이는 의와 도가 없으면 기가 쪼그라든다고 했다. 약용은 이 부분에 대해서 주자의 의견보다는 여조겸의 이론이 맞다고 보았다.

또 양혜왕 편에 이런 내용이 있다.

맹자가 양나라 양왕을 만나보고 궁궐에서 나와서 사람들에게 양왕을 멀리서 바라보아도 정치지도자 같지 않고 가까이에서 보아도 두려워할 위엄을 느끼지 못하였다고 했다. 그가 돌연 세상은 어디로 정해지겠습니까? 라고 하였다. 이에 한곳으로 정해집니다. 라고 하니 양왕이 누가 통일하겠습니까? 라고 물었다. 이에 맹자가 사람 죽이기를 좋아하지 않는 사람이 통일할 수 있다고 말했다.

이에 대해 주자는 양왕이 여러 나라가 나뉘어 천하를 다투고 있는데, 어느 곳으로 정해져야 함을 물었다. 이에 맹자는 반드시 한 곳에 합해진 뒤에야 정해진다고 하였다.

하지만 약용은 '사람 죽이기를 좋아하지 않는다.'라는 말은 곧 정치로써 사람을 죽이지 않는 것이고, 이는 흉년에 구휼하는 일을 말하는 것이라고 주장했다.

이와같이 하여 약용은 1814년에 맹자요의(孟子要義) 9권을 편찬하였다. 여기에 주를 달고 자신의 견해를 덧붙여서 독창적인 견해를 피력하였다.

─ 중용(中庸)

보통 중용은 사마천의 기록과 정현의 삼례 목록에서 공자의 손자 자사가 지었다고 한다. 본래 중용은 예기 49편 가운데서 제 31편에 수록되어 있었는데, 주자에 의해 중용장구가 지어진 다음 사서의 하나가 되었다. 중용에는 유학의 심오한 인생철학을 담고 있다.

중용의 의미는 주자의 중용장구에서 '편벽되거나 치우치지 않고 또 지나치거나 모자람이 없다' 는 뜻이다. 중용의 핵심은 중(中)이다. 여기서 중은 두 지점 사이의 정 가운데를 말하는 것이 아니라, 사람과 사람, 사람과 사물 사이의 발생하는 문제에서 가장 알맞은 도리를 의미한다.

정자는 중용에 대해 "중은 세상의 바른 도리요, 용은 세상의 정해진 이치" 라고 말했다. 그러니까 평범한 일상 가운데 타당성을 의미한다. 다르게 표현하면 지선(至善)의 경지이다.

중용은 모두 33장으로 되었다. 중용에서 인생은 세 가지로 구분한다. 첫 번째가 청소년기, 두 번째가 어른다운 장년기, 세 번째는 황혼 무렵의 노년기이다.

고로 청소년기에는 여색을, 장년 시기에는 다툼을, 노년기에는 재물에 대한 욕망을 조절해야 한다. 중요한 것은 의지이다.

중용에서는 박학, 심문, 신사, 명변, 독행을 강조한다. 즉, 광범위하게 배우고 자세하게 물으며 깊이 생각하고 분명하게 분별하며 최선을 다해 실천하는 작업이다.

학문을 한다는 것은 박학과 심문의 이름을 따서 학문이라는 개념을 만들었다. 그러니까 배우고 물어야만 학문이 된다는 것을 말했다. 그리고 사변이라는 말도 신사와 명변을 따서 만든 용어이다. 학문과 사변은 삶에서 지식의 문제와 연결된다. 그리고 독행은 그것을 굳게 잡아 실천하는 행위의 문제를 말한다.

약용은 중용강의보(中庸講義補) 책머리에서 중용에 대한 연구 과정을 이렇게 설명한다.

"갑진년(1784년)에 정조 임금께서 '중용의문(中庸疑問)' 70조를 내려 학생들로 하여금 대답하게 했다. 그때 죽은 벗 이벽에게 물었더니 기꺼이 토론해주어서 더불어 초고를 만들었다. 돌아와서 보니 중간 중간에 이치는 괜찮으나 문장이 매끄럽지 못한 곳이 있어서 내 뜻대로 줄여서 임금께 올렸다. 며칠 후 도승지 김상집이 승지 홍인호(1753~1799)에게 이르기를 오늘 임금께서 경연에서 유시하시기를, 성균관 유생들의 대답한 것이 모두 거칠고 잡스러웠는데 유독 약용이 답한 것만은 특이하니 분명 식견 있는 선비라고 했네 라고 했다. 이는 리발기발(理發氣發) 설에 있어서 내가 대답한 것이 임금의 마음에 맞았기 때문이지 다른 까닭이 있었던 것은 아니다. 그로부터 3년 후 병오년(1786년) 여름에 이벽이 죽었고, 8년 후 계축년(1793년) 가을에 내가 명례방에서 탈고했는데, 대답한 것에 억지 주장이 있었다는 것을 깨달았다. 갑술년(1814년) 가을에 '중용자잠'을 지었는데 옛날 글을 가져다가 다시 다듬었다. 혹 본래 의미에 어긋나는 것이 있으면 고쳤고, 혹 임금이 질문하지 않았더라도 증보했는데, 모두 6권이었다. 이제 임금께서 승하하시어 아득히 하늘에 계셔 그 옥음(玉音)을 영원히 들을 수 없으니 질문할 곳도 없다. 이벽과 토론하던 때를 헤아려 보니 이미 30년이 됐다. 가령 이벽이 지금까지 살아 있었더라면 그 덕에 나아가 널리 배운 것이 어찌 나 같은 사람에 비교할 수 있겠는가! 오랜 서적이나 새 책을 모아서 보면 분명히 하나는 남고 하나는 없어지게 될 것이지만 어찌하겠는가? 책을 어루만지며 흐르는 눈물을 억제할 수 없다."

약용은 중에 대해 이렇게 말했다. "높고 밝음에는 부드러움으로 이기고, 깊고 신중한 사람은 강함으로 이긴다." (서경 홍범)

용(庸)은 오랫동안 지속되는 덕을 말한다.

중용 1장에 도(道)는 잠시도 떠날 수 없다 는 것도 용이고, 백성들로 능히 오래 할 수 있는 자가 드물다 는 것도 용이다.

제10장에 나라에 도가 있어도 마음이 변치 않고 나라에 도가 없어도 지조를 변치 않는다 는 것도 용이다.

제 26장에 지극한 정성은 쉼이 없나니 쉼이 없으면 오래 간다 는 것도 용이고, 문왕의 순수함은 중단이 없다는 것도 용이다.

안회(기원전 521~481년)가 석 달 동안 인(仁)을 어기지 않았지만 사람들은 하루에 한 번이나 한 달에 한 번쯤 인에 이른다는 것도 용이다.

一 대학(大學)

대학은 예기 49편의 하나이다. 사마광(1019-1086)이 대학 광의를 저술했고 정자를 거쳐 주자에 이르러 사서로 정립되었다. 대학은 유학 경전 중에서 가장 체계가 잘 갖춰졌다.

주자는 대학을 대인의 학문이라고 했다. 큰 사람이 되기 위한 학문으로 보았다. 대학에서 말하는 대학은 태학이다.

태학은 왕의 맏아들과 왕자들이 다니는 학교이다. 고로 대학에서는 나라를 다스리는 치국과 평천하의 방책을 가르쳐야 했다.

대학에는 유학의 학문을 3강령과 8조목으로 정리해 유학의 기본 구조를 밝히고 있다.

3강령은 명명덕(明明德), 친민(親民), 지어지선(止於至善)이다. 약용은 명덕을 밝히는 것은 바로 인륜을 밝히는 것이라고 말했다. 치어지선은 지극히 선한 경지에 이르러 그 상태를 유지해야 함을 말한다.

8조목은 격물(格物), 치지(致知), 성의(誠意), 정심(正心), 수신, 제가, 치국, 평천하이다.

주자는 대학장구에서 명덕(明德)을 사람이 하늘로부터 받아 지니고 있는 덕성으로 형체나 모양이 텅 비어 있으나 그 작용은 영특해 어둡게 되는 법이 없다고 보았다. 그러나 약용은 명덕을 효(孝), 제(弟), 자(慈)이고 사람의 영명(靈明)은 아니라고 했다.

8조목에서 주자는 격물(格物)을 사물에 도달하는 일로 보았지만, 약용은 격물을 사물의 이치를 규명하는 것으로 보았다.

주자는 치지(致知)를 '앎에 이른다' 고 하였지만, 약용은 치지를 먼저 할 바와 나중에 할 바를 아는 것으로 보았다.

또 주자는 성(誠)을 참되고 알차다는 뜻으로 보고 의를 마음이 나타난 것으로 보았지만, 약용은 성을 사물의 시작과 끝으로 이해했다.

주자는 정심(正心)을 몸을 닦는 일은 마음을 바르게 하는 것이라고 하였지만, 약용은 몸에 성내는 바가 있으면 마음을 고칠 수가 없다고 하였다.

대학 장구에 윗사람이 노인을 노인으로 대접하면 백성들에게 효도하는 기풍이 일어나고 어른을 어른으로 대접하면 백성들에게 공경하는 기풍이 일어나고 고아를 불쌍히 여겨 구휼하면 백성이 배반하지 않는다 라는 말이 있다. 여기서 주자는 노인을 자기 집안의 노인이나 어른으로 보았다.

그러나 약용은 노인을 노인으로 대접하는 것은 태학에서 노인을 봉양하는 것이고 어른을 어른으로 대접하는 것은 태학에서 세자가 어른에게 공경하는 것이며, 고아를 불쌍히 여긴다는 것은 태학에서 고아들에게 음식을 먹이는 것이라고 하였다.

또한 대학에서는 "나라의 지도자가 백성의 재물을 거둬들이고 낭비하는 일에 힘쓰는 근본 원인은 소인배에게서 발생한다고 하였다."

약용은 백성은 욕심으로 인해 부귀를 추구한다. 군자는 조정에서 귀하게 되기를 바라고 소인은 초야에 묻혀 살면서 부유하게 되기를 바란다. 그러므로 사람 등용할 때 공정하지 못해서 어진 이를 어진 이로 대접하지 않고, 친한 사람을 친하게 여기지 않으면 군자가 떠나가게 된다. 재물을 거둬들일 때도 절제가 없게 되어 백성의 즐거움에 즐기지 못하고 백성의 이익을 이롭게 여기지 못하게 되면 소인이 돌아가게 되어 결국 나라가 망하고 만다. 그래서 대학의 끝에 덕망과 재물, 이익과 의리에 대한 말을 거듭 경계했다.

약용은 1714년 대학공의 3권을 써서 대학 편 대학장구에서 주희의 견해를 비판하고, 27절로 나누고 각 절에 대한 역대의 주와 자신의 견해를 정리했다.

1789년에는 정조가 창경궁 희정당에서 초계 문신들을 불러 대학을 강론하게 할 때 대학강의를 발표한 것을 정리하여 책으로 편찬하였다.

경세유표(經世遺表)

경세는 국가 경영의 전반적인 개혁안을 말한다. 약용은 56세에 경세유표 44권을 편찬했는데 미완성 작품이다.

당시 조선의 현실은 미관말직 관리라고 할지라도 행정과 사법권을 가지고 있었기 때문에 관리의 생각이 백성들에게 미치는 영향력은 실로 막강하였다.

그래서 관리가 포악하거나 욕심이 가득차 있거나 법에 무지하면 기준 없이 자신의 편견으로 백성을 다스리기 때문에 많은 폐단이 있었다.

 약용 자신도 곡성에서 목민관을 해보았기 때문에 이런 폐단을 알고 주례의 이념에 근거하여 현실에 맞추어 국가 경영에 관한 개혁의 원리를 제시한다. 그래서 약용은 서문에 "여기서 논하는 것은 법이다. 예전의 성왕들은 예로서 나라를 다스리고 백성을 인도했는데, 예가 쇠퇴해지자 법이라는 명칭이 생겼다"고 말한다.

 약용은 국가의 행정조직이나 권한에 대한 관제, 전국을 군으로 나누고 이를 다시 현으로 나눠 조정에서 지방관을 보내 직접 다스리는 군현제도, 농토 운영에 관한 전제, 노역에 관한 부역, 시장 개설과 물품 교역에 관한 공시, 창고 사용과 곡식 저장 등에 관한 창저, 병법에 관한 군제, 인재 등용과 과거 시험에 관한 과제, 바다 생산물의 세금 문제에 관한 해세, 장사나 무역에 관한 상세, 나라에서 필요한 말을 번식시키고 조달하는 정책, 배를 만들고 운용하는 선법, 도성을 경영하는 일에 관한 문제 등을 제시한다.

 그러니까 경제유표는 전반적인 국가 시스템 개혁 작업이라고 할 수 있다. 약용은 기존 제도의 모순과 사례, 개혁의 필요성도 빠짐없이 기록하였다.

 제1책과 2책에서는 육조와 관서의 구성과 담당 업무를 서술해서 각조에서 관장해야할 원리를 제시한다.

 예컨대, 이조는 궁부일체 원리에 의거하여 왕실 관련 업무를 담당하도록 하였다. 이는 왕실의 재정을 정부의 재정과 함께 운영해서 국가 재정을 함부로 낭비하지 못하도록 하는 장치이다.

호조는 재정기능과 더불어 토지 제도와 백성의 교육 기능을 갖도록 하였다.

예조는 제례를 담당하도록 하였고 병조는 중앙 군영을 직접 통괄해서 군사 담당 기구가 되도록 하였고 형조는 통치 질서 확립을 위한 사회 통제 기능이 원활해서 향리 통제, 거래 질서 확립의 업무를 추가했다.

공조는 국가 자원을 관리하고 수레, 선박, 벽돌, 도자기 제작과 기술 보급을 담당하도록 하였다.

제 3책에는 관직 체계와 관품 체계의 조직과 운영 방법과 수도 한양을 재구획하는 안, 전국 지방제도의 재조정, 지방 행정체계의 운영방법 개선, 관료의 인사 고과제도 등에 관해 서술했다. 특히 기술직을 우선하고 서얼 출신 승진을 보장할 것을 주장하고 전국 8도를 12성으로 재편하고 가구 수와 농경지에 매기는 세금을 기준으로 등과 현의 등급을 재조정할 것을 강조했다.

제5책에서 14책에는 토지 제도와 조세 제도, 개혁 방안에 대해 이야기 했다.

약용은 경제유표에서 관직 체제의 전면 개편, 신분과 지역의 차별을 배제한 인재등용, 자원에 대한 국가 관리제 실시, 토지 제도의 개혁, 조세 제도의 합리화, 지방 행정조직의 개편 등을 강조하였다.

목민심서(牧民心書)

약용은 1818년 57세 되던 나이에 목민심서 48권을 완성한다. 목(牧)은 백성을 다스리는 것을 의미한다.

약용이 목민심서를 저술한 이유는 어려서부터 부친의 임지를 따라 다니면서 직접 보고 깨달은 것과 그 후 금정 찰방, 곡산 부사로서 직접 백성을 다스리고, 백성의 현실을 18년 동안의 강진 귀양살이를 통해서 사서오경을 되풀이 연구하여 수기(修己)의 학을 공부하고 체휼하였기 때문이다. 약용이야말로 관리의 입장도 알고 농민의 입장도 알기에 공정하고 합리적인 방법을 모색할 수 있었다.

약용은 중국의 역사서 23사(史)와 우리나라 역사, 문집 등의 서적을 가지고 지방 장관이 백성을 다스린 사적을 고찰하여 분류하고 편집하였다.

목민심서는 율기(律己), 봉공(奉公), 애민(愛民)을 핵심으로 이(吏)·호(戶)·예(禮)·병(兵)·형(刑)·공(工)을 육전(六典)으로 하였으며 진황(賑荒)으로 끝을 맺었다.

제1편은 부임육조(赴任六條)인데, 임금의 결재를 받아 관직을 임명하는 제배, 행장 꾸리기, 부임 전에 임금께 하직 인사를 드리는 사조, 앞서서 인도하는 계행, 임지에 부임하는 상관, 일에 임하는 이사 등 여섯 조목으로 구성했다.

제2편은 율기육조(律己六條)인데, 몸가짐을 바르게 하는 칙궁, 마음을 맑게 하는 청심, 집안을 가지런하게 하는 제가, 손님을

305

접대하는 빈객, 재물을 절제하며 쓰는 절용, 즐겁게 베푸는 낙시로 구성된다.

제3편은 봉공육조(奉公六條)인데, 우러러 축하하는 선화, 법을 준수하는 수법, 예의로 교제하는 예제, 알리고 전하는 일에 관한 문보, 공물을 바치는 일에 관한 공납, 나아가서 일을 하는 것인 왕역이다.

제4편은 애민육조(愛民六條)인데, 노인을 봉양하는 일에 대한 양로, 아이를 보살피는 일에 관한 자유, 가난한 자나 사회적 약자를 구휼하는 진궁, 상사에 슬퍼하는 일에 관한 애상, 불치의 환자나 중병자에게 너그러이 조세나 부역을 면제해주는 관질, 재난에서 구제하는 것에 관한 구재로 구성된다.

제5편은 이전육조(吏典六條)인데, 아전을 단속하는 일에 관한 속리, 대중을 이끌어가는 어중, 사람을 쓰는 일에 관한 용인, 현명한 사람을 천거하는 일인 거현, 물정을 살피는 일에 관한 찰물, 엄정하게 성적을 평가하는 고공으로 되었다.

제6편은 호전육조(戶典六條)인데, 농지에 관한 행정사항인 전정, 세금에 관한 세법, 곡물의 장부인 곡부, 인구실태나 가구 파악에 관한 호적, 균등한 세금부과에 관한 평부, 농사를 관장하는 일에 관한 권농이다.

제7편은 예전육조(禮典六條)인데, 조상이나 신에 대한 제사, 손님 접대에 대한 빈객, 백성의 교화와 교육에 대한 교민, 학교를 일으키기 위한 흥학, 등급의 판별에 대한 변등, 인재를 길러내

는 일에 대한 과예이다.

제8편은 병전육조(兵典六條)인데, 장정을 병적에 올리는 일에 대한 첨정, 군사를 훈련시키는 일인 연졸, 병장기를 수리하고 정비하는 일인 수병, 무예를 권장하는 일인 권무, 변란에 대응하는 응변, 왜구의 방어에 대한 어구이다.

제9편은 형전육조(刑典六條)인데, 송사를 들어 처리하는 일인 청송, 중대범죄자를 처리하는 단옥, 형벌을 신중하게 처리하는 신형, 죄수를 불쌍히 여기는 휼수, 폭력을 엄격하게 금지하는 금포, 해가 되는 일을 덜어버리는 제해이다.

제10편은 공전육조(工典六條)인데, 산림의 일인 산림, 연못이나 강을 다룬 천택, 마을의 수리와 보수에 관한 선해, 성곽을 수리하는 일인 수성, 길을 수리하고 보수하는 일에 대한 도로, 공산품을 제작하는 문제에 대한 장작이다.

마지막으로 진황과 해관 두 편은 수령의 실무에 속한 빈민 구제의 진황 정책과 수령이 임기가 차서 교체되는 과정을 적은 것이다. 관직을 제대로 마무리해 유종의 미를 거둘 수 있도록 하나의 지표가 되기를 바라는 뜻에서 쓴 것이다.

진황육조(賑荒六條)는 자본이나 물자를 비축하는 비자, 고을 내 가난한 자나 약자를 돕게 하는 권분, 유민을 위한 대책인 규모, 구호시설을 확충하는 설시, 도움이 필요한 자에게 힘으로 도와주는 보력, 사업을 마치는 일에 관한 준사 여섯 조목이다.

해관육조(解官六條)는 서로 번갈아 가는 체대, 돌아갈 차비를 하

는 귀장, 전임되는 관리의 유임을 청하는 원류, 관직에게 물러
날 것을 왕에게 청하는 걸유, 임금이 죽은 신하를 애도하는 은
졸, 고인이 사람을 사랑하는 유풍을 지녔다는 유애로 되어 있
다. 모두 72조이다. 심서(心書)라는 말은 마음속에 깊이 간직해
야할 것을 강조한 의미이다.

기타 다른 책

ー심경밀험(心經密驗)

이 책은 약용이 54세에 쓴 책으로 '소학지언'과 함께 육경사서
에 대한 연구에서 터득한 바를 실천하기 위한 저술로 자신의 경
험을 토대로 쓴 수양서이다. 약용은 책머리에 이렇게 말했다.

"내가 곤궁하게 살면서 일이 없어 육경사서를 연구한 지 여러
해 되었다. 하나라도 얻은 것이 있으면 뽑아서 간직해두었다.
이에 그 독실하게 행할 방도를 추구해서 오직 소학과 심경이 여
러 경전 가운데 정수를 밝힌 것이었다. 배우는 이들이 진실로
이 두 책을 깊이 생각하고 힘써 실천하여, 소학으로써 밖을 다
스리고 심경으로 안을 다스린다면 거의 현자가 되는 길이 열릴
것이다. 내 일생을 돌아보면 불우하여 노년의 결과가 이와 같지
못하구나! 소학지언은 고서의 주해를 보충한 것이고, 심경밀험
은 자신에게 시험해 봐서 스스로 경계한 것이다. 지금부터 죽을
때까지 마음 다스리는 방법에 힘을 쏟아 경전 연구를 심경으로
끝맺으려 한다. 아, 실천되겠는가 말겠는가! 모두 2권이다."

ー소학지언(小學枝言)

소학 가운데 의문점이 있거나 난해한 부분에 대하여 설명을 붙이고 자신의 견해를 밝힌 책이다.

─심성총의(心性總義)

약용은 이렇게 말한다. "마음속에는 세 가지 이(理)가 있다. 맹자의 성선설은 인간은 선을 좋아하고 악을 부끄러워한다.

양웅(기원전 53~기원후 18)의 선과 악이 섞여 있다는 설은 고자가 소용돌이치는 물에 비유했는데 인간은 선할 수도 있고 악할 수도 있다고 했다. 순자의 성악설은 인간의 행사가 선하게 되기는 어렵고 악하게 되기는 쉽다는 것을 말했다.

하늘이 인간에게 선하게 될 수도 있고 악하게 될 수도 있는 권한을 부여했고, 또 선하기는 어렵고 악하기는 쉬운 도구를 부여했으며, 위로는 선을 좋아하고 악을 부끄러워하는 본성을 부여했다. 이런 본성이 없었다면 우리들은 옛날부터 조그마한 선이라도 행할 수 있는 사람이 하나도 없었을 것이다.

그렇기 때문에 본성을 따르라, 덕성을 높여라, 성인은 본성을 보배로 여기니 감히 떨어뜨려 잃지 말라고 했던 것이다."

─악서고존(樂書孤存)

악서고존은 음악 이론서이다. 시, 서, 예, 악, 역, 춘추, 육경 중에서 음악에 관해 견해를 밝힌 책이다. 이청에게 받아 적게 하고 김종에게 주어 탈고하게 했다.

- 평 -

독일의 계몽주의 철학자 임마누엘 칸트는 이성에 의한 도덕보다 옳은 것을 지향하는 선한 의지를 강조하였다. 그는 인간의 천부적 재능 조차도 선한 의지가 없다면 악이 될 수밖에 없다고 주장했다.

약용은 인간에게는 영성적, 지성적, 감각적, 육체적인 성(性)의 경향성이 있다고 말했다. 여기서 성은 곧 선을 의미한다. 약용은 인간은 도덕을 능동적으로 실천해야 할 것을 강조하였다. 약용은 오히려 칸트보다 더 구체적으로 인식론 뿐 아니라 예의와 행동과 합리적 제도와 행정의 효율성을 제시하며 사회 제도의 변화와 국가 시스템의 개혁까지 섭렵하였다. 즉, 도덕성과 제도는 긴밀한 연결성이 있음을 간파하였던 것이다.

그야말로 칸트를 뛰어넘는다. 혀를 내두를 수밖에 없는 대단한 통찰력이다.

하늘이 조선이라는 나라에 도덕성을 향한 의지와 합리성을 통합하는 삶의 철학을 심어놓으셨다. 약용은 도덕적 합리성의 깊은 철학을 제시하였다.

사람에게는 반드시 목적이 있다. 목적이 선하면 과정도 선하고, 목적이 악하면 과정도 반드시 악하다고 말할 수 있다.

과정은 목적을 위한 수단이기 때문이다. 인간이 생각하고 행동하는 모든 것은 모두 목적에서 나온다.

그러므로 어떤 사람이든지 그의 목적을 안다고 한다면 그 사람이 어떤 존재인지를 분별할 수 있다. 목적은 곧 그 사람의 품질을 결정하기 때문이다. 목적이 좋은 만큼 좋은 품질이 된다.

그러므로 인간은 스스로 목적이 자신의 안위만을 위한 일인지 이웃에게 유익을 주기 위함인지를 간파할 수 있어야 한다.

약용이 자찬묘지명에 자신은 선한 삶을 목표로 살았다고 했다. 선을 3종류로 구분할 수 있다.

첫째는 하늘의 이치에 따른 선이다. 약용은 자신을 수양하고 하늘을 섬기는 방법은 인륜에 힘쓰는 것이라고 말했다.

둘째는 인의 실천이다. 약용은 인의 실천을 인간과 인간 관계를 중시하여 인(仁)을 둘이 만나는 것이라고 풀이하여, 만남을 잘하는 것이 인이라고 하였다. 이는 천주교의 이웃사랑과 같은 맥락이다.

셋째는 도덕적 선이다. 그는 목민관은 선량한 백성을 보호해야 하고 사회에 대해 책임을 지는 역할이라는 점을 중시하였다. 상례, 목민심서, 경세유표, 논어, 맹자, 중용, 대학 연구는 이런 사회에 대한 책임감에서 이루어진 것이다.

선한 인격은 선한 의도에서 주어지고, 악의를 가진 자들은 선에 대해서 언제나 배타적이다. 약용의 마음은 선에 대해 언제나 열려있다. 한마디로 약용의 마음은 선한 상태로 이루어진 큰 나라이다. 그는 하늘과 백성을 향해 열려 있다.

6
해배되다
(1818–1836)

1818년 8월 가을, 이태순의 상소로 결국 약용은 오랜 귀양살이에서 해배되었다. 약용은 다산(茶山)을 떠나 500여권의 무거운 책을 가지고 14일에 비로소 고향 집으로 돌아왔다. 그가 18년 유배 기간에 남은 것은 오직 심혈을 기울인 책밖에 없었다.

약용이 돌아왔다는 소식은 금새 퍼졌다. 여기저기서 축하하기 위해 하객들이 찾아왔다. 몇 일간 들뜬 분위기였다.

약용은 오랜만에 집에 돌아와 편안한 잠자리에 들었다. 하지만 몸은 균형을 잡지 못하고 손이 떨리고 걷기도 힘든 상태가 되었다. 아들과 며느리의 큰 절을 받고 손주의 재롱을 보고서야 비로소 집에 왔음을 실감하게 되었다.

그간 바다의 비릿한 생선 냄새와 미역과 같은 바다에서 나는 따개비같은 음식을 주로 먹었지만, 이제 그런 것은 없다.

아내는 된장찌개와 밭에서 나오는 채소와 나물을 가져왔다. 고향에서 난 구수한 토종 음식을 이제야 먹게 되었다.

한양에서 의리의 친구 윤서유가 자신처럼 폭 늙어서 찾아왔다. 사라담에 배 띄워서 사람의 인심과 조정과 한양 소식을 들었다.

긴 유배생활을 마치고 장년에 접어 들어서 꿈에도 그리운 고향으로 돌아왔지만, 유배갈 때 공격하던 목만중의 손자 목태석은 정약용을 공격하여 다시 유배시킬 것을 상소하였다.

그러나 혐의가 없으므로 문제가 되지 않았다. 조정에서 정약용에게 벼슬을 주어 토지 측량의 직책을 맡기려고 하자 서용보의 반대로 저지되었다. 그는 이미 저지른 악의 추진력에 의해 악을 멈추기도 어려운 듯 싶다. 약용이 66세에는 익종이 거두어 쓰려고 하자 윤극배가 저지했다. 이렇게 약용을 방해하는 세력은 평생 동안 따라다녔다.

조정에서는 안동 김씨 김조순의 딸이 순조비로 결정되면서 정순대비의 섭정이 끝나게 되었고, 안동 김씨가 등장하게 되어 노론 벽파들의 세력이 크게 약화되었다.

천주교 박해에 앞장섰던 권유는 김조순의 딸과 순조의 혼인을 방해한 혐의로 국청장에서 고문으로 죽었다. 약용을 축출하는 데 한 몫했던 이안묵도 같은 죄목으로 죽었다. 천주교 탄압에 악랄했던 홍낙안도 20년동안 제주도에 귀양가서 죽었고, 영의정 심환지는 죽은 뒤에는 무고한 인명을 살육한 죄로 관직이 삭탈되었고, 약용을 죽이려고 날뛰었던 이기경은 단천과 운산군에 유배갔다가 약용이 해배된 다음 해(1819)에 죽었다. 형님을 신시도로 유배보내는 데 일조했던 벽파의 대표 인물 김달순은 신시도에 유배가서 사약을 받았다. 기세등등하게 세상을 주름잡던 노론 벽파들은 이런 식으로 서서히 몰락했다.

그러나 안동 김씨가 세력을 잡았지만 약용에 대한 공격은 여전히 계속되었다. 조정이야 그러든 말든 지금은 좋은 친구와 배 띠워 지난 날을 이야기한다.

돌이켜보면서 약용 자신이 말한 대로 '인생은 장난마당' 이라는 말이 맞는 듯 보인다. 하나도 장난 같지 않은 것이 없다.

미친 듯이 죽이고 물고 물리는 장난 짓거리를 계속하는 이유가 뭘까?

 큰 형님 댁과 인근에 사는 신씨 어른과 친인척들에게 자신이 돌아왔노라고 알렸다. 신유사옥 때 자신을 귀양가는데 적극적으로 나섰던 서용보가 뻔뻔스럽게 축하 인사를 보내왔다.

 약용은 두 번의 국청에서 간신히 살아남아서 고문의 후유증으로 병고와 싸우며 살았다. 약용의 삶을 소외와 굶주림, 무고, 배신, 추위, 분노, 공포, 통곡, 그리움, 억울함으로 밖에 표현할 길이 없다. 어떻게 거친 풍랑을 이겨내었는지 자신 스스로도 놀란다. 다른 재주가 없어서 글을 쓰지 않으면 견딜 수 없어서 글을 쓰면서 이겨내고자 했는데, 하늘이 글 속에 심오한 비밀을 심어주었다. 붓을 잡으면 머리에서 산뜻한 느낌과 함께 번듯번듯 신비한 교훈이 떠오른다.

 그 계기로 사람들에게 인정을 받아 속 깊은 좋은 친구와 제자들을 만났다. 결국 500여권의 책이 남았지만 이 또한 누구라도 읽어주고 활용되지 않으면 결국 무용지물이 될 뿐이다.

 57세에 고향에 돌아온 약용은 이미 습관대로 저술에 힘쓴다.

 이때는 흠흠신서, 목민심서, 아언각비 같은 저술을 수정 보완하는 데 더욱 신경을 기울였다. 또한 약용은 고향에 돌아와서 신작, 김매순, 홍석주 같은 학자들과 학문적 토론을 벌리기도 하였다.

 하지만 이곳은 강진에 있을 때의 분위기와는 사뭇 달랐다. 강진은 별도의 떨어진 공간이었기에 독자적 학문의 체계를 세울 수 있었다. 그러나 이곳에 사는 학자들은 기존의 틀을 벗어나지 못하는 것이 느껴졌다. 하지만 그간 고향에 와서는 이미 해놓은 학문을 정리하는 기회가 되었다.

또 학유의 친구 추사 김정희 같은 이들은 2~3일 정도 약용의 집에 묶으면서 약용의 책을 연구하거나 빌려보면서, 약용의 독자적이면서 깊이있는 독특한 면을 보고 놀라움을 감추지 못하고, 놀라움을 감투지 못했다.

천신만고 끝에 살아 돌아왔지만 조정에서는 다만 유배만 풀어주었을 뿐이고 아직 사면은 아니다. 약용은 새벽에 고향 산천에서 눈을 끄고 일어나는 것이 꿈을 꾸는 것 같다.

> 단풍잎 사이로 솔바람 부는 새벽
> 놀란 기러기는 날아가며 울부짖는다
> 협곡의 배는 천상에서 나오는 듯하고
> 강에 비친 해는 안개 속에 높이 떴다.
> 그리운 고향 땅 다시 만나 기쁘고
> 집을 떠난 오랜 노고가 생각난다.
> 이미 돌아온 게 즐겁다고 했으니
> 어찌 꼭 동고에서 휘파람 불겠는가.

고향에 돌아왔지만 새해가 되기 전에 양식이 떨어졌다. 병든 아내는 작은 추위에 떨고 있다. 생활 대책을 마련할 길이 막막했다. 두 형수는 "그가 온다 온다 하더니 와도 별로 달라진 게 없네" 하고는 한 숨을 쉬었다.

회갑을 맞이하다

1822년 6월 16일이 회갑 날이다. 강진에서 돌아온 지 4년이 지났다. 이날 강진에서 황상을 비롯한 여러 제자들이 스승을 뵙고자 올라왔다. 회갑 잔치는 떠들썩했다. 유배에서 돌아와서 맞이하는 회갑의 의미는 더욱 크다. 친인척들과 친구들의 축하 술잔이 넘쳐났다. 오히려 약용은 부끄럽게 자신이 걸어온 길을 되집어 본다. 축하받을 일이 아닌 듯싶어 오히려 낯설기만 하다. 이미 너무 오랫동안 외로운 세월을 보내 기쁜 일이 무엇인지도 모르겠다.

집에 돌아와 보니 사소한 생활고에 대한 근심이 떠나지 않았다. 집에 와서 보니 이것도 없고 저것도 없고 온통 없고 모자란 것 투성이다. 집안의 보고로 간직했던 물건은 가족들이 먹고 살기 위해서 이미 없어진 지 오래이다. 그야말로 고향은 약용이 보고 싶었던 아름다운 자연의 아름다운 풍광만 있을 뿐, 모든 것이 척박하기 이를 데 없다. 손님이 와도 대접할 양식이 없다. 이런 근심에 쌓여 어떻게 남은 인생을 보내게 될까? 하는 걱정이다. 하지만 아무런 대책이 없다. 자신에게 있는 것은 어둑한 등잔 하나와 그간에 저술한 책이 있을 뿐이다.

사실 이런 근심은 유배지에서는 없었던 근심이었다. 집에 돌아와서 편안한 여생을 지낼 수 있으리라 생각했는데 현실은 그렇지 못하다.

오히려 지난 날 있었던 사건들이 더욱 선명하게 떠올랐다. 자라보고 놀란 가슴 솥뚜껑보고 놀란다고 하였다. 굳이 잊어버리고자 강가에 나가서 출렁이는 물살을 바라보면서 스스로 말해본다.

"집에 와서 즐겁다고 했으면 그만이지! 이정도로 만족해야지. 그렇지 않은가. 내가 60년을 살아온 것은 하늘의 은총과 임금의 은총이다. 덕분에 죽지 않고 살아서 육경을 연구하고 미묘함을 깨닫게 되었으니 분명 하늘이 나를 사랑하여 쓰신 것이다."

그리고 약용은 형님 약전이 이전에 편지로 말했던 부분을 기억한다.

"네가 이와같은 경지에 이른 것은 너 스스로도 알지 못할 거다. 아! 도를 잃어버린지 천년동안 백가지로 가리워지고 덮여 있었는데, 그것을 헤쳐내고 분변하여 그 가린 것을 확 열어젖혔으니 어찌 너의 힘만으로 할 수 있는 일이겠는가?"

약전 형님이 했던 말을 생각하니 '시경'에 하늘이 백성을 깨우치는 것은 기운을 불어 넣은 것이라는 구절과 하늘에서 상제가 내려다본다는 사실과 정성스럽고 부지런하게 힘써 늙음이 오는 것도 잊어 버린 것은 하늘이 복을 준 것이 아니겠는가? 하는 구절이 떠올랐다.

또 환란을 통해 확인한 친구의 우정과 황상, 이청과 같이 똑똑하고 고분고분한 제자들이 떠오를 때는 자신도 모르게 웃음이 올라왔다. 알고 보면 지난 일이 모두 감사할 일이다.

바다의 풍랑이 불어오면 배는 그 풍랑으로 인해 더 빨리 물살을 헤치고 간다는 생각이 떠올랐다.

오늘 지팡이를 집고 강물을 바라보면서 여유를 누리는 것이 자신의 힘만으로 되는 것이 아님을 깨닫는다. 약용은 환갑을 맞이해서 자찬묘지명 끝부분에 다음과 같이 기록했다.

"나는 임오년(1762년)에 태어나 임오년(1822년)을 만났으니 갑자(甲子)가 한바퀴 돌아 60년 평생을 보냈다. 나의 삶은 죄에 대한 뉘우침으로 지낸 세월이었다. 이제 지금까지의 인생을 정리하고 일생을 다시 돌이키고자 한다. 올해부터 빈틈없이 내 몸을 닦고 실천하며 하늘이 준 밝은 명(命)을 살펴서 나의 본분이 무엇인지를 돌아보면서 여생을 마치려고 한다. 내가 죽으면 집 뒤 언덕에 관 들어갈 구덩이 모양을 그려 놓고 내 평생의 언행을 다음과 같이 대략 기록하여 하관할 때의 묘지명으로 삼겠다."

네가 너의 선행을 기록하여
여러 장이 되었다.

그러나 숨겨진 너의 잘못을 기록한다면
한없이 많으리라
사서육경(四書六經)을 다 안다고
너 스스로 말하지만
네 행위를 살펴보면
부끄럽지 아니한가?
그러니 넓게 명예는 드날리되
찬양 일랑 하지말라
몸소 행하여 증명해야
드러나고 빛난다네
너의 어지러움을 거둬들이고
너의 미친 짓을 거두어서
힘써 밝게 섬긴다면
끝내는 경사(慶事)가 있으리라. (자찬묘지명)

 그리고 자신의 회혼을 기념하는 시를 지어 부부의 일생을 다음
과 같이 정리하였다.

육십년 풍상의 세월 눈 깜짝할 사이 흘러가
복사꽃 활짝 핀 봄, 혼인하던 그 해 같네
늙어감이 살아 이별, 죽어 이별을 재촉했으나
슬픔 짧고 기쁨 길었으니 임금님 은혜 감사해라
오늘 밤 목란사의 소리 더욱 다정하고
그 옛날 붉은 치마에 유묵 흔적 남아 있네
쪼개졌다 다시 합한 것 당신과 나의 운명
한 쌍의 표주박 남겨 자손들에게 남겨주노라 (자찬묘지명)

효부 심씨

약용은 며느리에 대한 관념은 단호했다. 한마디로 부지런해야 한다는 것이다. 약용은 "며느리가 게으르면 쫓아내라"는 말까지 하였다. 하지만 무인년(1818) 가을에 집에 돌아와서 아내로부터 둘째 며느리 심씨에 대한 이야기를 듣게 되었다.

아내는 며느리를 생각하면서 눈물을 흘리면서 말했다.

"둘째 며느리는 유순하고 조심성이 있어 시어미 섬기기를 친어머니 같이 하고, 시어미 사랑하기를 친어머니 같이 하여, 한 이불에서 잠자고 남은 밥을 먹었습니다. 그래서 18년 동안 서로 의지하며 살았습니다. 내가 겨울 밤에 이질로 설사하기를 십여 차례 했는데 며느리는 매번 일어나서 따라가 대변보는 일을 도와주고 신음소리를 걱정해 주었습니다. 눈 바람 치는 추위에도 게으른 일이 없었습니다."

둘째 며느리는 증조부가 예조판서를 지낸 명문가의 집안의 딸인 청송 심씨(1787~1816)로 14세 봄에 시집왔지만 자식을 낳지 못하고 29세에 운명했다. 시집온 해 여름에 정조 임금이 승하했고, 그다음 해 시아버지가 귀양갔다. 그로부터 16년이 지나 병자년(1816) 8월 초 10일에 죽었다.

그러니까 둘째 며느리는 폐족의 가정 분위기 속에서, 시어머니를 어머니처럼 의지하면서 궁색한 살림을 살다갔다. 약용은 시어머니가 지금까지 살아있는 것은 이런 며느리 덕분이라고 여겼다. 자신은 유배기간 동안 가정을 돌보지 못했는데, 자기 대신 시어머니를 돌보아주는 며느리가 있어서 든든하고 고마웠던 것이다.

남편 학유는 농가월령가(農家月令歌)를 지었으며, 그후 남양 홍씨를 맞이하여 3남 2녀를 두었다. 약용이 돌아와서 보니, 심씨는 죽은 지 3년 되었으며, 무덤엔 이미 풀이 무성했다. 약용은 시어머니의 마음이 좁아서 마음에 드는 일이 드문데도 시어머니의 말이 이러하니 마땅히 효부라고 할 만하다고 말했다.

약용은 그녀에게 시를 지어 위로했다.

> 시아버지 섬기기 일 년뿐이라
> 나는 그 어짊을 알지 못하나
> 시어머니 섬기기 17년이라
> 시어머닌 너를 두고 예쁘다 하네.
> (사암선생연보, 정규영. 다산의 한평생에서 재인용)

학문연구

– 흠흠신서(欽欽新書)

약용은 서문에 이렇게 말한다. "오직 하늘만이 사람을 죽이고 살리는 것이므로 하늘에 매여 있는 것인데, 사람이 하늘의 권한을 쥐고서 삼가고 두려워할 줄을 모르고 세밀하게 분석하지 않고 소홀하게 흐릿하게 처리하여 실상을 조사하는 것이 엉성하고 죄를 결정하는 것이 잘못되었다. 그래서 전문적인 서적의 필요성을 알고 이 책을 저술한다."

흠흠(欽欽)이라는 말은 삼가고 삼가는 것을 의미한다. 흠흠신서는 죄수에 대하여 신중히 심의하는 흠휼(欽恤)사상에 입각하여 조선과 중국의 역사책에 나타난 저명한 판례를 뽑아 1819년에 저술한 책이다. 흠흠신서는 30권으로 되어 있다.

흠흠신서는 저자 서문과 경사요의(經史要義) 3권, 비상전초(批詳雋抄) 5권, 의율차례(擬律差例) 4권, 상형추의(祥刑追議) 15권, 전발무사(剪跋蕪詞) 3권으로 구성되었다.

경사요의는 범죄를 저지른 사람에게 적용되는 대명률과 경국대전의 형벌 규정이 어떻게 되어 있는지, 기본 원리와 지도이념을 유교 경전 가운데 참고할만한 선례를 선정해서 요약했다. 조선과 중국의 역사서에 나타난 형사판례를 뽑아서 조선 판례 36건, 중국의 판례 79건 모두 115건을 분류해서 소개하였다.

비상전초는 살인사건의 문서를 어떻게 작성하는 것인지 그 형식과 문장 기법, 사실을 인정하는 기술, 관례 법례를 참고하도록 논하고 수령과 관찰사에게 모범 사례를 제시하기 위해 청에서 발생한 사건에 대한 표본을 선별해 해설과 함께 비평한 책이다.

의율 차례는 살인사건의 유형과 그에 적용되는 법규 및 형량이 세분되지 않아 죄의 경중이 무시되고 있는 사실에 착안해 중국의 모범적 판례를 체계적으로 분류해 제시했다.

상형추의는 임금께서 심리하셨던 살인 사건 가운데 142건을 골라 살인의 원인과 동기 등에 따라 22종으로 분류했다.

임금의 물음에 관리들이 심의해 대답한 형조의 회계 관리들이 올린 내용에 대해 임금이 의견을 덧붙인 국왕의 판부를 요약했다.

전발무사는 약용이 곡산부사, 형조참의로 재직할 때 다루었던 사건과 직접 혹은 간접적으로 관여했던 사건, 유배지에서 보고 들은 16건의 사례에 대해해 소개하고 비평한 것이다.

약용의 친구들 이야기

– 윤서유와 우정

약용이 유배를 마치고 집에 돌아온 후에 강진에서 유배기간 동안 약용의 거처를 제공해주면서 약용을 도와주었던 윤서유의 부음 소식을 듣는다. 약용은 고통당할 때 그가 베풀어주었던 친구 간의 우정을 생각하면서 묘지명을 썼다.

윤서유는 약용이 강진으로 귀양 간 이듬해에 아버지 윤광택의 말을 듣고는 사촌동생 시유(1780~1833)를 보냈다. 윤광택은 약용의 아버지가 방문했을 때 소를 잡아서 대접했던 분으로 부친과 친구지간이다. 그 아들 윤서유도 약용 형제들과 아주 가까이 지냈던 사람이다. 1801년 2월, 약용이 신유사옥으로 감옥에 들어가 취조를 당할 때, 윤서유는 영문도 모른 채 병마절도사영에 끌려가서 감옥에 갇혔고 취조를 당했다.

"이가환과 약용 형제를 만나러 천리 길을 오갔으면서 천주학을 모른다니, 바른대로 말하라."

한마디로 약용 형제와 친하게 지낸 죄로 끌려온 것이다.

윤서유는 천주학을 믿었느냐를 집중적으로 조사받았으나 결국 무죄로 석방되었다. 약용의 죄를 캐기위해 윤서유를 심문한 것이다.

그 해 봄에 정약전이 강진 신지도에 유배오게 되었다. 정약전이 신시도에 머무는 동안, 끌려가 문초를 받은 기억으로 감시가 무서워 감히 찾아볼 엄두를 못 내고 있었다. 그런데 이번에는 친구의 넷째 아들 약용이 강진으로 귀양온 것이다.

친구의 아들 두 명이 강진에 귀양왔다는 이야기를 듣고 감시가 두려워 접근을 못했지만, 윤광택은 친구간의 의리를 생각해서 더 이상 모른 채 할 수 없다고 판단했다.

그래서 아들 서유에게 말했다. "친구의 아들 약용까지 왔으니 어떻게 도와주어야 하지 않겠느냐?" 그 말을 들은 윤서유는 사촌 조카 윤시유를 조심스럽게 몰래 동문매반가로 보냈다.

윤시유가 밤중에 찾아와 술과 고기를 주면서 위로하기를, "큰 아버지께서 옛일을 생각하셔서 친구의 아들이 곤궁하게 되어 우리 고을에 의탁하고 있는데, 비록 단속이 두려워 숙식을 시켜 줄 수는 없을망정 위문과 음식 대접을 안 할 수 있겠느냐고 말씀하셨습니다"라고 말했다.

약용은 자신을 방문해준 윤시유의 말을 듣고 눈시울이 붉어졌다. 이때부터 윤서유는 은밀하게 찾아와서 약용을 도왔다.

약용은 윤서유에게 자신보다 먼저 강진 고금도 청학동에 유배와 있는 친구 김이재에게 안부를 전해주고 도와달라고 부탁했다. 윤서유의 집 앞 괴바위 암에서 배를 타면 바로 청학동에 닿는다. 그는 자주 김이재를 찾아서 도우며 말 벗이 되었다.

김이재는 노론 안동 김씨 집안으로 해배되어 후에 이조판서까지 오르게 된다. 김이재는 나중에 약용이 천주교도가 아니고 대역 죄인으로 천대받을 이유가 없다는 것을 이속에게 알려서 약용은 감시에서 자유롭게 되었다. 자유롭게 왕래할 수 있다는 것은 귀양온 입장에서 보면 대단한 혜택이다.

두 사람의 우정은 이어진다. 약용이 다산(茶山)으로 옮기게 되었을 때 윤서유의 집과는 더욱 가까워졌다. 또한 윤서유는 아들 창모(1795~1856)를 약용에게 보내어 경사(經史)를 배우게 했으며, 약용의 외동딸과 혼인하게 된다.

1812년에 윤서유의 아들 창모가 약용의 딸과 혼인했다. 그 이듬해에 윤서유의 온 가족이 북으로 이사했다. 이것이 두 집안이 서로 사귀게 된 과정이다.

또 목리 서쪽 옹중산에 조그마한 별장이 있었기 때문에 호를 옹산(翁山)이라고 했다. 동쪽에는 용혈(龍穴)이라고 하는 경치가 아름다운 곳이 있다. 또 그 서쪽에 윤서유 별장이 있는데, 덕룡산의 봉우리가 나열해 있고, 집과 마주보는 곳에 조석루가 있어서 푸른 산 기운을 머금고 있다.

조석루는 조석(朝夕)이라는 이름 그대로 아침과 저녁 두 가지 경치를 갖추었다는 뜻이다.

약용은 이렇게 말했다. "옛날 내가 윤서유와 함께 노닐 때 봄 가을 좋은 날마다 민어를 회치고 낙지를 삶아 술 마시고 시를 읊으며 유쾌히 포식하기도 했다. 윤서유가 이사온 지 6년 만에 내가 비로소 고향집으로 돌아와 초라담에 배 띄우고 물길을 따라 오르내리며 발을 씻기도 하고 석양 녘에 소요하면서 함께 더불어 아픔을 걱정하고 함께 더불어 즐거움을 나누며 사돈 간의 올바른 도리를 함께 누렸다."

- 윤지범과 우정

윤지범(1752~1821)은 1778년 26세에 과거에 합격하였다.

1794년 가을에 약용과 윤지범(1752~1821)은 친구 5, 6명과 함께 삼각산 백운대 꼭대기에 올라간 적이 있었다. 선비 친구들은 백운대에 올라 휘파람도 불며 시도 읊고 노래하면서 단풍을 구경하면서 한가한 시간을 보냈다.

그 후에 윤지범이 주관해서 약용의 집에서 촛불에 국화 그림자를 비추면서 시를 읊는 모임을 가졌는데, 이때 모인 사람은 정약전, 한치응, 채홍원, 윤지눌 등 8,9명이었다. 이때 여러 사람이 윤지범을 추대하여 사백(詞伯)으로 삼았다.

이들은 뜻을 같이하는 친한 사이이기에 술을 마시면서 즐겼으며 술기운이 오르게 되자 시를 수십 수를 지으면서 정겨운 시간을 보냈다.

윤지범은 매양 한 편의 시가 울릴 때마다 갸늘고 기다란 소리로 읊조렸는데, 가락이 맑고 깨끗하여 적막한 사방에 윤지범의 목소리만 들렸다.

윤지범은 약용보다 10살 위이다. 다산 시문집에는 윤지범의 이름이 59차례 나올 정도로 약용과 윤지범은 매우 가까운 사이였다. 그는 고산 윤선도의 후손이며 1791년에는 '진산사건' 이후 조정에 진출하지 못했다.

그 당시에는 약용과 가까이 지내던 사람은 모두 억울하게 조사받거나 가두고 혐의를 걸었다. 그래서 많은 사람들이 죄인을 잡는 그물에 걸릴까 두려워하였다.

시간이 흘러 약용이 장기로 귀양간 이후, 약용과 친분 있는 사람들은 약용과 연관이 되어서 억울하게 조사를 받거나 잡혀가고 혐의를 받게 되는 그런 공포스러운 상황이었다. 이때는 모두 두려워 떨고 있던 시기였다. 이러한 때에 윤지범은 장기에 귀양 살고 있는 약용에게 다음과 같은 시를 지어 보냈다.

> 두멧골에서 산발하고 분명한 소리로 읊조리니
> 바다는 아득하여 만리나 멀구나.
> 하만자(何滿子)에 맑은 눈물 흘리지 말게
> 소식은 다행히도 광릉금(廣陵琴)에 남아있다네.
> 어찌 친한 벗 없으랴만 편지 오는 것 없구나,
> 다만 고향 산천 꿈속에서 보네.
> 천고토록 백운대 무너지지 않거니,
> 우리 옛날 노닐던 곳 길이 남아 있으리."

(하만자는 곡의 명칭이다. 하만이 죄를 범하여 옥중에 갇혀 있으면서 이 곡

을 지었다)

약용은 윤지범의 시를 받아보고는 그의 의리에 탄복하였다.

몸도 허약한 사람이 살벌한 기운이 감도는 험악한 시절에 약용에게 시를 보내게 되면 조정의 감시를 받을 위험이 있는데, 강단있게 서신을 보내주었다. 이런 사실이 무척 고마웠다.

1791년, 전라도 진산(珍山)에 사는 윤지충, 권상연 두 선비가 천주교 제사를 지내지 않겠다는 의미로 어머니 제사를 폐하고 위패를 불태운 사건이 있었다. 그 일로 윤지충, 권상연이 처형당한 사건이 있었다.

이 사건을 '진산 사건' 이라고 하는데, 이때 윤지충은 윤지범의 친척이다. 또 윤지충은 약용의 외삼촌으로 약용이 천주교를 소개해준 사람이다. 윤지충은 극한 고문중에도 약용이 자신에게 천주교를 소개했다고 이름을 밝히지 않고 끝내 처형을 당했다. 이 때문에 약용이 목숨을 건질 수 있었다. 이처럼 당시 윤씨 일가는 의리가 강한 사람들이었다.

약용이 유배를 떠난 후에 윤지범은 원주로부터 배를 타고 두릉에 찾아와서 약용의 식구를 위로해주었고, 서재에 들어와서 다산에서 지은 시를 기다란 소리로 눈물을 흘리며 슬픈 곡조로 낭독했다. 그 소리가 비분, 격절하여 듣는 약용의 가족들이 모두 애절하게 눈물을 흘렸다.

윤지범은 약용이 해배되어 집에 돌아온 소식을 듣고는 말하기를, "벗이 돌아오니 내가 세상 살 맛이 난다." 라고 말하고는 해배된 이후 1819년 가을에 열상(洌上)으로 약용을 찾아와 사흘 동안을 같이 지내며 20년 동안의 답답한 회포를 풀었다.

윤이서는 윤지범에 대해 이렇게 평했다.

"그는 옥산요림(玉山瑤林, 옥으로 된 산과 숲)이 하늘 밖에 빼어난 것과 같다."

이처럼 윤지범은 지조가 확고하고 아무리 무서운 사람이 말해도 동요하지 않았다. 조정에 벼슬을 시작한 지는 45년이 되었지만 변변한 벼슬을 지내지 못하고 막히고 침체되어서 불우하게 끝냈지만 하늘을 원망하고 사람을 탓하는 말은 입에서 낸 적이 없었다.

1821년, 가을에 윤지범이 세상을 떠났다. 윤지범의 아들 종걸이 약용에게 찾아와 윤지범의 유고 시문을 맡기면서 말하기를 "저의 선친(先親)을 알아주실 분은 어르신네이고, 선친의 마음을 알아주실 분도 어르신네이며, 선친의 시문을 알아주실 분도 어르신네이니, 골라 뽑아 편집하고 서(序)를 써서 책머리에 붙이는 일은 어르신네가 하실 일입니다." 라고 말했다.

그러자 약용이 말했다. "나는 저승의 사람이라 감히 문자로 공에게 누를 끼칠 수가 없네. 그러나 오직 묘지명만은 오래갈 수 있으니 그것만은 내가 쓰겠네."

그리고 남고윤지범묘지명(南皐尹持範墓誌銘)을 쓰게 되었다.

- 윤지눌과 우정

윤지눌(1762~1815)은 약용과 동갑이며 외가 쪽 6촌 형제이다.

정조는 윤지눌이 과거에 합격하자 "무슨 벼슬인들 못하겠는 가"라고 하였다. 그만큼 윤지눌은 매우 총명했다.

한양에서 책롱사건(册籠事件)이 터졌다. 그 일로 인해 천주교에 연관되어 있는 자를 찾아내려고 반대파들은 혈안이 되어 있었고 한양은 발칵 뒤집혀지게 되었다. 이때 약용도 위기에 처해 있었다. 약용은 그 사실을 까마득하게 모르고 있었다.

아무도 약용에게 이 일을 알려주는 이가 없었다. 반대파들은 관련된 자를 찾느라 날뛰고 있을 때, 윤지눌이 일이 심상치 않게 돌아감을 알고 이유수와 급하게 의논하고는 약용에게 빨리 한양으로 들어와 변란을 살필 수 있도록 급하게 편지로 알려주었다.

약용은 편지를 받아들고는 부들부들 떨리는 가슴을 안고 밤중에 진흙 길을 헤치고 한양에 상경하여 윤지눌의 집에 도착했다.

윤지눌은 가슴 졸이며 있다가 약용을 보고는 약용의 손을 붙잡고는 말했다.

"여보게! 우선 이것부터 마시게"

"이게 뭔가?"

"내가 자네가 걱정되어 화로에 인삼 3뿌리를 달여 놓았네. 우선 마시고 천천히 이야기를 나누세. 혹시라도 자네가 정신을 똑바로 차리지 못할까 걱정되네."

약용은 책롱사건으로 옥에 갇히게 되었다. 그리고 장기로 유배를 떠나게 되어 감옥에서 나오게 되었다.

윤지눌과 이유수는 솥에 고기를 끓여주면서 먹고 힘내도록 약용을 위로했다.

그리고 밤에 잘 때 서로 바라보고 눈물을 흘리며 이불 속으로 서로를 끌어안은 채 잠을 잤다. 다음 날 아침, 둘은 눈물로 오열하면서 작별하였다. 윤지눌은 약용의 두 아들을 어루만지며 눈물을 줄줄 흘렸다. 윤지눌은 약용에 대해 특별한 마음을 갖고 있었다.

약용은 속으로 끝까지 함께 해준 친구가 한없이 고마웠다.

약용은 눈물을 흘리면서 입으로 탄식했다.

"아! 이런 때에 이렇게 할 수 있는 사람이 과연 몇 사람이나 되겠는가!"

약용은 후에 윤지눌을 이렇게 평했다.

"윤지눌은 선(善)을 즐기고 의(義)를 좋아하며 과단성이 있어 행동에 머뭇거림이 없고 뜻에 맞는 일이면 펄펄 끓는 물도 밟을 수 있었다."

반대파들은 윤지눌이 약전, 약용을 강 위에서 전별했다고 하면서 이를 갈며 윤지눌을 처벌하려고 별렀다.

약용은 무구윤지눌묘지명(无咎尹持訥墓誌銘)을 기록했다.

– 이유수와 우정

이유수(1758~1822) 와는 어울려 다니며 마음껏 마시고 거리낌

없이 말하는 사이이다. 그는 약용보다는 4살 많았지만 터놓고 지내는 사이였다. 이유수는 성품이 검약하고 부지런하여 집안에 밭갈고 김 매는 일을 직접하였다. 그도 1803년에 장연군에 유배되었다. 유배를 떠나게 되자 친구들이 그를 찾아와 위로했다. 이유수는 유배간다고 반드시 죽는 것은 아니니 그대들은 너무 꺼리지 말라고 하면서 오히려 위로하면서 서책을 끼고 유배에 갔다. 그러자 사람들은 그를 보고 생불이라고 하였다.

그는 낙향한 후에는 근사록(주자학의 입문서)을 필사하면서 가르쳤다. 퇴계는 제자들에게 근사록은 주역의 설을 인용한 것이 많아 의미가 정밀하고 깊어 이해하기 어렵다고 말했다.

이유수가 1820년에 영해 부사(寧海府使)로 제수되었을 때 이조 판서 김이교에게 하직 인사를 하러 가니, 이조 판서가 물었다.

"공에게는 친하게 알고 지내는 사람이 많지요"

"그 친구는 20년 동안 바닷가에 몰락되고 지금은 서로 알고 지내는 사람이 없습니다."

"오직 정약용 한 사람뿐인가요?"

"그렇습니다"

김공후(1767~1847)가 고이도에서 유배살다가 사면되어 돌아갈 때 약용에게 물었다.

"풍파가 몹시 심했던 동안에 능히 저버리지 않은 사람이 있었습니까?"

"이유수 한 사람뿐이오"

약용은 이유수가 죽은 후에 금리이유수묘지명(錦里李儒修墓誌銘)을 기록했다.

-윤영희와 우정

윤영희(1761-1828)의 일생도 약용 못지않게 환란이 심했다.

윤영희는 채제공의 종조카이고 약용보다 3년 먼저 대과에 합격했다. 그는 인물과 체격이 좋고 언변이 뛰어나며 사교술이 좋았다. 하지만 그는 남인 신서파이기 때문에 노론의 견제를 받을 수밖에 없었다.

정조가 윤영희를 정언(사간원에 속한 정육품 벼슬)으로 임명하자 해당 주서가 벼슬 내리는 소패를 쓰지 않을 정도로 반대가 심했다. 노론에서는 그를 남인 신서파의 우두머리가 될 가능성이 있는 인물로 보았다.

정조가 윤영희를 승지로 추천할 때도 벌떼같이 반대파의 여론이 많았다.

윤영희는 모든 면에 뛰어났지만 반대파에 의해 그의 학문을 제대로 피워보지 못했다. 그는 약용이 강진 유배를 당하자 천리 길을 한 걸음에 달려왔다. 정약전도 그 이야기를 듣고는 이렇게 말했다.

"아! 어떻게 하면 이 친구와 마주 앉아 탁주 한 동이를 흠뻑 마실까. 수염을 벌떡대고 이마와 눈을 부릅뜨며 악착스러운 무리들을 향해서 의황(義皇)세상 이야기하리오. 그 또한 오십이라

날카로운 기운이 조금 둔해지지 아니하였을까."

약용이 강진에 있을 때, 병고가 있었는데 만일 자신이 세상을 떠나게 되면 자신의 저술을 맡아달라고 윤영희에게 부탁했다.

약용이 해배되어 두릉에 와서 한강 얼음 녹기를 기다려 녹자마자 윤영희의 집이 있는 송파로 향했다. 그리고 윤영희 집에 들러 이틀 밤을 함께 지냈다.

윤영희는 나중에서야 교리라는 벼슬로 조정에 나갔다. 교리 벼슬은 젊어서 가졌던 벼슬보다 훨씬 낮은 직책이었다. 둘은 송파와 두릉 사이를 오가며 술을 마시며 회포를 풀었다. 그는 더운 여름 날 67세의 일기로 세상을 떠났다.

거센 격동의 풍랑속에서 약용은 강진 유배지에서 살아남기 위해 저술을 썼고, 윤영희는 약용보다 뛰어났지만 벼슬이 순탄치 못하여 제대로 피워보지 못했다. 약용은 윤영희가 경서에 관한 학문을 좋아했고 아들 면채가 그 서통을 이어 받았다고 하였다.

약용은 윤영희의 아들 면채가 죽자 이렇게 말했다.

"눈에는 광채가 번득이나 온순한 기운 얼굴에 넘친다. 바탕이 이미 아름다운데다 예악(禮樂)으로 꾸몄으니 어찌 빛나는 군자가 아니랴 아! 백관(伯冠)이 오래 살았더면 어찌 나를 백세토록 기다리게 하겠는가! 백관이 죽으니 나는 끝났도다. 아! 슬프다! 단정한 선비여 깊이 나의 사사로움을 곡하는 것은 이것 때문이다."

약용의 죽음

약용은 1836년 2월 22일 오전에 75세의 일기로 세상을 떠났다. 이 날은 결혼한지 60년을 축하하는 '회혼일'이어서 일가 친척이 모두 왔고 제자들이 찾아왔다.

당대 최고 명문가 출신이면서 문장가인 홍길주(1786~1841)가 있는데, 약용의 회혼례에 축하 편지를 보내왔다.

그의 형 홍석주는 좌의정에 올랐고, 동생 홍현주는 국왕 정조의 둘째 사위이다. 홍길주는 16세에 초시에 합격하고 22세에 생원,진사에 동시에 합격할 정도로 천재이며 출세가 보장되었지만, 그는 벼슬에 급급한 사람들을 도적이라고 칭하고, 벼슬 길을 비단에 덮인 함정이라고 비유했다. 그리고 자신은 벼슬 길을 포기하고 평생을 독서와 글쓰기에만 매달렸다. 그가 약용의 회혼례에 이런 글을 보냈다.

"다산 정대부는 박식함이 우주를 꿰뚫고, 깨달음이 미세한 부분까지 투철했다. 쌓아둔 것이 드넓고 다루는 것이 많아서 무엇이든 알지 못하는 것이 없다. 세상은 그를 버린 지 몇십년, 강가에 여유롭게 노닐고 있었지만 임명장은 한 차례도 오지 않았다. 그래서 남들은 그분의 운명이 궁하기 짝이 없다고 탄식했다. 하지만 나는 이렇게 말한다. 그렇지 않다오. 그런 문제로 시대를 탓함은 괜찮으나 그분의 운명은 애초에 궁함이 없었네. 하늘이 인간에게 복을 줄 때 하나쯤이야 언제나 주겠지만, 두루 갖춘 복에는 대체로 인색하다네. 다산은 75세의 나이에 건강하고 무병하고, 부인은 76세인데 역시 건강하고 무병하다네. 이런 복을 부귀 영화와 맞바꾸겠는가? 궁하게 살면서도 늙도록 저술을 멈추지 않아 위로는 도서와 상수(象數)의 오묘함으로부터 사서오경과 백가, 문자와 명물의 풀이, 병법과 농사, 정치 제도, 백성을 다스리고 수사와 재판을 처리하는 제도까지 미쳤다네. 전문 분야별로 책을 쌓아놓더라도 자기 키와 맞먹을 정도라네. 제대로 시행만 한다면 모두 시대에 도움이 되고 인간에게 혜택을 끼칠 수 있을 것이니 이를 부귀영화와 바꿀 수 있겠는가? 두 아들에 손자가 넷인데, 글과 예법에 힘썼고 문장에도 뛰어났으니 뒤를 이을 후손들이 더욱 우수하고 장래가 끝이 없으리라. 이점을 어떻게 또 부귀 영화와 바꾸겠는가? 장수, 학문, 자손을 지니고도 부귀영화까지 보탠 사람은 옛날의 세상에도 없었는데, 요즘같은 말세에 가능하겠는가? 다산의 장수는 끝이 없을 것이니 저술도 지금보다 몇 배나 많을 것이고 자손들조차 어질고 글을 잘하니 세대가 오래 이어짐도 몇 배나 될 것이네. 저들이 말하는 부귀 영화란 이것으로 말한다면 마치 한순간과 같지 않겠는가? 금년 병신년은 다산이 부인과 결혼한 지 60년이 되는 해이다. 부인 홍씨는 우리 집안 일가이다. 회혼례 잔치 날에 당해 축수와 축복을 드리면서 이런 말을 세우리라." (정다산승지 회근수서 / 박석무. 다산정약용평저에서 재인용)

약용은 눈을 감기 전에 지난 날을 회상한다.

거친 풍랑의 세월이었지만 의미깊은 정신 세계가 있었기에 즐거웠다. 삼형제가 아버지께 글 공부를 하던 시절부터 장가간 날, 장원 급제한 날, 그리고 정조의 명에 의해 이벽과 중용을 연구하던 때, 정조의 명에 따라 배다리와 화성 설계를 맡은 일, 눈물로 보낸 형제와의 이별의 시간, 바닷가 강진 유배 시간, 제자들과의 만남, 북산에 올라가 바다를 바라보며 통곡했던 때가 순식간에 눈 앞을 지나간다.

그간 자기를 믿어준 친구들, 학문의 기초를 가르쳐준 고마우신 아버지, 끝까지 고향에서 아이들을 위해 희생한 아내, 아버지를 믿고 따라와준 두 아들, 저술에 함께한 강진의 제자들, 학문의 지기가 되어준 약전 형님과 혜장, 비록 고난의 원인이 되었지만 천주학을 전해주고 신앙의 삶을 보여준 이벽과 약종 형님 모두다 약용에게는 든든한 수호 천사들이었다.

약용은 자식들에게 회갑 때 장례 절차를 적어서 미리 알려주었다.

"천하에 업신여겨도 되는 것이 시체이다. 시궁창에 버려도 원망하지 못하고 비단 옷을 입혀도 사양할 줄 모른다. 지극한 소원을 어겨도 슬퍼할 줄 모르고, 지극히 싫어하는 짓을 가해도 화낼 줄 모른다. 야박한 사람은 이를 업신여기고 효자는 이를 슬퍼한다. 내 마지막 유언을 준수하고 어기지 말아야 한다."

약용은 "이제 다 끝났다." 라고 한 정조의 말이 떠올랐다. 약용은 축하객이 오고가는 가운데, 500여권의 책을 쌓아둔 작은 방에서, 마마를 앓고 먼저간 딸이 책상 머리에 힘없이 앉아있던 작은 책상 옆자리에 누워서 잠들었다.

오랫동안 찾아오지 않던 아끼는 제자 황상의 얼굴까지 보았다. 약용은 사람은 이렇게 살다가는 것이라고 교훈하듯이 운명하였다. 이날 축하 하기 위해 찾아온 손님들은 애도의 눈물을 흘렸고 잔칫상은 제삿상이 되고 말았다. 평생을 학자로서 구도자의 삶을 살았던 정약용은 붓을 놓은 채 약용을 잘아는 이들의 환송을 받으며 저 세상으로 떠난다. 그의 싯구처럼 고래의 입에서 토하듯이 이생에서 저생으로 삶의 자리를 옮기게 된다.

장례 절차는 그가 쓴 상의절요에 의해 치루었다. 고통스러웠지만 행복했던 약용은 이렇게 삶을 마친다. 그는 당시 조선인의 머리를 지배했던 경전의 순수 본질을 찾아 한 평생 깨달음을 찾았고, 언행일치의 삶을 보여주었고 사회 제도의 개선과 형법까지 통달했던 그의 사상은 책에 그대로 남겨두고, 보이지 않는 사상은 영혼과 함께 이벽이 가르쳐준 그 나라에 가지고 갔다.

- 평 -

약용의 일생을 무어라고 평할 수 있을까?

나는 한마디로 그의 일생은 사서육경을 통해 진리를 탐구하는 구도자의 일생이었다고 평하고 싶다. 조선은 오랜 기간 동안 썩어 문드러졌던 성리학의 찌꺼기로 인해서 강박신경증에 걸린 중환자였다. 이 병을 고치기 위해서는 '진리' 라는 처방이 필요했다. 진리 처방을 위해서는 순수한 사람이 필요했다. 오도된 경전은 사람의 정신을 부패하게 만들고 욕심과 이기심에 찌들어버리도록 만들었다. 조선이라는 나라는 악성 나르시즘(자아애)에 빠져서 옳바른 정신이 있는 자는 모두 죽음의 구렁텅이에 밀어넣었다. 하늘은 흉악한 악의 질병에 걸린 조선을 구출하도록 약용이라는 순수를 좋아하는 용사를 파견했다. 그는 꾸미지 않은 성격에 열정을 가지고 지체하지 않았으며 순수라는 약을 들고서 문제의 본질을 찾아 해결하고자 하였다.

그러나 악에 굳어져 버린 조선은 약용 의원이 나서서 고칠만큼 만만치 않은 그런 나라였다. 오히려 흉칙한 악의 암덩어리는 약용과 그 주변의 인물을 모두 죽이고 약용을 강진으로 멀리 내쫓아 버렸다. 약용은 자신의 말대로 그물에 걸린 고기신세였다.

하지만 약용은 그곳 다산 초당에서 연구를 거듭하여 이 나라를 살릴 수 있는 비법을 개발하게 된다. 그것이 구도자 약용의 스토리이다.

약용은 어려서 아버지로부터 배운 학문을 통해 구도자의 삶을 배웠다. 어려서는 아무리 수준 높은 학문을 가르쳐도 어린아이 수준의 학문을 이해할 뿐이다. 어느 정도 성숙하고 마음의 상태가 준비되면 좀 더 깊은 세계로 나아가게 된다.

약용은 성호의 책을 통해서 무엇을 해야할 지 학문의 방향을 찾았다. 그는 말하기를 이제야 비로소 학문을 해야 되겠다는 마음이 생겼다고 말했다. 약용과 성호의 만남은 영혼의 자각이 되는 위대한 만남이라고 할 수 있다. 이때부터 약용은 갈 길을 찾았고 그러기에 무엇에 대한 열정을 가져야할지를 알게된다. 정조는 약용의 합리성과 열정에 반해 그를 등용하고자 했지만 한계에 부딪혀 등용하지 못하고 급하게 세상을 떠나고 만다.

반대파는 약용이라는 불덩어리를 유배라는 이름으로 한양에서 강진으로 자리를 옮겨 버린다. 결국 하늘은 그 불을 꺼지지 못하도록 하기위해 약용을 유배라는 방법을 동원해서 별도의 학문의 산실을 만들어 준다. 이것이 약용에게 주어진 다산이라는 운명의 장소이다. 그의 사후 180여년이 지난 지금의 우리는 말하기는 쉽지만 그에게 이 과정은 엄청난 고통의 시간이었다.

그는 유배의 폭풍이 불어 장기와 다산에 도착해서 지금까지 준비한 학문과 목민관으로서 살았던 체험적 삶을 글로써 발화시켰다.

마치 씨가 땅에서 심겨져 있다가 겨울에는 죽은 듯이 보이지만 봄이 되어 땅에서 빨아들이는 수액이 나무 가지에 퍼짐으로 싹이 나고 꽃이 피는 것처럼 그는 다산에서 이런 과정을 거쳐 학문의 꽃을 피웠다.

그는 자신에게 최소한 먹고 마시는 일 외에는 가족을 위해 돈을 벌어야 하는 일에 대해서도 어쩔 수 없이 예외로 살았다. 그럴 수밖에 없는 입장이었다. 그는 오로지 사람됨을 위해 채워야 할 가치관을 위해 끊임없이 생각에 생각을 거듭했다. 또 이 일에는 많은 제자들이 몰려와서 도와주었다.

그의 가치관은 경전의 순수한 본질을 찾는 작업이었다. 왜냐하면 조선인의 문제는 변질된 가치관으로 인한 욕심이라는 질병에 걸렸기 때문이다. 돼지는 아무리 좋은 진주라도 진흙탕으로 만들어 버리는 특징이 있다. 조선이 안고 있는 병은 양반 계층이 돼지 우릿간처럼 탐욕에 쩔어버린 상태이다.

성경에는 우리가 우리의 형상과 모양을 따라 사람을 만들자는 구절이 있다. 진리는 사람을 만드는 작업이다. 간악하고 흉칙한 짐승이 되버린 인간을 진정한 사람이 되도록 만드는 일이다.

그래서 약용은 강진 다산에서 사람 만드는 한약을 열심으로 조제하였다. 하지만 다산학의 처방전은 당시에는 아무 효용이 없었다. 하지만 이 처방전은 1,000년이 지나도 각 시대에마다 나라가 바뀌고 역사는 거듭해도 살아 움직이게 될 것이다.

당시 조선은 혼돈의 시기였다. 새로운 문물이 들어왔지만 이미 정권을 잡고있었던 노론의 불안함과 고루함은 권력을 남용하여 정치적 폭력을 저질렀다. 그리하여 약용도 희생양이 되어 유배살이로 떨어졌다.

이런 현실속에서 조선이 회생하기 위해서는 머리끝부터 발끝까지 전반적인 수술을 해야 했다.

조선은 관리와 조정 모두 이미 썩을 대로 썩어서 모두 도려내야할 형편에 왔다. 더이상 희망이 보이지 않는 그런 사회였다.

약용은 조선이라는 나라를 구원하기 위해 정신적, 제도적 장치를 설계하는 설계자였다.

반계 유형원은 조선은 하나도 남김없이 썩을 대로 썩어서 모든 것을 확 바꿔야한다고 말했다. 고로 약용은 새로운 설계도가 필요함을 깨닫고 그 일을 위해 18년간을 공들여 투자했는데, 정작 설계 도면은 실제 사용되지 못하고 책으로만 남겨지게 되었다.

또 조선인의 머리를 지배했던 보이지 않은 악의 괴물들은 세력을 확장해서 뜻있는 인재를 천주교와 함께 묶어서 망하는 길로 이끌었다. 이에 합세해서 무개념의 선비들이 길길이 날뛰었다. 몸의 암세포가 그 세력을 더 확장하여 다른 부위에 전이되듯이 악의 무리는 흉악한 괴물이 되어 약용의 인근 지기들을 모두 잡아다가 고문과 사형으로 처벌하였다. 약용은 다음과 같은 시를 지어서 자신의 부족을 한탄했다.

> 의리의 길, 인(仁)의 거처는 아득히 멀고
> 젊어서는 구도의 길 찾아서 방황했네.
> 망령되게 세상 모든 일을 다 알고싶어
> 책이라는 책은 모두 읽을 작정이었지

젊어서 괴롭게 살 맞은 새가 되니
남은 목숨 그물에 걸린 고기 신세이다
천년 뒤에 뉘 알아주리.
마음을 세움까지 좋았지만 재주가 부족했네.

약용은 그야말로 그물에 걸린 고기 신세였다. 움직이면 움직일
수록 더욱 그물에 걸려들 판이었다. 하지만 그의 위대성은 이것
으로 그치지 않는다.

그에게는 보이지 않는 내적인 힘이 있었다. 그는 아주 어린 시
절부터 진리의 길을 찾는 구도 훈련이 되어 있었다. 10대에는
약용의 집 두릉에서 수종사까지 길을 걸어서 그 높은 산에 올
라가서 사숙하였고, 아버지를 따라가서 화순에서 40일간을 절
에 들어가 불경을 읽는 중들 사이에서 약전과 함께 맹자를 읽
었다. 그의 삶은 언제나 조용한 장소를 찾아 읽고 또 읽는 시
간을 가졌다. 그래서 그의 말대로 천하의 책이란 책은 모두 섭
렵하였다.

그러나 인간 세상은 별의별 사람들이 다 모여 산다. 유대땅에
아기 예수가 탄생했다는 소식을 듣고 먼길을 마다하지 않고 찾
아오는 동방 박사같은 분들이 있는가 하면, 두살 아래의 갓난아
이들을 모두 죽이는 헤롯 왕과 권력자도 있으며, 자기 일에 최
선을 다하다가 천사를 만나 소식을 듣는 목동들도 있었고, 말
구유를 내준 집 주인도 있었고, 무관심하게 편안한 잠자리에 든
시민들도 있었다. 이렇게 사람마다 모두 각각이다.

약용의 상황도 마찬가지였다.

구도자의 길은 언제나 고난이라는 양념이 필요했다. 마치 나무가 자라기 위해 땅에서 빨아들인 수액이 올라와서 열매를 맺기 위해서 처음에는 떫고 시지만, 햇빛과 비바람을 맞으면서 달고 맛있는 잘 익은 열매가 맺는다.

가을철 달고 맛있는 홍시가 되기위해서는 비바람과 추위와 서리를 견디어내야만 한다.

그 길은 바로 모든 구도자들이 걸어갔던 십자가의 길이다.

약용의 삶에서 빼놓을 수없는 스승이자 친구인 이벽은 가족으로부터 버림받아 그 길을 걸어갔고, 이가환은 천주교의 수령이라는 죄명으로 형틀에서 죽었고, 매형 이승훈도 천주교 책을 전파했다는 죄명으로 목베임을 당했다. 모두다 아까운 분들이다.

형 약종은 끝까지 종교 지도자답게 기꺼이 새남터에서 죽임을 당했고, 약전 형님도 흑산도에서 19년만에 그렇게 죽었다.

이들 모두 자신에게 매인 십자가를 짊어진 셈이다.

약용은 화살 맞은 새의 신세라고 한탄했는데, 결국 이것은 그들에 비하면, 십자가의 또 다른 유형일 뿐이다. 약용은 이벽을 통해 다음의 성경 구절을 배웠을 것이다.

"예수께서는 비유를 들어 말씀하셨다. 하늘나라는 어떤 사람이 자기 밭에 심은 겨자씨 한 알과 같다. 겨자씨는 모든 씨앗 중에 가장 작은 것이지만 푸성귀가 되고 공중의 새들이 날아와 그 가지에 깃들일 만큼 큰 나무가 된다(마13:31)."

겨자씨 한 알은 가장 작은 씨앗이다. 하지만 그것이 심겨져서 자라면 새들이 와서 머무는 큰 나무가 되어 새들이 깃든다는 의미이다. 이는 약용의 인생에 적용이 되는 말이다.

지금은 화살 맞은 새, 그물에 걸린 고기 신세가 되어 장기, 강진 주막집에서 다산 초당에 이르러 18년을 머물렀지만, 인을 추구하고 진리를 찾는 작은 씨는 자라서 결국 새들이 와서 머무는 큰 나무가 된다는 의미이다.

중요한 것은 겨자씨의 생명력이다. 생명력은 진리에 대한 열정이다. 진리를 추구할 때만이 이런 구절이 적용된다. 처음에는 보잘 것없는 작은 푸성귀에 불과하다.

그러나 비바람을 맞아가면서 큰 나무가 된다. 그러면 공중의 새들이 와서 그 가지에 둥지를 튼다. 약용은 이 구절이 자신에게 적용될 거라고는 생각하지 못했을 것이다.

새는 무엇을 말하는가?

약용은 주역을 통해서 오묘한 상징을 연구했다. 새의 상징성은 갖가지 사상과 지식을 의미한다. 고로 공중의 새들이 둥지를 트는 것은 지혜를 의미한다.

약용이 죽은 지 180년이 지난 오늘의 나도 역시 약용이라는 큰 나무에 깃들여서 약용의 지혜를 배우고 있다.

약용의 나무에 올라가서 열매가 어떤 지, 이 나무에 집을 지고 어떻게 살아야 할 지를 생각하고 있다. 아마 약용 자신도 이렇게 될 것을 꿈에도 상상하지 못했을 것이다.

하지만 180여년이 지난 오늘에는 약용의 삶과 연구물은 위대한 작품으로 변해있다. 진리의 열매는 성장하는 특징이 있기 때문에 앞으로 어떤 일이 일어날 지 아무도 모른다.

인간이 육체를 지니고 사는 한, 의식주, 질병, 자녀 걱정, 쾌락은 언제나 칡과 같이 뒤엉켜 따라 붙는다. 그래서 숨통을 조이고 정신 상태를 흐리멍텅하게 만든다. 큰 나무가 되기 위해서는 밤 잠을 이루지 못하고 죽다 깨기를 반복해야 한다.

이런 고통의 과정을 거쳐 올바른 길을 찾을 때 큰나무로 성장한다. 그리고 숲을 이룬다.

어떻게 가능한가? 당시에 약용보다 똑똑한 벼슬아치가 많았지만 그들은 삶에 안주하였고 그렇게 하지 못했다. 약용은 올바름을 목적했기 때문에 진리의 씨가 심겨졌고, 성장할 수 있었던 것은 환란 중에라도 진리의 열정이 살아남았기 때문이다.

세익스피어는 '인생은 연극 무대' 라고 말했다. 약용이 맡은 역할과 또 약용을 고문했던 이의 역할은 판이하게 다르다. 당시 약용 앞에서 살기등등하게 위협하고 매를 가하던 인물들은 악마의 조종을 받은 무리에 불과하다. 오히려 그들은 위세를 떨쳤으나 권력욕에 물든 탐욕 관료의 대명사로 인식되었고, 약용은 유네스코가 선정한 위대한 인물이 되어 있다.

약용의 겨자씨는 살아서 조선을 뒤바꾸기를 기다렸다. 점점 망해가는 조선의 마지막 임금 고종은 약용과 같은 신하가 자기 옆에 없다는 것을 한탄하기도 했으나, 그는 약용의 정책을 펼치지 않았고 결국 조선은 망하고 말았다.

이제 대한민국이 건설되었다. 환경과 문화는 바뀌었으나 시대적인 옷만 바뀌었을 뿐 진리의 본질은 아직도 살아있다.

고로 우리는 약용의 기념관을 짓고 생가를 복원하는 것이 문제가 아님을 알아야 한다. 잘못된 역사를 반복하지 않으려면 겉모양을 포장하는 데서 내용의 진실함을 살펴야 한다. 남은 불씨를 되살려 정치, 경제, 문화, 사회, 형법 전부를 새롭게 개혁해야만 한다.

지금 세계적 풍토는 민주주의가 대세이어서, 민주주의 아니면 안된다고 말하지만, 중요한 것은 그 속에 들어있는 내용물이다.

고로 우리는 약용의 저술 하나하나 살펴서 겸손하게 실천적 도리를 배워야 한다.

만일 약용의 정신이 실현된다면, 세계인이 따라오는 정신 문화 선진국이 될 수 있다.

왜 그런고 하면 약용의 위대한 점은 언제나 올바른 것을 목적했고 양심에 의한 합리성이 있었기 때문이다.

합리성은 수준 높은 추론을 말한다. 모든 인간은 정도 차이에 따라 합리성이 있다. 합리성이 진리를 목표하려면 반드시 의도의 순수성이 필요하다. 합리성은 진리에 대해 순수한 의도로 접할 때만이 선을 향해 나가고 빛을 발한다.

아! 조선이 합리성의 나라가 되었더라면, 즉 모든 사실이 예측 가능하고 누구라도 보편타당하게 이해가 가능했다면 그렇게 외세에 의해 망국에 이르지 않았을 것이다.

관료들의 의도는 오로지 벼슬 자리에 안주하였기에 합리성이 욕심으로 더럽혀질 수밖에 없었다. 권력이 고집과 이기심이 적절하게 연합하여 병색이 뚜렷한 환자의 모습으로 변했다.

변질된 자들은 언제나 합리성을 남용하여 변명으로 일관한다. 그 이유는 의도가 순수하지 못하기 때문이다.

선한 의도로써 자신을 검토하고 악을 찾아내야 함에도 불구하고 오히려 악을 숨기고 포장하는데 급급하다.

약용이 왜 이렇게 복사뼈가 세 번 구멍이 날 정도로 책을 저술하는데 목적을 두고 살았을까? 단지 심심하고 무료한 시간을 보내기 위해서라면 시를 짓거나 아이들을 가르치기만 해도 하루 시간은 충분히 보낼 수 있다. 약용의 저술 활동은 시간이 흐를수록 더욱 가속도가 붙었다. 왜 목숨 걸고 이 작업을 해야만 하는 걸까? 약용은 벼슬의 자리에 들어가서 조선을 개혁하고자 했다. 임금을 도와 이 일을 하고자 하였으나 이미 오랫동안 속 깊은 곳까지 썩어버렸기에 임금도 어쩔 수 없는 한계가 있음을 알게 되었다. 임금은 죽었고 자신은 강진에 귀양와 있으니 이제 할 일은 무엇인가? 이 불덩어리를 어쩔 것인가? 방법은 하나이다. 저술을 하는 것이다.

지금 당장은 알아주지 않더라도 언젠가 천년이 지나서 약용이 평생을 바쳐 저술한 책의 가치를 알아줄 것이다. 봄,여름,가을, 겨울이 반복되듯이 누군가 이 책의 가치를 알아주고 이 책이 필요로 하는 때가 반드시 도래할 것이다.

이제 목표는 분명해졌다. 약용이 할 수 있는 일은 국민 교과서를 왜곡과 오염으로부터 수정해야 했다.

국민 교과서 사서오경은 국민의 이성이었다. 칸트가 순수로 이성을 비판한 것처럼(순수이성비판) 때묻은 사서오경을 씻어내지 않으면 희망이 없다. 관리는 물론 백성들의 삶의 질도 변화시킬 수 없다. 독일의 철학자 헤겔도 모든 사건속에 숨어있는 정신을 절대 정신(Absoluter Geist)으로 보았으며 인간의 역사는 그것이 드러나는 과정이라고 말했다. 나는 그 절대 정신이 드러나려면 순수가 없이는 절대로 불가능하다고 본다. 인류는 오염된 무리들이 역사를 되돌려놓고 말았다. 그런 자들이 조선의 역사를 퇴보하게 만들었던 것이다.

주자학은 중국에서 빌려와, 본래의 의미가 퇴색되었다. 이로 인해 열정이 없는 관리를 만들어냈고, 그런 관료는 백성들에게 무거운 짐을 안겨주었다. 이런 공식은 종교, 정치, 문화, 교육 등 모든 분야에서 적용된다. 순수한 의도가 빠진 종교와 교육이 무슨 희망이 있는가? 순수한 의도가 빠진 정치는 폭력 집단을 만들어 악을 자행하지 않은가? 오늘 진보와 보수를 말하는 이들도 의도의 순수성에 대한 양심의 물음에 대답할 수 있어야 한다. 우리는 제2차 세계대전을 일으킨 과거 독일의 나치 정부와 일본이 그래왔음을 교훈받아야 한다. 약용을 소중히 여기는 까닭은 고난속에서 백성을 향한 순수한 의도를 가지고 진리 추구가 시작되었다는 점이다. 독일의 칸트도 마찬가지이다.

다산예찬

김홍찬

인(仁)이 곧 사람이라더니
당신은 그 인(仁)을 만들기 위해
어려서는 세상의 책은 죄다 모아서 읽고
커서는 십팔 년을 산속 깊은 초가집에서
다산초당에서 촛불을 켜고
더위와 추위 속에서 차와 벗하며
외로움과 배고픔과 헐벗음의 고난 속에서
지혜의 빛를 찾고자 외로운 길을 걸어가셨습니다.

찬바람이 불고 눈이 쌓여 산길이 험하여
추운 날씨에 두꺼운 이불이 그립고
아침에 베틀 짜는 소리에 고향이 그립고
매미가 시끄럽게 울어대고
사면이 캄캄하여 적막한 밤이 되었을 때
가족이 생각나 절로 눈물이 나올텐데도
이내 아무렇지 않은 듯 태연하게 옷깃을 여미며
동백나무 숲속 오솔길을 거닐며 숨찬 목소리로
이곳이 천당이라고 말씀하시면서
글을 읽어가는 당신의 목소리 속에는
따뜻한 볕과 함께 정이 담겨져 있습니다.

천일각이라 이름을 지어
하늘과 하나 되기를 갈망하며

시기와 모멸을 당하면서
하늘의 지혜를 얻어
인을 추구하는 삶은
말구유 천한 곳에서 영화를 이루신 예수와 같습니다.
당신은 이 땅에서 애민을 이루는
학자요 선생이며 하늘의 사람입니다.
고로 당신은 나에게 길을 가르쳐준 스승이십니다.

산꼭대기 초가집에서
차를 다려 마시면서 담소하면서
백성을 섬기는 것이 관리의 자세라고 역설하며
사람의 근본됨과 우주의 이치와 진리를 논하던
당신의 진지한 모습이 부럽습니다.

정각을 바위에 새겨
진리를 사모하는 당신의 명철함은
이를 알게 하시는 이는
스스로 알게 된 것이 아니고 하늘에서 주어진 것이며
이런 인의 바탕 위에 집을 지어야 한다는 말씀은
하늘이 당신께 준 지혜입니다.

추운 겨울 당신이 강진에 처음 도착했을 때
사람들은 당신을 피하고 만나기를 꺼려 했지만
질병을 어루만져 주는 따뜻함과 인정스런 말씨에 반해
사람들은 먹을 것과 입을 것을 가져 왔으며

십팔년 유배 기간 중에 오백여권의 책에
하늘과 사람의 이치를 붓으로 적어 가셨습니다.
사람이 배우고 터득하는 것은 배우면 되는 것이지만
인(仁)은 실천에 있다고 말할 때는
하늘이 정동(Affection)을 주지 않으면 불가능하고
선(善)이 없이는 불가능하기에
나는 당신을 영혼이 일치된 사람이라 말하는 것입니다.
이는 하늘의 법은 인(仁)의 실천에 있으며
사랑이 그 나라 법인 것을 알기 때문입니다.

목민관의 지각이 열린 당신은
표류하며 깊은 바다속에 빠져가는 조선의 배가
정박할 수 있는 아라랏 산입니다.

다산초당에서 글을 쓰시고 우물에 발 담그고
차를 다려 마시는 당신의 두 눈에는
저멀리 바다같은 지혜와 총명이 머물러 있습니다.
하여 작은 일에 애 닳아 하며 고민하는 나에게
당신은 위대한 스승입니다.

당신은 이 땅에 살아가는 모든 이들에게
진리의 갈대이며
포악한 인성에 지혜를 주어
하늘에 뜻을 깨닫게 하며
마음속의 거짓과 악을 깨뜨리고
선과 진리를 찾으라는 하늘의 교훈입니다.

다산 정약용의 생가에 수차례 방문하였다. 그의 숨결을 느끼고 싶었다. 정약용이 형님과 헤어진 월출산 아래 율정점에 찾아갔다. 형님과 헤어질 때의 절박한 심정을 느껴 보고 싶었다.

또 다산초당에 가보았다. 하늘의 뜻을 사모했던 중심을 느껴 보고 싶었다. 이렇게 비장한 다산의 마음을 느끼고자 했지만, 느낌이 강렬하지 않는 것은 현대 물질 문명에 찌들려서 너무 풀어졌기 때문이다.

그는 백성을 위해 개혁의 기치를 높이 들고 출발했지만, 정치의 희생물이 되어 강진으로 유배를 떠나야만 했다.

나는 정약용의 삶을 보면서 언제나 소인배 기득권자들은 자신의 권력을 유지하기 위해 무슨 짓이든 하고야 만다는 사실과 그와중에서 반드시 희생양이 발생한다는 엄연한 현실을 보았다.

이는 조선의 역사뿐 아니라 대한민국의 역사도 마찬가지이다. 새정권이 창출되는 과정에 언제나 누군가는 희생물이 되었다.

정약용시대가 그랬고, 동학운동, 여순반란사건, 제주4.3사태, 5.16 군사 혁명, 광주 사태가 그랬다. 오늘날 지금도 그러고 있는지 의심스럽다.

우리는 정약용의 삶을 보면서 현대판 도그마(독단적인 교리)의 희생물이 나오지 않도록 해야 하며, 순수를 잃어버린 변질된 권력 지향주의자의 놀잇감이 되지 않도록 해야 한다. 이들은 절대로 나라를 걱정하지 않는 자들이다.

정약용의 유배 죄목은 예전에 천주교에 빠졌었다는 이유이다. 그에 대한 형벌은 18년 유배 생활이었다. 이것이 과연 말이 되는 주문인가? 말도 안되는 죄명이다. 그러나 오늘날에도 이런 억울한 일이 벌어지지 않는다고 누가 말할 수 있는가?

어쨌든 정약용은 그런 형벌을 받았다. 하지만 그는 유배지에서 유네스코가 선정할 만큼 인류의 문화 유산을 창출하였다.

아! 놀랍고 놀라운 일이다. 진리의 씨가 심겨져서 수많은 새가 둥지를 틀만큼 거대한 나무를 이루었다.

정약용이 이렇게 환란속에서 큰 일을 할 수 있었던 이유는 그는 순수했기 때문이다. 순수했기 때문에 오염되거나 변질되지 않았다. 이 점이 정약용을 좋아하지 않을 수 없는 이유이다.

그는 마음이 맑고 순수했기에 경서의 본질을 찾았고, 그 작업은 유배 기간 뿐 아니라 집에 와서도 계속되었다. 그런 본질 추구 작업은 인간의 근본을 찾고자 하는 작업이다.

순수와 본질로 되돌아갈 때, 죽었던 정치, 종교, 문화, 윤리, 교육 제도가 되살아난다는 것을 깨달았기 때문이다. 이로 보건대 그는 참된 진리의 사람이며 조선을 위해 준비된 학자이다.

나는 정약용을 보면서 나 자신을 돌아보았다. 과연 나는 정약용 같은 저런 상황이 되면 위기속에서 자신을 잃어버리지 않을 자신이 있는가? 조금만 힘들어도 모든 것을 포기해버리고 싶은 마음이 올라올 때가 한 두번이 아닌 자신을 생각해볼 때, 그의 삶은 인내심을 주고 또 무엇을 위해 살아야 지를 가르쳐준다.

나는 그가 자신을 돌아보면서 진리를 좋아하고 선하게 살고자 했다는 말이 너무도 감명 깊었다. 그리고 인생은 그렇게 살아야 한다는 점을 가슴 깊이 명심했다.

─ 참고 도서 ─

· 박석무. 『정약용 평전』, (서울:민음사). 2014.

· 신창호. 『정약용의 고해』, (서울:추수밭). 2016.

· 금장태. 『다산 정약용』, (경기:살림). 2005.

· 금장태. 『다산 평전. 백성을 사랑한 지성』,

         (서울:지식과 교양). 2011.

· 차벽. 『발가벗겨진 인간 다산』, (경기:희고희고). 2018.

· 정규영.송재소 『다산의 한평생』, (경기:창비). 2014.

· 탁양현. 『다산 정약용의 귀양살이 시문학』, (경기:e퍼플). 2018.

· 김상홍. 『아버지 다산』, (경기 : 글항아리), 2010.

· 다산연구회. 『정선 목민심서』, (경기 : 다산연구회), 2005.

· 한국고전번역원 『여유당전서』, 『일성록』

· 남양주시청 홈페이지, 문화재, 정약용선생.

김군의 마음, 인물편

구도자 정약용. 평전

1판 1쇄 인쇄일 2019년 10월 19일

지은이 김홍찬

표지 그림 문소담

발행인 김홍찬

펴낸곳 한국상담심리연구원 (www.kcounseling.com)

출판등록 제2-3041호(2000년 3월 20일)

주소 03767 서울시 서대문구 신촌로 215-2 전진빌딩 3층

대표전화 ☎ 02)364-0413   FAX 02)362-6152

이메일 khc2052@hanmail.net

 값 12,000원

 ISBN 978-89-89171-32-4 (03910)

 CIP   2019039317

이 도서의 국립중앙도서관 출판예정도서목록(CIP)은 서지정보유통
지원시스템홈페이지(http://seoji.nl.go.kr)와 국가자료종합목록시
스템(http://www.nl.go.kr/kolisnet)에서 이용하실 수 있습니다.